Die Kühn-Strategie für finanzielle Unabhängigkeit

ORIGINAL KÜHN-STRATEGIE

Stefanie Kühn

Gelassen in die Zukunft

Bibliografische Information der Deutschen Bibliothek
Die Deutsche Bibliothek verzeichnet diese Publikation in der Deutschen Nationalbibliografie; detaillierte bibliografische Daten sind im Internet über <http://dnb.ddb.de> abrufbar.

Gestaltung und Layout: Jürgen Hetz, Johanna Wack,
Börsenbuchverlag, Kulmbach

Satz: Silke Eden, Mediengarten Eden, Kulmbach

Druck: CPI – Ebner & Spiegel, Ulm

ISBN 978-3-938350-81-2

Für Fragen rund um unsere Bücher:
buecher@boersenmedien.de

Weitere Informationen unter:
www.boersenbuchverlag.de

BÖRSEN MEDIEN
AKTIENGESELLSCHAFT

Postfach 1449 • 95305 Kulmbach
Tel. 09221-9051-0 • Fax 09221-9051-4444

INHALT

VORNEWEG

ES IST, WIE ES IST

„Ich weiß nicht mehr weiter.“ Diesen Satz höre ich in meiner Beratungspraxis am häufigsten. Vielleicht denken Sie jetzt, ich sei Schuldnerberaterin. Das stimmt aber nicht. Ich bin Finanzberaterin und meine Mandanten haben in der Regel deutlich mehr Geld, als sie monatlich für ihre Lebenshaltung ausgeben. Trotzdem stöhnen sie. „Ich weiß nicht, wem ich noch glauben soll“, sagen sie. Und: „Es gibt so viele Angebote, dauernd steht etwas in der Zeitung, aber ich verstehe das alles gar nicht.“
Meinen Mandanten schwirrt der Kopf, wenn sie zu mir kommen. Kein Wunder! Von allen Seiten prasseln Warnungen, Ermahnungen und Ratschläge auf sie ein. Die Medien sind voll mit mehr oder weniger brauchbaren Informationen über Aktienfonds, Riester- und Rürup-Rente, Energiepreise, Börsenkurse Meine Mandanten fühlen sich oft restlos überfordert. „Was soll ich tun?“, fragen sie mich. „Was möchten Sie denn tun?“, frage ich zurück. Und dann sind meine Mandanten ziemlich verblüfft. Auf die Idee, einfach das mit ihrem Geld zu tun, was sie selber möchten, sind sie gar nicht gekommen.
Stattdessen tun meine Mandanten irgendetwas. Manche Leute kaufen hektisch einen Fonds nach dem anderen, und wenn ich sie frage, was sich in ihrem Depot befindet, heben sie ratlos die Hände: Ihren Depotauszug verstehen sie gar nicht. Andere Menschen lassen sich einen Sparvertrag nach dem anderen aufschwatzen und haben am Ende keine Ahnung mehr, was ihnen eigentlich gehört. Ich begegne auch Menschen, die ihre Geldanlagen zwar noch überblicken, aber trotzdem unsicher sind, ob sie das Richtige tun, weil sie das riesige Angebot für Geldanlagen nicht überschauen und ihnen ein Gerüst fehlt, mit dem sie dieses Angebot analysieren können.

Kommt Ihnen das bekannt vor? Ist Geld für Sie auch mehr Last als Freude? Laufen Sie auch mit dem Gefühl herum, einfach nicht richtig mit Geld umgehen zu können? Viele Menschen lassen es dann einfach laufen. Sie horten große Summen auf dem Girokonto und vermeiden es hartnäckig, daran zu denken. Oder sie bedienen tapfer ihre Sparraten und verdrängen die Frage, ob sich das wirklich rentiert. Und manche Leute schlafen schlecht, weil sie beim Abschluss der Kreditfinanzierung für ihr ersehntes Eigenheim eigentlich gar nicht richtig überblickt haben, welche Verpflichtungen sie eingegangen sind.

Solche Probleme müssen gelöst werden, aber ich werde Ihnen in diesem Buch nicht vorschreiben, was Sie tun sollen. Ich finde, es gibt genügend Berater und Experten, die mit Tipps und Tricks um sich werfen. Wenn Sie so etwas suchen, ist der Weg zum nächsten Bankberater oder dem stets hilfsbereiten Versicherungsvermittler nicht weit. Ganz bestimmt wird man Ihnen dort wieder neue, fantastische Angebote unterbreiten. Und Sie werden wieder irgendeinen Vertrag unterzeichnen und dabei dieses wirklich miese Gefühl haben, dass Sie das Geschehen nicht kontrollieren. Sie stellen fest: Sie sind wieder keinen Schritt weitergekommen.

In meinem Buch lernen Sie eine Strategie kennen, die Sie aus dieser Abhängigkeit befreit. Ich habe sie über Jahre hinweg entwickelt. Jahre, in denen ich meine Erfahrungen mit Banken und Beratern machte, in denen ich meine eigenen Fehler und die meiner Mandanten analysierte. Meine wichtigste Erkenntnis war, dass wir immer dann Fehler machen, wenn wir keine eigenen Entscheidungen treffen, sondern abhängig und hilflos sind. Auf den folgenden Seiten lasse ich drei Menschen zu Wort kommen, die es auf ihre jeweils eigene Art geschafft haben, in finanziellen Angelegenheiten unabhängig zu leben: Bruno Baumann, Dr. Martin Hüfner und Werner Tiki Küstenmacher.

Die Kühn-Strategie für finanzielle Unabhängigkeit zeigt Ihnen, wie Sie so mit Geld umgehen können, dass es Sie nicht mehr belastet. Wenn Sie dieses Buch gelesen haben und entsprechend vorgehen, werden Sie nichts mehr verdrängen müssen und keine schlaflosen Nächte mehr haben. Sie werden Ihr Geld genießen können! Und Sie werden sich nicht mehr überfordert fühlen, wenn es wieder eine neue Steuer gibt oder irgendwelche Preise steigen. Denn Sie werden sich zu helfen wissen.

Das Ziel der Kühn-Strategie ist finanzielle Freiheit. Das ist nicht gleichbedeutend damit, reich zu sein. Was nützt Ihnen Ihr Vermögen, wenn Sie das Geld psychisch belastet? Es kommt darauf an, gelassen zu sein, zu wissen, was man tut. Dafür brauchen Sie keine Trickkiste oder irgendeine Glücksformel, um in 60 Tagen Millionär zu werden. Solche Rezepte wirken immer nur kurzfristig und schneller, als Sie denken, finden Sie sich wieder in dem gleichen Schlamassel wieder wie vorher.

Wenn Sie finanziell unabhängig sein wollen, müssen Sie Ihre Haltung gegenüber Ihren Finanzen ändern. Mit der Kühn-Strategie entwickeln Sie eine neue Grundhaltung, die Sie Ihr Leben lang beibehalten werden. Sie werden Ihren Kopf aus dem Sand ziehen und herausfinden, was Sie eigentlich erreichen wollen. Und dann werden Sie die Verantwortung dafür übernehmen, dass es auch klappt. Ich unterstütze Sie dabei, eigene Ziele zu entwickeln und sich das Wissen anzueignen, das Sie benötigen, um diese Ziele zu erreichen. Ich bestärke Sie darin, eigene Entscheidungen zu treffen.

Ein Mandant entschuldigte sich neulich fast, als er zum zweiten Mal in zwei Wochen anrief, weil er eine Frage zu seinen Anlagen hatte. Er drückte sich so aus: „Wissen Sie, Frau Kühn, seit wir bei Ihnen waren, hat bei uns so eine Art Bewusstseinswandel eingesetzt. Wir kümmern uns jetzt viel stärker. Und da, wo wir noch unsicher sind, möchten wir gerne mehr Sicherheit erlangen." Großartig.

Meine Strategie ist frei von Vorschriften. Sie fordert nur, ehrlich und konsequent zu sein. Sie können machen, was Sie wollen, wenn Sie es nur sich selbst gegenüber begründen können. Das allerdings müssen Sie lernen! Die Kühn-Strategie besteht deshalb aus vielen kleinen Schritten, die Ihnen helfen, zu dieser neuen, *kühnen* Haltung zu gelangen.

In Zukunft sind Sie nicht mehr verwirrt und überfordert. In Zukunft sind Sie souverän und selbstständig. In Zukunft sind Sie *kühn*!

KAPITEL 1

WAS BISHER GESCHAH – EIN RÜCKBLICK IN IHRE FINANZIELLE ZUKUNFT

Neulich las ich einen Ausspruch des römischen Staatsmannes Cicero: „Wir können die Vergangenheit nicht ändern", hat er geschrieben. Mir gefällt dieser Satz, denn in meiner Beratungspraxis erlebe ich immer wieder, wie Menschen mit ihrer Vergangenheit konfrontiert sind, wenn es um ihr Geld geht. Was geschehen ist, kann gut oder schlecht sein, aber es kommt immer ans Tageslicht. Dann zeigt sich, wie sehr die Vergangenheit die Gegenwart mitbestimmt und wie wichtig es ist, sich darüber Gedanken zu machen. Und zwar erst recht, wenn man eigentlich seine Zukunft planen wollte.

So war es auch bei einem Ehepaar, das ich vor einiger Zeit kennenlernte. Nennen wir es die Neumanns. Die beiden hatten ein Haus und zwei Kinder. Herr Neumann war Anfang 40 und arbeitete als leitender Angestellter im Vertrieb einer bayerischen Firma, die technische Produkte herstellt. Frau Neumann war Ende 30, hatte einen Minijob als Schreibkraft in einer Arztpraxis. Den größten Teil ihrer Zeit kümmerte sie sich um die beiden Kinder, die noch zur Schule gingen.

Die beiden kamen zu mir, weil sie sich endlich mal wieder um ihre Altersversorgung kümmern wollten. Sie erwarteten keine großen Probleme, denn sie hatten schon alles Wesentliche ganz gut geregelt. Fanden sie jedenfalls. Ich habe mir allerdings angewöhnt, in einer Beratung immer zuerst genau zu erfragen, wie viel Geld wirklich vorhanden ist. Das tat ich auch in diesem Fall. Und wie so oft kam heraus, dass die Umstände, die auf den ersten Blick geregelt erschienen, in Wirklichkeit etliche offene Fragen enthielten. Von wegen, gute Absicherung: Je genauer ich nachfragte, desto mehr Ungenauigkeiten, Widersprüche und fehlende Informationen entdeckten wir.

Es begann mit dem Rentenbescheid, den ich mir immer zeigen lasse, wenn Mandanten mir von ihrer Rente erzählen. Wie so oft stellte ich auch diesmal fest: Die avisierte Rente der beiden war Wunschdenken. Tatsächlich würden sie nur ungefähr die Hälfte dessen bekommen, was sie mir zunächst erzählt hatten. Diesem Phänomen begegne ich öfter. Die Rente scheint noch so weit entfernt, da neigen viele Menschen dazu, die heute auf dem aktuellen Bescheid stehende Rentenanwartschaft nicht allzu ernst zu nehmen. „Wird schon irgendwie werden", denken sie.

Die Neumanns erzählten mir nun, dass sie noch ein Haus hätten. Das Haus ihrer Eltern nämlich, das diese vorausschauend bereits jetzt, zu Lebzeiten, auf die Tochter überschrieben hatten. Das war natürlich eine feine Sache! Doch auch ein Haus ist nicht immer das, wofür man es hält. „Wo steht das Haus denn?", fragte ich vorsichtig nach. Prompt kam die Antwort: in Niederbayern. Das ist wirklich eine nette Gegend. Leider muss, wer dort Immobilien besitzt, der Tatsache ins Auge blicken, dass die Grundstücks- und Immobilienpreise nicht gerade zu den Spitzenreitern unserer Republik gehören. Dafür, berichteten die Neumanns, hatten die Eltern das Haus „toll hergerichtet", hatten „viel selbst gemacht". Nun wurde ich noch hellhöriger: So schön es auch sein kann, selbst sein Haus auszubauen, der Markt belohnt den Geschmack der Besitzer leider nicht. Und das, finanziell gesehen, wirklich dicke Ende kam noch: Die Eltern wohnten noch in dem Haus und außerdem musste der Bruder der Beschenkten ausgezahlt werden, worüber noch nichts vereinbart worden war.

Die Bestandsaufnahme brachte also einen großen Haufen unangenehmer Fragen auf den Tisch. Die Neumanns waren zwar zu mir gekommen, um ihre finanzielle Zukunft zu planen. Es stellte sich jedoch heraus, dass sie in ihrer Vergangenheit noch nie mit ihrer Familie offen über Geld gesprochen hatten. Diese Haltung holte sie jetzt ein. Bevor wir über bessere Kreditkonditionen oder

Anlagerenditen nachdenken konnten, mussten sie mit ihren Verwandten die Verhältnisse klären. Sie mussten Fehleinschätzungen korrigieren, den wahren Wert des Hauses herausfinden, mit den Eltern über deren Gedanken zur gerechten Berücksichtigung des Bruders sprechen und vielleicht mit dem Bruder sogar noch über Geld streiten. Sie sehen: Es reicht nicht, irgendetwas durchzurechnen, wenn man seine Finanzen ordnen möchte. Am Geld hängt viel mehr. Beziehungen, Wünsche, Begierden, Neid, Konflikte. Es kostet oft viel Kraft, über Geld zu sprechen. In vielen Familien geht das gar nicht, und wer es doch wagt, steht als kalt und gefühllos da. „Über Geld spricht man nicht" ist eine Prägung, die besonders im deutschsprachigen Raum weit verbreitet ist. Es kostet auch viel Kraft, sich selbst gegenüber ehrlich zu sein. Schon genau hinzuschauen, wie viel Geld sie tatsächlich haben, fällt manchen Menschen sehr schwer. Zu überlegen, warum sie es nicht angelegt haben oder warum sie überhaupt nie versucht haben, sich etwas zusammenzusparen, ist womöglich noch schwerer. Ich begegne vielen Menschen, die den Kopf in den Sand stecken und mit fest geschlossenen Augen von einem schönen Lebensabend träumen, mit Reisen und Garten und hübschem Häuschen. Allerdings werden sie sich das niemals leisten können, wenn sie den Kopf nicht wieder aus dem Sand herausziehen und die Augen öffnen. Dabei verstehe ich durchaus den Wunsch nach Verdrängung: Wer macht sich schon gerne klar, dass die Träume im Alter vielleicht gar nicht realisierbar sind, weil zu wenig Geld da ist?

Die Vergangenheit kommt durch die Hintertür

„Ich dachte, wir reden über Geld", höre ich immer wieder von überraschten Teilnehmern meiner Workshops, wenn ich sie mit ihrer Vergangenheit konfrontiere. „Ich hätte nie gedacht, dass so viel Emotionales am Thema Geld dranhängt", sagte mir kürzlich eine Frau. Ich verstehe natürlich dieses Erstaunen. Schließlich sind Geld und Leben meistens streng getrennte Angelegenheiten. Wenn Sie beim Bankberater sitzen, geben Sie ein paar Rahmendaten über Ihr Alter, Ihren Job und Ihren Familienstand an, und dann wird er Ihnen die üblichen Standardprodukte anbieten. Weder der Berater noch Sie werden sich ernsthaft fragen, warum Sie eigentlich jetzt an diesem Punkt sind, an dem Sie gerade stehen, wie Sie dahin gekommen sind und ob sich aus der bisherigen Entwicklung vielleicht etwas für Ihren künftigen Umgang mit Geld lernen lässt.

Allerdings laufen Sie dann weiterhin mit demselben Unbehagen herum wie vorher, denn Sie haben Ihre Probleme nicht gelöst, sondern nur an Symptomen herumgedoktert. Die Neumanns zum Beispiel können ihr Geld anlegen, wie sie wollen – wenn sie nicht klären, wann und wie sie Frau Neumanns Bruder auszahlen, werden sie ihre Möglichkeiten nicht ausschöpfen können. Sie müssen sich also dem Konflikt stellen und auch der Frage, warum es ihnen eigentlich so schwerfällt, das Thema offen zu besprechen. Ähnlich dürfte es Menschen ergehen, die immer wieder auf dubiose Versicherungsvermittler hereinfallen, ungünstige Verträge abschließen und sich anschließend dafür schämen. Sie werden es nur schaffen, ihr Geld effektiver anzulegen, wenn sie sich mit ihrer bisherigen Haltung auseinandersetzen und erkennen, woran es liegt, dass sie den Vermittlern so wenig entgegensetzen.

Die Vergangenheit zu erkennen, sich selbst zu erkennen: Das ist eine unabdingbare Voraussetzung dafür, in Zukunft erfolgreicher mit Geld umzugehen. Es gibt viele gute Anlagemöglichkeiten und ganz unterschiedliche Strategien, zu investieren oder Geld einzusparen.

Doch wenn Sie einen Weg einschlagen, der nicht zu Ihnen passt, der nicht an Ihre Erfahrungen anknüpft und nicht Ihrer Persönlichkeit entspricht, dann ist es ganz egal, um welche Strategie es sich handelt. Denn dann ist jede Strategie zum Scheitern verurteilt. Deshalb ist es so wichtig, zuerst in die Vergangenheit zu blicken, bevor wir Ideen für die Zukunft entwickeln.

ORIGINAL KÜHN-STRATEGIE

Stellen Sie sich kühn der Vergangenheit!

Erkennen Sie, wie Sie in der Vergangenheit mit Geld umgegangen sind. Öffnen Sie Ihre Augen, wenn Sie finanziell unabhängig werden wollen.

Schauen Sie jetzt also genau hin: Wie ist Ihr Leben bisher verlaufen und welche Auswirkungen hat das auf die Entwicklung Ihres Vermögens gehabt?

Vier Säulen für Ihr Leben

Beim Rückblick in Ihre Vergangenheit sollen Sie möglichst geordnete Erkenntnisse gewinnen. Dafür habe ich ein Modell entwickelt, mit dem Sie Ihr bisheriges Leben analysieren können und mit dem Sie auch Zusammenhänge zwischen einzelnen Lebensbereichen und Ihrer finanziellen Entwicklung erkennen können.

Das beste Bild für diese Betrachtung liefert ein Monopteros – ein antiker Rundtempel mit vier oder mehr Säulen und einem Dach. Vielleicht haben Sie so ein Bauwerk schon einmal in Ihrem Urlaub gesehen, in Griechenland oder Italien? So weit müssen Sie allerdings gar nicht reisen; auch in deutschen Parks finden Sie Nachbauten dieser antiken Tempel. Im Englischen Garten in München steht zum Beispiel einer. Der Architekt Leo von Klenze, der unter anderem auch die Walhalla in Regensburg baute, hat ihn im Auftrag König Ludwigs I. entworfen. 1836 wurde er gebaut, auf einem künstlichen Hügel. Früher, als mein Mann noch in der Nähe des Englischen Gartens arbeitete, habe ich ihn oft abgeholt. Dann habe ich gerne einen Abstecher zum Monopteros gemacht, um nachzudenken.
So ein Monopteros strahlt viel Ruhe aus, finde ich. Er eignet sich ganz wunderbar, um sich zu besinnen und nachzudenken. Schließen Sie doch mal die Augen und träumen Sie davon, wie Sie

Abbildung 1: Monopteros im Schlosspark Nymphenburg in München

zwischen den kühlen Säulen stehen und einen angenehmen Luftzug spüren. Oder gehen Sie mal wieder spazieren. Vielleicht befindet sich in einem Park in Ihrer Nähe auch ein Monopteros?
Wenn Sie ihn gefunden haben, ganz real, oder in Ihrer Vorstellungskraft, dann lassen Sie uns jetzt die Säulen betrachten. Ein Monopteros hat oft zwischen vier und acht Säulen. Vier Säulen reichen auf jeden Fall aus, um das Dach zu tragen. Diese vier tragenden Säulen interessieren uns.
Stellen Sie sich vor, das Dach des Gebäudes zeigt Ihr Lebensgleichgewicht. Es ruht also auf den vier Säulen. Sie sind ganz wesentlich für die Balance des Ganzen. Wenn eine Säule fehlt, wird das Dach instabil und droht einzustürzen. Übertragen auf Ihr Leben bedeutet das, dass Sie immer darauf achten müssen, dass die vier Säulen in Ordnung sind. Die vier Säulen stehen für jeweils einen dieser vier Lebensbereiche:

Säule 1: Partner, Familie, Freunde

Die allermeisten Menschen sehnen sich nach menschlicher Wärme und versuchen, sich ein Netz zwischenmenschlicher Beziehungen zu knüpfen, in dem sie Freude und Leid teilen können. Sie brauchen das Gefühl, verankert zu sein. Sie verbringen ihre Zeit nicht so gerne alleine. Sie sind froh, wenn sich jemand über ihre Erfolge mitfreut, und sie fühlen sich gut, wenn sie für jemanden sorgen können. Nicht zuletzt sind diese privaten Netze immer auch ein Segen, wenn es Probleme gibt, wenn Kummer und Sorgen nagen und es einfach nur guttut, in den Arm genommen zu werden. Jeder Mensch entwickelt dabei natürlich seine eigenen Beziehungen. Manche Menschen wünschen und realisieren für sich die traditionelle Familie mit der herkömmlichen

Rollenaufteilung. Andere bevorzugen enge kinderlose Partnerschaften. Manche leben am liebsten allein, schätzen aber stabile Freundschaften. Wie auch immer Ihr nahes Umfeld geformt ist: Wichtig ist, dass es funktioniert. Dass Sie das Gefühl haben, da ist jemand, ich bin nicht ganz allein.

Das ist eine der Säulen, auf denen Ihr Leben ruht. Wenn sie nicht in Ordnung ist, wenn Sie sich einsam fühlen oder wenn Sie von einem geliebten Menschen verlassen oder betrogen wurden, dann gerät diese Säule ins Wanken.

Säule 2: Gesundheit

Wie gesund sich jemand fühlt und welches Maß körperlicher Fitness der Einzelne braucht, um sich wirklich wohlzufühlen, ist sicherlich verschieden. Manche Menschen sind übergewichtig, rauchen und fühlen sich trotzdem wohl; wieder andere ernähren sich immer ganz gesund, treiben Sport und haben trotzdem Kopfweh. Gesundheit ist eine individuelle Harmonie, ein Zustand, den jeder für sich persönlich bestimmt. Zum Problem wird die Gesundheit, wenn sie die Lebensfreude beeinträchtigt. Welche Erkrankung auch dahinter stecken mag: Wenn jemand sich ständig schlecht fühlt, am liebsten nur noch ausruhen möchte und dauernd erschöpft ist, stimmt etwas nicht. Dann wird die Gesundheit zum Problem, das die Gesamtbalance beeinträchtigt.

Säule 3: Beruf

Ein Beruf ist im besten Fall ein Lebensinhalt, im schlechtesten Fall ein Lebenszeitkiller. Wenn Sie eine Beschäftigung haben, die Sie herausfordert und zufriedenstellt, in der Sie sich weiterentwickeln, ohne ungesundem Stress ausgesetzt zu sein, dann trägt das dazu bei, dass sich Ihr Leben in einem stabilen Gleichgewicht befindet. Dabei ist oft nicht entscheidend, ob Sie sehr viel Geld verdienen oder weniger. Solange Sie sich nicht ausgenutzt fühlen, wiegt eine hohe Arbeitszufriedenheit kleine Einkommenslücken auf. Immerhin verbringen Sie, wenn Sie Vollzeit arbeiten, den größten Teil des Tages in Ihrem Job. Deshalb können Sie auch trotz eines hohen Einkommens sehr unzufrieden sein, wenn Sie Stress und Überforderung oder Langeweile ausgesetzt sind oder wenn Sie Ihre Gesundheit ruinieren. Die Berufssäule bringt das Gesamtgebäude aber auch zum Schwanken, wenn der Job zum Zeitfresser wird, wenn Sie Abende und Wochenenden im Büro verbringen, die Sie eigentlich Ihrer Familie widmen wollten. Oder wenn Ihr Job als Familienmanagerin Sie derartig überlastet, dass Sie keine freie Minute mehr finden. Dann ist Ihre Berufssäule nicht mehr stabil.

Säule 4: Geld und Vermögen

Geld und Vermögen sind eine wichtige Säule in unserem Monopteros, weil wir kein zufriedenes Leben führen können, wenn das Geld ständig zu knapp ist oder gar nicht ausreicht. Es ist in unserem wirtschaftlichen System so angelegt, dass Geld als Tauschmittel eine tragende Rolle in der Gesellschaft hat. Zunächst hat jeder Mensch Grundbedürfnisse – essen, trinken, kleiden, wohnen – über deren Notwendigkeit nicht zu diskutieren ist. Darüber hinaus brauchen wir Geld, um unseren Kindern eine vernünftige Bildung zu ermöglichen, um ins Kino oder zum Theaterfestival zu gehen, um ein Musikinstrument zu kaufen oder Sportschuhe, weil wir uns kulturell oder körperlich entfalten möchten. Wir wissen eigentlich alle auch, dass wir selbst für unsere Altersvor-

sorge etwas tun müssen. Vielleicht häufen wir auch einfach gerne so viel Geld wie möglich an, um unseren Nachkommen etwas vererben zu können. Und über solche Wünsche hinaus ist es einfach fein, mal die teurere Uhr kaufen zu können, einen schönen Urlaub zu machen oder ein komfortables Auto zu haben. Unsere Geldsäule beginnt zu wanken, wenn es allzu viele Wünsche werden, die wir nicht finanzieren können. Vielleicht müssen wir dann auch unsere Wünsche neu überdenken.
Auch kann sich eine sehr intensive Beschäftigung mit Geld zum Stressfaktor entwickeln. Etwa, wenn der Wunsch, Geld zu sparen, übermächtig wird. Oder wenn wir zwanghaft Einkommen nachjagen, das wir gar nicht brauchen, und deshalb vielleicht andere Bedürfnisse zurückstellen. Jahrelang keinen Urlaub zu machen, weil man bloß kein Geschäft verpassen will, obwohl das Einkommen einen Urlaub locker erlauben würde: Das ist auch ein Verhalten, von dem die Geldsäule Risse bekommt.

Es kann sein, dass Sie zu diesen vier tragenden Säulen noch weitere Säulen hinzufügen möchten. Politisches Engagement oder vielleicht gehören Sie zu den ganz aktiven, treibenden Kräften in einem Sportverein? Dann hat Ihr Monopteros nicht vier, sondern fünf oder sogar sechs tragende Säulen. Es ist gut, wenn Sie sich das klarmachen, und völlig okay, wenn Sie in der Anzahl der Säulen von meinem Modell abweichen. Schließlich geht es um Ihr Leben. Sinn und Zweck der ganzen Sache ist, dass Sie sich darüber klar werden, was für Sie die tragenden Bereiche in Ihrem Leben sind, was Sie unbedingt brauchen, worauf Sie nicht verzichten können. Wenn Sie nun für sich geklärt haben, ob die vier Säulen ausreichen oder Sie noch eine fünfte oder sechste dazunehmen, dann können Sie jetzt mit dem aktiven Rückblick beginnen.

Übung

Nehmen Sie ein Blatt Papier und schreiben Sie auf, wie sich jede einzelne Säule in Ihrem Leben entwickelt hat. Überlegen Sie: Wie dick ist Ihre Familiensäule? Sah sie schon immer so aus oder war sie erst schlank und hat dann an Statur gewonnen? Schauen Sie auf Ihre Berufssäule: Ist sie stabil? Oder verursacht Ihr Job Stress und Sorgen? Wie hat sich Ihr bisheriges Berufsleben entwickelt? Und wie Ihre Gesundheit? Waren Sie immer wohlauf oder gab es Einschränkungen in Ihrem Leben, weil Ihr Körper nicht so funktioniert hat, wie er sollte? Verschaffen Sie sich auch einen Eindruck von Ihrer Geldsäule: Wie haben sich Ihre Finanzen entwickelt? Hatten Sie eher viel, eher wenig Geld, haben Sie sich oft den Kopf darüber zerbrochen oder waren Sie phasenweise ziemlich entspannt? Wenn Sie mögen, können Sie Ihre Säulen auch aufzeichnen. Eine ist vielleicht unten ganz dick und oben schlanker. Oder umgekehrt. Manche Säulen werden auch ganz gleichmäßig verlaufen.

Schauen Sie nun das Ergebnis Ihrer Erinnerung an: Ruht das Dach Ihres Monopteros auf ungefähr gleich starken Säulen oder gibt es Gewichtsverlagerungen? Wenn eine Säule deutlich mehr

Raum einnimmt als die anderen oder wenn eine Säule zu schwach ist, um das Dach zu stützen, dann wird die Stabilität des Ganzen gefährdet. Dann geraten auch die anderen Säulen unter Druck. Sie werden stärker belastet. Dadurch können sie auch Risse bekommen. Angenommen Sie leiden unter häufigen Rückenschmerzen. Dann sind Sie im Beruf weniger leistungsfähig. Mittelfristig können Sie vielleicht eine Aufstiegschance nicht wahrnehmen und so beeinträchtigt die Gesundheit letztlich auch Ihre Finanzen. Oder nehmen wir an, Sie arbeiten mehr als 60 Stunden in der Woche. Dann leidet Ihre Familie unter Ihrer ständigen Abwesenheit und Ihre Ehe gerät möglicherweise in eine ernsthafte Krise.

Mit dem Gesamteindruck Ihres Monopteros haben Sie nun eine wichtige Ausgangsbasis für unser Kernanliegen erzeugt, nämlich den genaueren Blick auf die Vermögenssäule. Sie entwickelt sich ebenso wenig unabhängig wie die anderen Säulen. Weder in der Vergangenheit, noch in der Zukunft wird Ihre Vermögenssäule unbeeinflusst von den anderen Lebensbereichen existieren.

Wie sieht Ihre Geld- und Vermögenssäule aus und warum sieht sie so aus?

Denken Sie noch mal an die Säulen im Monopteros. Gehen Sie an sie heran. Achten Sie auf die Details. Sehen Sie, wie die Säulen geformt sind? Sind sie gleichmäßig und glatt? Oder rau? Haben sie Verdickungen? Sind sie symmetrisch? Wie fühlen sie sich an?

Genauso detailliert betrachten Sie nun Ihre Vermögenssäule. Was haben Sie eigentlich bisher mit Ihrem Geld gemacht? Haben Sie es

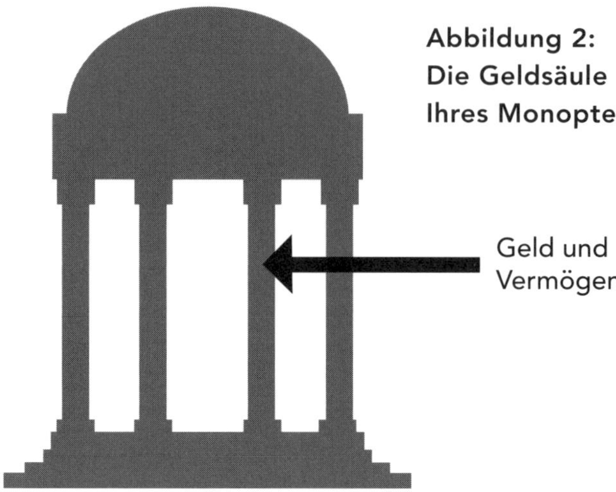

Abbildung 2: Die Geldsäule Ihres Monopteros

angelegt? Oder lag es auf Ihrem Girokonto herum? Haben Sie jemals etwas gespart? Und: Warum haben Sie sich so verhalten? Wer oder was hat Sie beeinflusst?
Nur wenn Sie sich im Rückblick klar werden, wie Sie bisher mit Geld und Vermögen umgegangen sind, können Sie Strategien für die Zukunft entwickeln, die Ihnen finanzielle Unabhängigkeit ermöglichen. Denn nur wenn Sie sich selbst kennen, werden Sie auch identifizieren können, welche Anlageform für Sie die richtige ist.

Leitfaden für die Rückschau

In meinen Beratungen habe ich irgendwann gemerkt, dass ich meinen Mandanten immer die gleichen Fragen stelle, wenn ich mit ihnen ihre finanzielle Entwicklung bespreche. Also habe ich daraus einen Leitfaden entwickelt, den ich nun ganz bewusst einsetze. Er hat sich in der Praxis gut bewährt. Der Leitfaden besteht aus folgenden fünf Fragen:

1. Wer hat mich bisher beraten?
2. Wer hat an mir verdient?
3. Habe ich Geld verloren? Wenn ja: wo?
4. Welche Geldanlage war besonders erfolgreich?
5. Wie bin ich bisher mit Geld umgegangen?

Wenn Sie diese Fragen beantworten, werden Sie die wesentlichen Merkmale Ihrer Vermögenssäule erkennen und nachvollziehen können, wie sich diese Säule in Ihrem Leben entwickelt hat. Halten Sie die Reihenfolge der Fragen ein. Dann können Sie zunächst herausarbeiten, wie Sie zu welcher Anlageform gekommen sind und welches Ergebnis Sie damit erzielt haben. Anschließend fragen Sie sich, wieso Sie sich so und nicht anders verhalten haben.
Der Leitfaden führt Sie so zu möglicherweise überraschenden Erkenntnissen über sich selbst. Vielleicht auch über Ihre Umgebung! Wichtig ist, dass Sie wirklich verstehen und einordnen können, was bisher passiert ist, wie Sie sich verhalten haben. Und auch, welchen Einflüssen Sie ausgesetzt waren. Dabei möchte ich Ihnen gerne helfen. Deshalb gehen wir nun zusammen die Fragen des Leitfadens durch. Ich werde Ihnen erzählen, wie meine Mandanten die Fragen oft beantworten. Und ich werde Sie noch mit ein paar Hintergrundinformationen aus der Finanzbranche versorgen, damit Sie Ihre Erfahrungen realistisch interpretieren können.

1. Wer hat mich bisher beraten?

Geldangelegenheiten sind Vertrauenssache. So sehen es die meisten Menschen. Deshalb gehen sie, wenn sie Geld anlegen oder leihen oder sich informieren wollen, anders vor, als wenn sie ein paar Socken kaufen. Sie laufen also nicht in den nächstbesten Laden und schließen dort irgendeinen Vertrag ab. Sondern sie orientieren sich an Empfehlungen.

Konkret heißt das: Man fragt die Eltern, wie und wo sie ihr Haus finanziert haben. Man geht zum gleichen Finanzberater bei der gleichen Bank, bei der schon der Vater oder gar der Großvater seine Geldanlagen geregelt hat. Fragen Sie sich bitte selbst: Folgen Sie finanziell auch den Fußstapfen Ihrer Vorfahren? Befolgen Sie vielleicht auch selbst den Rat, den Ihnen die Eltern gegeben haben, wie Ihr Haus zu finanzieren sei, oder dass das Sparbuch immer noch die sicherste Geldanlage sei? Und wenn die Familie in Gelddingen nicht so eine tragende Rolle bei Ihnen spielt, dann denken Sie doch mal darüber nach, ob Sie sonst jemanden aus ihrem privaten Umfeld um Rat fragen. Vielleicht hat Ihnen ein Freund schon mal einen Tipp für eine Geldanlage gegeben? Und wie sind Sie eigentlich an Ihren Versicherungsvertreter gekommen, war das vielleicht die Empfehlung eines Kollegen?

Viele meiner Mandanten haben sich früher an solche Empfehlungen gehalten. Sie befolgten den – sicher gut gemeinten – Rat ihrer Freunde und Verwandten. Da wurde nichts hinterfragt, keine weitere Information eingeholt, sondern sie waren einfach froh darüber, dass sie sich nicht lange mit der Auswahl des Beraters beschäftigen mussten.

Viele Menschen landen bei einem Bankberater. Irgendeine Bank hat man sowieso, und wenn die Mutter sagt, der Berater sei nett, dann sucht man nicht mehr weiter. Läuft das bei Ihnen auch so? Dann kann ich Sie zwar verstehen, frage Sie aber auch: Warum kommen Sie eigentlich zu mir – beziehungsweise, warum lesen Sie dieses Buch? Warum gehen Sie nicht einfach weiter zu Ihrem Bankberater? Das ist natürlich kein Vorwurf. Im Gegenteil, Sie haben sicherlich eine ganze Reihe sehr guter Gründe dafür, die Sache mit dem Bankberater kritisch zu hinterfragen. Auch ich habe einige der Gründe herausgefiltert.

Zum Beispiel die Lieblosigkeit der Bankinstitute, mit der sie bei Umstrukturierungen ihre Kunden verprellen. Ich hatte kürzlich einen älteren Mandanten, der mit einem Brief in meine Beratung kam, in dem ihm seine Bank dazu gratulierte, dass er seit 60 Jahren Kunde war. Eine wirklich treue Seele, aber jetzt musste er sich schon zum dritten Mal in zwei Jahren auf einen neuen Berater einstellen. Die Bank hatte mehrfach die Geschäftsstellen neu geordnet. Irgendwelche Manager hatten sich am grünen Tisch heute dieses, morgen jenes Kompetenzzentrum ausgedacht und entsprechend die Berater mal hierhin, mal dorthin gruppiert. Die Folge für die Kunden: Ihr langjähriger Berater verschwindet, sie sitzen plötzlich einer Person gegenüber, die sie überhaupt nicht kennt und der sie alles neu erklären müssen. Und glauben Sie mir, die daraus folgende Irritation ist keineswegs ein Problem, das „nur" ältere Menschen empfinden. Einer meiner Mandanten ist Mitte 30 und Existenzgründer. Er war eigentlich ziemlich zufrieden mit seiner Bank. „Meine Beraterin hat richtig mitgefiebert, als ich mich selbständig machte", erzählte er mir. Und dann war diese Beraterin von einem Tag auf den anderen verschwunden. Mein Mandant saß nun einer Person gegenüber, die keinen Eindruck von seiner Persönlichkeit hatte,

deren Kenntnisse über ihn sich auf ein paar Kennziffern im Computer beschränkten. Sie signalisierte meinem Mandanten: Du bist ein Konstrukt aus Kennziffern, das bei uns leider in die Schublade „Risiko – Finger weg" einsortiert wird. Solche Erfahrungen zerstören das Vertrauen, dass viele Kunden früher zu Recht in ihren Bankberater hatten. Die Berater können wenig dafür. Es ist eine Frage des Managements.
Betrachten Sie also, wenn Sie Ihre Finanzsäule analysieren, im Einzelnen die Menschen, von denen Sie etwas über Geld gelernt haben. Waren es Menschen, die Sie über lange Jahre kennen? Oder heute dieser, morgen jener Berater? Waren es überhaupt professionelle Berater oder haben Sie auf Freunde, Eltern, Geschwister gehört? Vielleicht haben Sie sich auch schon mal von einem Börsenfieberschub im Freundeskreis anstecken lassen und mitgezockt, weil die anderen Sie mitgerissen haben.
Stellen Sie sich bitte alle diese Fragen. Schauen Sie zurück. Machen Sie sich Ihren Weg bewusst, identifizieren Sie Ihre Informationsquellen!

2. Wer hat an mir verdient?

Wenn Sie professionellen Rat angenommen haben, egal ob bei einer Bank oder bei einem Versicherungsfachmann, dann hat dieser Mensch in irgendeiner Weise am Geschäft mit Ihnen verdient. Das ist grundsätzlich völlig in Ordnung, denn er hat für Sie gearbeitet. Grenzen findet mein Verständnis dort, wo das Verdienen aufhört und die Bereicherung beginnt. Leider blicke ich, wenn ich das sage, nicht auf irgendwelche unseriösen Kredithaie oder Immobilienbetrüger aus der Kleinanzeigenseite der Zeitung, sondern ich schaue auf die großen, renommierten Institute und

Unternehmen unserer Finanzbranche. Und zwar mit wachsender Besorgnis. Und ich möchte, dass Sie meine Bedenken nachvollziehen können, damit Sie in Zukunft autonom und selbständig handeln, wenn es um Ihr Geld geht.

Der Druck, Umsätze zu generieren, hat sich im Bankgewerbe in den letzten zehn Jahren ungeheuer verschärft. In der letzten Zeit gelangten immer wieder Berichte in die Presse, nach denen im Bankgewerbe Zustände herrschen wie in Drückerkolonnen. Auch aus eigenen Gesprächen mit Bankern ist mir das bekannt. Die Berater müssen ihre Umsatzziele teilweise im Wochentakt erreichen. Der Zwang, Provisionen und Gebühren einzufahren, ist gigantisch. Es gibt mitunter ganz genaue Vorgaben, welches Produkt wie oft in welchem Zeitraum verkauft werden soll. Vorgesetzte, die selber unter enormem Druck stehen, arbeiten mit Ermahnungen, teilweise auch mit Demütigungen vor der versammelten Kollegenmannschaft. Zwar ist es juristisch gesehen nicht einfach, die festangestellten Berater zu entlassen, wenn die Zahlen nicht stimmen. Doch wenn der Filialleiter Überstunden anordnet, weil ein Teammitglied seine Ziele nicht erfüllt, dann dürfte die Arbeitsatmosphäre nicht mehr lange zu ertragen sein. Andersherum winken den Beratern satte Bonuszahlungen, wenn sie den erwarteten Umsatz bringen. Da erscheint es fast als

Exkurs: Wovon lebt ein Berater?

Ob Versicherungsvertreter, Versicherungsmakler oder Bankberater: Grundsätzlich gibt es zwei Möglichkeiten für

einen Finanzvermittler, Geld zu verdienen. Entweder lässt er sich für seine Beratung bezahlen oder er bekommt eine Provision, wenn er ein Produkt verkauft.
In der Praxis mischen sich diese beiden Formen zu einer großen Formenvielfalt.
Bankberater sind heutzutage meistens noch festangestellt. Sie bekommen also ein Festgehalt. Nicht selten allerdings gesellt sich zu dem festen Grundgehalt noch ein variabler Gehaltsanteil dazu, der bis zu 50 Prozent des Einkommens betragen kann: Der Berater bekommt umso mehr Geld, je mehr Produkte er seinen Kunden verkauft. Diese Vermittlungsprovision lässt sich direkt bei den einzelnen Vertragsabschlüssen abrechnen. Sie kann auch von den Gebühren abgezweigt werden, die beispielsweise anfallen, wenn ein Depotkunde etwas in seinem Depot verschiebt. Etwas pauschaler ist der Jahresbonus, den der Berater bekommt, wenn er bestimmte Umsatzziele erfüllt hat. Manchmal gibt es auch schicke Wochenendtrips oder teure Füllfederhalter als Extras. Der Berater verdient also an seinen eigenen Abschlüssen mit; eine Folge davon, dass sein Arbeitgeber, die Bank, dem Kunden die Beratung nicht direkt in Rechnung stellt.
Versicherungsvertreter arbeiten in der Regel selbständig, sind aber an eine Versicherungsgesellschaft gebunden und verkaufen nur deren Produkte. Für die Beratung stellen sie keine Rechnung, sondern sie leben ausschließlich von der Provision, die sie bekommen, wenn sie eine Versicherung

verkaufen. Die Versicherungsgesellschaften zahlen ihnen zuweilen die Provision als Vorschuss, sodass es zunächst so aussieht, als hätte der Vertreter ein Festgehalt. Er muss aber innerhalb einer bestimmten Frist zurückgezahlt bzw. mit den Provisionen verrechnet werden. Ergänzend gibt es Eventreisen oder -ausflüge oder andere Benefits, um die Vertreter zu mehr Umsatz zu motivieren. Viele Vertreter profitieren außerdem von den Bestandspflegeprovisionen der Gesellschaften. Das ist das Honorar für die Betreuung der Kunden (Rückfragen, Schadensfälle etc.) während der Vertragslaufzeiten. Je mehr Kunden ein Vertreter hat, desto komfortabler ist seine Bestandspflegeprovision. Neulinge müssen sich einen lukrativen Kundenstamm erst aufbauen.

Finanz- oder Versicherungsmakler verkaufen die Produkte verschiedener Institute oder Versicherungen. Sie analysieren den Markt, um ihren Kunden das beste Produkt zu vermitteln. Allerdings stellen auch sie dem Kunden nicht die Beratung in Rechnung, sondern sie verdienen erst dann, wenn sie ihm eine Geldanlage oder eine Versicherung verkauft haben. Damit ist auch hier ein Abschluss Grundvoraussetzung für das Einkommen. Die Unternehmen, deren Produkte der Makler verkauft – Fondsgesellschaften zum Beispiel oder eben Versicherungen – zahlen ihnen Provisionen für die Vermittlung. Darüber hinaus versuchen sie, dem Makler die Vermittlung ihrer Produkte auch durch Serviceleistungen (Infoveranstaltungen) oder Events schmackhafter zu machen. Makler bekommen auch

Bestandspflegeprovisionen von Versicherungen oder Fondsgesellschaften dafür, dass sie die Kunden über den Vertragsabschluss hinaus bei Fragen oder Problemen betreuen.
Finanzberater auf Honorarbasis: Einige – in Deutschland noch wenige – Finanzberater nehmen für ihre Beratung ein Honorar. Entweder es richtet sich prozentual nach der Vermögenshöhe oder nach einem Stundensatz. Die Kunden sehen hier sofort, was ihr Berater verdient.

übermenschliche Leistung, die Bedürfnisse des Kunden den eigenen Umsatzzielen noch voranzustellen.
Was bedeutet dieser Druck für Sie als Kunden? Nun, es kann sein, dass Ihr Berater Sie anruft und Ihnen vorschlägt, ein Zertifikat aus Ihrem Aktiendepot zu verkaufen, weil er in dieser Woche noch Umsatz braucht. Dabei wäre es eigentlich viel sinnvoller, das Papier noch zu behalten und erst später abzustoßen. Es kann auch sein, dass er Ihnen einen eigentlich guten Fonds nicht verkauft, weil er daran nicht genug verdient.
Vielleicht sehen Sie Ihre Geldanlagen jetzt in einem neuen Licht? Wie weit haben Sie Ihrem Berater jetzt vertraut? Haben Sie einfach gemacht, was er vorgeschlagen hat, oder haben Sie seine Ideen andernorts gegengecheckt? Sind Sie sicher, dass Sie Ihrem Berater zu Recht vertraut haben? Nicht, dass Sie mich missverstehen: Es gibt immer noch viele seriöse und zuverlässige Berater bei Banken, die gewissenhaft für Sie recherchieren und Ihnen Produkte anbieten, von denen sie ehrlich überzeugt sind. Es kann durchaus

sein, dass Ihr Berater so einer ist. Aber Sie sollten sich darüber Klarheit verschaffen, denn ein Bankberater bewegt sich immer in diesem Spannungsfeld zwischen Information und Provision.
Das Gleiche gilt übrigens für Finanzmakler oder Versicherungsvertreter. Gehen Sie davon aus: Wenn Sie für die Beratung nichts zahlen, lebt Ihr Berater vom Verkauf. Außerhalb der Banken weht der Wind sogar noch rauer, denn hier haben Sie es mit Selbständigen zu tun, die in der Regel gar kein Festgehalt haben, sondern ausschließlich auf Provisionen angewiesen sind. Fragen Sie sich also: Wie viel Objektivität können Sie von so einer Beratung erwarten? Mandanten berichten mir, dass gerade Versicherungsvertreter zuweilen einen fast unerträglichen Druck auf sie ausüben. Da wird immer wieder angerufen, nachgehakt und gedrängt, bis die Mandanten nachgeben. Aber das dicke Ende ist leider oft, dass der Kunde nach Vertragsabschluss herausfindet: Sein Produkt hat nicht das günstigste Preis-Leistungs-Verhältnis am Markt. Dafür hat der Berater vermutlich ein hübsches Sümmchen Provision eingefahren.
Zum Glück sind Sie und ich nicht die Einzigen, die sich über diese Verhältnisse ärgern. Auch der Gesetzgeber hat festgestellt, dass Anleger besser zu schützen sind. Den Anstoß gab die EU-Kommission mit ihrer Finanzmarktrichtlinie MiFID (Markets in Financial Instruments Directive, auf Deutsch: Richtlinie über Märkte für Finanzinstrumente), die 2007 mit dem Finanzmarktrichtlinien-Umsetzungsgesetz (FRUG) in nationales Recht umgesetzt wurde. Jetzt hat jeder Anleger das Recht zu erfahren, welche Provisionen, Gebühren, Anreizsysteme für den Vertrieb und sonstige Kosten in einem Produkt stecken, das er kauft. Also: Der Bankberater muss Ihnen nun zum Beispiel offenlegen, welche Verwaltungskosten

in der Summe für den Fonds, in den Sie investieren wollen, enthalten sind. Möglicherweise spricht er von 1,5 Prozent Verwaltungskosten. Leider, teilt er Ihnen mit, sieht das bei den anderen Fonds nicht besser aus. Was er Ihnen nicht mitteilt, ist, dass es ganz andere Fonds gibt, die geringere Verwaltungskosten haben. ETFs zum Beispiel, die Abkürzung steht für Exchange Traded Funds. Leider gilt auch die Transparenzvorschrift nur für Wertpapiere. Insofern betrifft die Umsetzung der MiFID nur einen Teil der möglichen Anlageprodukte und ist entsprechend kritisiert worden. Dennoch: Treten Sie selbstbewusst auf und fragen Sie nach, Sie haben durchaus eine starke rechtliche Handhabe im Rücken!

Wenn Sie nun zurückschauen und sich fragen, wer an Ihren bisherigen Geldtransaktionen verdient hat, dann haben Sie jetzt einige Informationen bekommen, die es Ihnen erleichtern, die Einnahmen Ihrer Berater zu durchschauen. Gehen Sie ruhig mal alle Profis durch, mit denen Sie bisher zu tun hatten. Und fragen Sie ruhig mal nach, welche Kostenanteile sich in Ihren Anlageprodukten verbergen.

3. Habe ich Geld verloren? Wenn ja: wo?

Eine Mandantin von mir habe ich kennengelernt, als sie über schlimmste Schlafstörungen klagte. Sie hatte im Aktiencrash vor ein paar Jahren relativ viel Geld verloren, dann aber nicht verkauft, weil sie hoffte, dass die Aktien wieder steigen würden, und weil sie sich vorgenommen hatte, den Verlust wieder reinzuholen. Das kann ich natürlich gut nachvollziehen, denn solange Verluste nur auf dem Papier stehen, besteht ja die Hoffnung, dass sie eines Tages verschwinden. Sind sie erst realisiert, müssen Sie sich eingestehen, dass Sie ein Fehlinvestment getätigt haben. Doch zurück zu der Mandantin. Wir haben lange darüber gesprochen, dass es nicht sein soll, dass ihre Geldanlage ihre Gesundheit beeinträchtigt. Das sei es doch nicht wert. Wir haben dann daran gearbeitet, ihre hohe Aktienquote zu senken, und sie hat beschlossen, zumindest einen Teil der Anlage als Verlust abzuschreiben. Sie hat akzeptiert, dass eine Aktienanlage für sie – vielleicht nur im Moment, vielleicht aber auch grundsätzlich – nicht das Richtige ist.

Andere Mandanten von mir haben mit geschlossenen Immobilienfonds Reinfälle erlebt. Gutgläubig investierten sie in Urlaubsresidenzen oder Wohnanlagen. Dabei hatten sie überhaupt nicht richtig verstanden, was das für eine Anlageform ist. Sie investierten, weil der Steuerberater das empfohlen hatte. Der stand auch toll da, als es in den ersten Jahren Steuerrückzahlungen regnete. Doch als sich dann die Wohnungen nicht vermieten ließen und die Urlaubshäuser leer standen, kam der Katzenjammer. Und dass der Anleger bei manchen Fonds im Pleitefall mit seinem persönlichen Vermögen haftet, davon hatten meine Mandanten keine Ahnung. Hier sind wirklich Anleger übers Ohr gehauen und ausgenutzt worden.

Besonders krass fand ich den Fall einer alleinerziehenden Friseurin aus Norddeutschland mit einem behinderten Sohn. Von einem möglichen Steuervorteil bei ihrem Einkommen keine Spur, sie zahlte ja ohnehin kaum Steuern! Trotzdem hat man ihr zwei Steuern sparende Beteiligungen angedreht, eine für 10.000 Euro, eine für 30.000 Euro. Und weil sie das natürlich nicht in der Portokasse hatte, überredete man sie auch noch, ihre Lebensversicherung aufzulösen. Wenn ich solche Geschichten höre, werde ich

richtig wütend. Zum Glück gibt es hier ein Happy End: Die Frau hat ihren Berater verklagt und auch gewonnen.
Sie haben hoffentlich keine solchen Fehlinvestitionen getätigt. Falls doch: Verschließen Sie nicht die Augen davor. Betrachten Sie Ihre Geldsäule so, wie sie ist. Die Verluste gehören dazu. Wenn Sie solche Erfahrungen verdrängen, riskieren Sie, die gleichen Fehler immer wieder zu machen.

4. Welche Geldanlage war besonders erfolgreich?
Ein Freund von mir hat während des Aktienbooms zu Beginn unseres Jahrzehnts richtig viel Geld verdient. Er investierte eine Zeitlang, bevor der Boom begann, und dann, auf dem Höhepunkt des Booms, verkaufte er alles. Da steckte nicht einmal Kalkül dahinter, sondern seine persönlichen Lebensumstände: Er bekam einen Job in Berlin, musste umziehen und wollte nicht wieder zur Miete wohnen. Also verkaufte er seine gesamten Aktien und konnte so bar eine wirklich schöne Eigentumswohnung in Bestlage finanzieren. Einem jungen Paar aus meiner Bekanntschaft ging es ähnlich; die beiden bauten schuldenfrei ihr erstes Haus. Mit Aktien Geld zu verdienen ist eine feine Sache und auch so spektakuläre Gewinne wie in der Zeit des Internetbooms bis 2000 sind möglich. Es gibt natürlich auch andere Möglichkeiten, Geld erfolgreich anzulegen. Manchmal ist es eine Immobilie, zur richtigen Zeit und am richtigen Ort gekauft, die plötzlich eine ungeheure Wertsteigerung erfährt.
Schauen Sie also genau hin: Was waren wirklich gute Anlagen? Was hat die beste Wertsteigerung erfahren? Wo haben Sie tolle Zinsen bekommen? Und fragen Sie sich bitte auch, ob Ihr Gewinn ein Zufallserfolg war oder ob Sie ihn geplant hatten. Wenn die Anlage im Wert geschwankt hat – wie kamen Sie damit klar? Kannten Sie

sich aus, als Sie die erfolgreiche Aktie erworben haben? Wussten Sie über den Wohnungsmarkt Bescheid, als Sie in die Eigentumswohnung investierten? Oder haben Sie blind im Vertrauen auf eine Empfehlung investiert?

5. Wie bin ich bisher mit Geld umgegangen?

Jetzt schließt sich der Kreis, denn wenn Sie diese Frage beantworten, werden Sie vermutlich auch die anderen Säulen in Ihrem Leben berühren. Jetzt geht es nämlich darum, ob Sie sich überhaupt um Ihre Finanzen gekümmert haben, ob Sie sie immer unter Kontrolle hatten, und auch, wie wichtig Ihnen das Geld bisher überhaupt gewesen ist.

In meiner Beratung treffe ich diesbezüglich auf sehr verschiedene Menschen. Drei typische Beispiele schildere ich Ihnen nun. Das soll Sie bei Ihrer eigenen Selbsteinschätzung anregen. Außerdem sehen Sie, dass Sie mit Ihren Schwächen nicht alleine dastehen. Und Sie werden sehen, wie sich der persönliche Umgang mit Geld auf die Lebenssäule „Geld und Vermögen“ auswirkt.

Typ A: Der Geringverdiener

Angenommen Sie verdienen eher wenig Geld in Ihrem Beruf, dann stellen Sie sich jetzt bitte die Frage: Warum? Wie kam ich in diesen Beruf und wieso habe ich keinen Job, in dem ich mehr verdiene? Möglicherweise waren Sie schon in der Schule ein ziemlich lustloser Schüler, haben oft geschwänzt und eher selten Hausaufgaben gemacht. Ihre Noten waren Ihnen egal und Ihre Eltern haben Ihnen nicht viel Druck gemacht. Sie haben es laufen lassen und so endete Ihre Schulkarriere mit einem gerade noch ausreichenden Zeugnis für die mittlere Reife. Natürlich konnten Sie sich dann auch Ihren Ausbildungsplatz nicht aussuchen, man muss von Glück sprechen, dass Sie überhaupt einen gefunden haben. Aber Ihnen war es sowieso egal, Sie haben Ihre laxe Haltung aus der Schulzeit beibehalten und sich gedacht, es sei egal, was Sie machen, irgendeine Ausbildung und fertig. Fast schon überraschend, dass Sie überhaupt durchgehalten haben. Vielleicht hadern Sie heute mit dieser Haltung, vielleicht auch nicht. Es geht auch keinesfalls darum, sich Vorwürfe zu machen oder etwas zu bereuen. Es geht nur darum zu erkennen, dass es diese Haltung ist, wegen der Sie jetzt kein gutes Einkommen haben. Das ist die Tatsache, der Sie ins Auge blicken müssen. Seien Sie bitte realistisch: Wenn Sie mehr Geld haben wollen, brauchen Sie entweder Lotto-Glück oder einen reichen Gönner oder Ihnen fällt eines Tages ein üppiges Erbe in den Schoß. Sollte keiner dieser Fälle eintreten, müssten Sie sich doch noch einmal dem Thema Arbeit zuwenden. Und Sie müssten sich sehr ernsthaft überlegen, welche Haltung Sie heute haben und ob Sie doch noch irgendwelche Motivationsreserven in sich aufspüren können. Oder ob Sie vielleicht lieber Ihre finanziellen Ziele herunterschrauben, weil Sie mit Ihrer Distanz zum Job im Grunde durchaus glücklich sind.

Typ B: Der Vielbeschäftigte

Wenn ich Sie frage, ob Sie sich bisher überhaupt um Ihr Geld gekümmert habe, liegt Ihnen dann die Gegenfrage auf der Zunge: „Wieso sollte ich? Auf meinem Girokonto liegen schließlich 100.000 Euro herum, das reicht doch für alles“? Dann können wir feststellen, dass Sie sich kaum um Ihr Geld gekümmert haben. Sie befinden sich in ehrenwerter Gesellschaft! Ärzte zum

Beispiel begegnen mir in meiner Beratungspraxis häufig, die solch hohe Girokontostände haben. Die Gründe, dass ihre Geldsäule so aussieht, haben eng mit der Berufssäule zu tun, manchmal spielt auch die Familie hinein. Konkret: Sie finden einfach keine Zeit, sich um einträglichere Geldanlagen zu kümmern. Sie haben lange Arbeitstage, danach wollen sie sich vielleicht um die Kinder kümmern oder Sport treiben. Nicht selten übrigens verlieren diese Menschen beträchtliche Geldsummen, weil sie dann, wenn sie einmal etwas „mit Geldanlage machen" wollen, auf Berater hereinfallen, die ihnen irgendwelche Steuersparmodelle andrehen. Mir erklären sie dann in der Beratung, der Vermittler sei halt so nett gewesen – und natürlich haben sie sich selber nicht gekümmert, es fehlte ihnen ja die Zeit. Und außerdem hätte der Berater diesen Fonds selbst.
Wenn Sie sich in dieser Schilderung ganz oder teilweise wiederfinden, dann müssen Sie festhalten, dass Ihre Vermögenssäule vermutlich stabil ist, möglicherweise aber dünner, als sie gedacht haben, und dass das daran liegt, dass Sie sich nur ungern und selten um Ihre Finanzen gekümmert haben. Was wiederum mit einer oder zwei anderen Säulen zusammenhängt.

Typ C: Das Genie

Dem Gelde haftet etwas Banales, Bodenständiges an, und das ist nicht jedermanns Sache. Vor allem dann nicht, wenn man ein paar Zentimeter über dem Boden schwebt. Ich habe Mandanten, die einen großen Teil ihres Lebens in höheren Sphären verbrachten, was für ihre Arbeit ausgesprochen großartig war. Nur ist leider die Geldsäule dabei eingestürzt. Ein typischer Fall ist ein Maler, dessen Frau mich vor einiger Zeit aufsuchte. Der Mann malte phasenweise wie ein Besessener. Er verließ dann tagelang sein Atelier nicht mehr. Er war völlig unansprechbar. Anschließend fiel er in extreme Erschöpfungszustände – verständlich nach so intensiven Schaffensperioden. Seine Bilder waren großartig, fand seine Frau, und sie unterstützte ihn. Doch nun stand die Einschulung ihrer Tochter an und sie machte die bittere Feststellung: Es war kein Geld mehr da. Nichts. Sie konnte ihrer Tochter nicht einmal mehr einen Ranzen kaufen. Diese Frau kam zu mir, weil sie sich über Kredite informieren wollte und weil sich diese Situation niemals wiederholen sollte. Das war übrigens auch der Punkt, an dem ihr Mann seine Bodenhaftung zurückgewann. Er sah ein, dass er die Gewichtung zwischen Kunst und Kommerz etwas in Richtung Kommerz verschieben musste. Er konnte sich angesichts der Verzweiflung von Frau und Tochter nämlich auch nicht mehr richtig auf seine Arbeit konzentrieren und malte nichts Zufriedenstellendes mehr.

Vielleicht finden Sie sich in einem dieser Typen wieder? Oder Sie lassen sich davon anregen, Ihren eigenen Umgang mit Geld zu entdecken. War es wichtig für Sie oder Nebensache, haben Sie sich Zeit dafür genommen oder das alles anderen Menschen überlassen? Erinnern Sie sich!

Jetzt sind Sie dran

Sie haben jetzt gelesen, wie die Fragen des Leitfadens gemeint sind. Sie haben alle nötigen Informationen bekommen, um zu verstehen, was Sie getan und erlebt haben. Jetzt können Sie loslegen. Stellen Sie sich jetzt selbst genau diese fünf Fragen aus dem Leitfaden und geben Sie konkrete Antworten darauf.

Abbildung 3: Die fünf Leitfragen

1. Wer hat mich bisher beraten?
2. Wer hat an mir verdient?
3. Habe ich Geld verloren? Wenn ja: wo?
4. Welche Geldanlage war besonders erfolgreich?
5. Wie bin ich bisher mit Geld umgegangen?

Wenn Sie es, wie ich, hilfreich finden, Ihre Überlegungen zu visualisieren, können Sie mit der Abbildung auf der vorigen Seite arbeiten. Nehmen Sie einen Stift und tragen Sie in der Säule Ihre Antworten auf unsere Leitfragen ein. Wenn Ihnen der Platz nicht reicht, können Sie die Fragen natürlich auch auf ein eigenes, größeres Blatt Papier schreiben oder Sie schreiben Sie in Ihren PC. Glückwunsch! Jetzt halten Sie ein handfestes Resultat in den Händen. Damit gewinnen Sie den Überblick über die Ereignisse, die bisher Ihre Vermögenssäule geformt haben. Sie können sich nun die Ereignisse und Ihre Erfahrungen jederzeit wieder ins Gedächtnis rufen. Damit haben Sie jetzt einen absolut zuverlässigen Ausgangspunkt, um zukünftig souveräner und bewusster mit Ihren Geldanlagen und Konsumwünschen zu hantieren. Die Rückschau ist der erste wichtige Schritt, um zu beurteilen, welche Strategie für die Zukunft zu Ihnen passt.

KAPITEL 2

„ABER BEI UNS HIESS ES IMMER ..." – WELCHE PRÄGUNGEN IHNEN NÜTZEN UND WELCHE NICHT

Als mein Vater jung war, stand er freitags abends immer stundenlang an dem Imbiss herum, in dem meine Mutter arbeitete, während sie ihre Ausbildung absolvierte. Das klingt nach großer Anhänglichkeit, oder? Aber mein Vater hatte es nicht nur auf meine Mutter abgesehen, wenn er nach der Arbeit am Imbiss auftauchte. Sondern auch darauf, dass er dort umsonst essen konnte. Deswegen stand er jeden Freitagabend da herum – natürlich auch, um sie abzuholen. Und falls Sie meinen Vater jetzt für einen Exzentriker halten: Er fand Imbissbudenessen nicht besonders lecker, sondern er hatte kein Geld, sich etwas Gesünderes zu essen zu kaufen.

Mein Vater war damals arm. Er war nach Westberlin gegangen, wie so mancher junge Mann aus der alten Bundesrepublik, und arbeitete dort als Schlosser. Wenn er später von dieser Zeit erzählte, sagte er immer, es sei eine schöne Zeit gewesen. Er hatte meine Mutter kennengelernt, er war jung, er war verliebt. Könnte man wirklich von Luft und Liebe leben, wäre es perfekt gewesen. Stattdessen ernährte sich mein Vater von Würstchen. Und das, schwor er sich damals, das wollte er nie wieder erleben. Die ständige Geldknappheit war schrecklich für ihn und er beschloss damals: „Ich will nie wieder über Geld nachdenken müssen."

Er hat diesen Beschluss umgesetzt. Er bildete sich fort. Seine Leidenschaft galt dem Lehrerberuf. Er absolvierte die Meisterschule und ein Aufbaustudium und wurde dann Berufsschullehrer. Er erfüllte sich so seinen Berufstraum. Finanziell ging es dann auch bergauf, denn er wurde verbeamtet. So wurde er zwar nicht reich, aber das Beamtentum brachte ihm ein solides und sicheres Einkommen. Es gab monatliche Bezüge, Zulagen und die Altersversicherung war geklärt. Arbeitslosigkeit war Zeit seines Lebens kein Thema für ihn. Und meine Eltern hatten jetzt mehr Geld, als sie für ihre Grundbedürfnisse brauchten.

Nun konnte mein Vater auch verwirklichen, was er sich so intensiv gewünscht hatte: Er hörte auf, über Geld nachzudenken. Er beschäftigte sich einfach nicht mehr damit. Er überließ die Verwaltung sämtlicher Finanzen meiner Mutter.

Meine Mutter kaufte nicht nur ein, was sie für den Haushalt brauchte. Sie war auch diejenige, die bei größeren Investitionen überblicken musste, ob das ging oder nicht. Dabei stand sie stets im Spannungsfeld zwischen den Wünschen meines Vaters und der Wirklichkeit eines Beamtengehalts. Meine Mutter kümmerte sich natürlich auch um die Finanzierung unseres Hauses. Dafür nahmen meine Eltern, wie die meisten Menschen, Darlehen auf. Das sah so aus, dass sie ein großes – damals günstiges und viele Jahre tilgungsfreies – Darlehen einer Landesbank aufnahmen und darum herum im Laufe der Zeit ein ganzes Netz aus Bausparverträgen knüpften. Das war begrenzt sinnvoll. Aber meine Mutter, völlig allein gelassen mit den finanziellen Fragen, wusste das damals nicht. Meine Eltern sollten das erst später merken.

Lange Zeit vertraute meine Mutter ihrem Bausparkassenberater. Er verkaufte ihr die Bausparverträge und auch eine Lebensversicherung, zudem war er ein netter Mann, fand meine Mutter. Sie musste sich auch nicht in irgendein Büro bemühen, wenn sie ihn sprechen wollte, sondern er kam ins Haus. Meine Mutter war lange Jahre froh, mit ihm die Finanzen zu regeln, denn so hatte sie nicht nur sachliche Hilfe bei ihren Finanzfragen, sondern sie hatte überhaupt mal jemanden, mit dem sie über die Gelddinge sprechen konnte. Mein Vater stand nämlich immer noch auf dem Standpunkt: „Ich mache mir keine Gedanken über Geld, das interessiert mich nicht mehr.“

Diese fahrlässige Haltung meines Vaters rächte sich in dem Moment, als zuerst ich und zwei Jahre später mein Bruder zu studieren begannen. Da stellte meine Mutter fest: Ein Studium finanziert sich schlecht aus der Haushaltskasse. Es war ein böses Erwachen für meine Eltern. Sie mussten feststellen, dass ihr Finanzgebäude ziemlich marode war. Meine Eltern hatten ihre Lage offenbar völlig falsch eingeschätzt. Und der Berater hatte bei seinen Vorschlägen zentrale Bedürfnisse außer Acht gelassen. Zum Beispiel hatte er nie an Rücklagen für Ausbildungskosten gedacht. Nur nebenbei bemerkt: Hätten sie das Geld in die Tilgung des Darlehens für ihr Haus gesteckt, statt immer neue Bausparverträge abzuschließen, wäre sicherlich überhaupt kein Engpass entstanden.

Ich interessierte mich damals schon für das Thema Geld. Von meiner Verwandtschaft hatte ich erstes Lob dafür geerntet, dass ich ein gewisses Geschick an den Tag legte, wenn es um das Aufspüren attraktiver Anlageformen ging. Es lag deshalb auf der Hand, dass ich meinen Eltern jetzt zur Seite stand. Meine Mutter bat mich, dabei zu sein, als der Berater das nächste Mal kam. Das tat ich auch, und ab da entdeckte ich schrittweise, was alles im Argen lag. Zum Beispiel, dass der Berater bei Lebensversicherungen immer über Vorerkrankungen meines Vaters hinweggegangen war; für den Ernstfall eine Katastrophe, weil die Versicherung dann kaum gezahlt hätte. Zum Beispiel, dass meine Eltern Kredite bei der Landesbank immer noch mit acht Prozent bedienten, obwohl deren Zinsbindung abgelaufen war und man die Kredite längst auf sechs Prozent hätte umstellen können. Ich begann, mit meiner Mutter aufzuräumen, das Geflecht aus Bausparverträgen zu entwirren, Rückzahlungskonditionen zu aktualisieren, und ich kündigte überflüssige Versicherungsverträge.

Es war nicht so, dass meine Mutter alles falsch gemacht hatte. Sie war einfach an ihre Grenzen gestoßen, weil sie jahrzehntelang alles alleine hatte regeln müssen. Inzwischen hat sie die Sachen voll im Griff – auch, weil sie mit mir darüber sprechen kann. Mein Vater freute sich schließlich, dass ich meine Mutter unterstützte. Und er sah ein, dass es falsch gewesen war zu sagen: „Ich möchte mir keine Gedanken mehr um Geld machen." Die richtige Einstellung wäre gewesen: „Ich möchte mir keine Sorgen mehr um Geld machen" – und sich dann gerade deshalb zu kümmern. Bevor er starb, als er schon sehr krank war, fragte er mich öfters, ob meine Mutter ausreichend versorgt sei. Da wusste ich: Er hatte dazugelernt.

Prägungen bestimmen unseren Umgang mit Geld

Aus der Geschichte meiner Eltern habe ich gelernt, wie wichtig Prägungen sind. Unter einer Prägung verstehe ich, wenn einschneidende Erfahrungen oder nachhaltige Umwelteinflüsse zu tief verwurzelten Verhaltensweisen führen, die fast wie angeboren wirken. In der Verhaltensbiologie bezeichnet Prägung eine irreversible Form des Lernens. In der Alltagssprache versteht man darunter die Auswirkungen aller Umwelteinflüsse auf die Persönlichkeit eines Menschen – also die Sozialisation. Prägungen entstehen durch Erziehung, Lebensstil und Freundschaften, aber auch durch vorgelebte Verhaltensweisen oder durch einschneidende oder regelmäßige Erlebnisse.

Für meinen Vater war die Armut als junger Mann in seiner Berliner Zeit solch eine Prägung. Geld wurde zum täglichen Schrecken für ihn und häufiger echter Hunger ist sicherlich ein Gefühl, das man nie mehr vergisst. Wann immer er seine Finanzen analysieren wollte, stellte er fest, dass gar nichts da war, was man analysieren konnte. Deshalb mied er das Thema Geld für den Rest seines Lebens. Mich wiederum hat das Verhalten meines Vaters geprägt: Ich war so erschrocken über den Zustand der elterlichen Finanzen, dass ich keinesfalls den Fehler meines Vaters wiederholen wollte, sondern für mich das Thema Geld aus der Tabuzone holte. Es war wirklich ein einschneidendes Erlebnis für mich herauszufinden, wie viel Geld man verlieren kann, indem man sich einfach nicht genügend darum kümmert.

Meine Schlussfolgerung aus den Schwierigkeiten meiner Eltern: Es ist wichtig, immer den Überblick über mein Geld zu haben. Ich habe mein Verhalten also aus einem negativen Erlebnis heraus entwickelt, so wie mein Vater seine Prägung im Umgang mit Geld von der Armut seiner jungen Jahre bekam. Falls Sie daraus jetzt schließen, dass Prägungen schockartige Negativerlebnisse sind, und Sie sich vielleicht auch gerade gratulieren, dass Sie so etwas nicht erleben mussten, dann können Sie sich tatsächlich glücklich schätzen. Aber Prägungen können natürlich auch ganz anders zustande kommen und sie müssen keineswegs immer mit negativen Erfahrungen verbunden sein.

Jeder Mensch wächst mit Bezugspersonen auf, die jede für sich individuelle Persönlichkeiten sind. Eltern, Großeltern, Geschwister, Freunde, Erzieherinnen, Lehrer. Diese Menschen werden auf eine sehr persönliche, ganz bestimmte Art mit ihm umgehen. Sie prägen ihn. Das heißt zum Beispiel: Wenn Ihre Eltern partnerschaftlich miteinander und mit Ihnen umgegangen sind, werden Sie später zu ähnlichem Verhalten in Beziehungen neigen. Wenn Sie in Ihrer Jugend lösungsorientierte Auseinandersetzungen erleben, werden Sie später mit Konflikten besser umgehen können, als wenn Sie als Kind Zeuge oder Beteiligter destruktiver Streitereien sind. Ihre Umgebung prägt Sie außerdem auch im Hinblick auf Ihre Essgewohnheiten, Ihren Umgang mit Ihrem Körper, Ihre Freizeitbeschäftigung. Und auch, wie Sie mit Geld umgehen, ist von solchen Prägungen beeinflusst. Prägungen entstehen keineswegs nur durch einzelne Erlebnisse, sondern auch durch einen Gleichstrom von Ereignissen. Durch die Wiederholung immer desselben Verhaltens zum Beispiel. Unsere Prägungen erfahren wir von Geburt an. Doch wie Sie am Beispiel meiner Familie sehen konnten, sind Prägungen auch im Erwachsenenalter noch möglich. In der Psychologie gibt es eine Menge Theorien und Erkenntnisse darüber, welche Persönlichkeitsmerkmale und Verhaltensweisen wann erworben werden und welche Verhaltensweise und Charakterzüge später wieder revidiert werden können oder nicht. Darüber hinaus gibt es gerade in unserer Zeit eine große Debatte über das Verhältnis zwischen genetischen Dispositionen und Einflüssen aus der Sozialisation.

Die endgültige Klärung dieser weitreichenden Fragen überlasse ich vertrauensvoll der Wissenschaft. Wenn ich Sie in diesem Buch mit dem Thema Prägung konfrontiere, dann geht es darum, dass Sie sich klarmachen, wie Sie im Hinblick auf Ihren Umgang mit Geld geprägt sind, um daran anschließend einen souveräneren Umgang mit Ihren Finanzen entwickeln zu können.

Interview

Interview mit Werner Tiki Küstenmacher

Ich bin seit jeher ein Fan des Bestsellers „Simplify your Life" von Werner Küstenmacher, der mir als Autor und Karikaturist schon vorher ein Begriff war. Die Perfektion meines Bruders – perfekt aufgeräumtes Zimmer mit abgezirkelt liegenden Hemden – werde ich wohl nie erreichen. Und dennoch: Insbesondere „Simplify your Life –

mit Kindern einfacher und glücklicher leben" hilft unserer Großfamilie immer wieder über viele Alltagshürden hinweg. So wissen wir etwa, dass Tiefkühlkost über mehrere Wochen uns nicht umbringen wird!
Kennengelernt habe ich Werner Küstenmacher bei einer Lesung in meinem Heimatort Grafing. Da habe ich ihn gebeten, mein Exemplar von „Simplify" zu signieren und mit einer seiner berühmten Karikaturen zu versehen. Und wir haben dann ein wenig von Autor zu Autor geplaudert. Er war der erste, der mir in den Sinn kam, als ich die Idee hatte, in diesem Buch Menschen zu Wort kommen zu lassen, die es geschafft haben, im Sinne der Kühn-Strategie finanziell unabhängig zu sein. Manchmal gibt es Menschen, da hat man sofort das Gefühl, dass die Einstellungen in vielem mit den eigenen übereinstimmen. Auch finde ich es als Christ sehr spannend, dass Werner Küstenmacher als Pfarrer die Welt ein wenig anders betrachtet als der Durchschnitt. Diese positive Grundeinstellung zu den Menschen ist einfach spürbar. Unser Gespräch fand während meiner Arbeit an diesem Buch statt.

Stefanie Kühn: Herr Küstenmacher, welche Erfahrungen gab es in Ihrer Familie mit Geld und wie sind Sie damit umgegangen?

Werner Küstenmacher: Mein Vater hat nach dem 2. Weltkrieg alle Ersparnisse verloren. Mein Großvater hat in der Weltwirtschaftskrise 1929 seine Buchhandlung und damit seine Existenz verloren. Ich bin daher skeptisch, worauf man sich beim Thema Absicherung für die Zukunft verlässt. Man schließt einen Vertrag ab, in dem steht, dass man im Jahr x die Summe y bekommen wird. Aber wird das dann wirklich so sein?

Ich habe gelernt: Auf Geld allein kann man sich nicht verlassen. Gute Freunde – jüngere wie ältere – und gute Beziehungen in der Familie, das ist als Absicherung fürs Alter mindestens so wichtig wie finanzielle Vorsorge.

Aufgrund der Erfahrungen meiner Vorfahren versuche ich, mich auch gegen den Super-GAU des Wirtschaftssystems abzusichern. Dazu gehören Grundbesitz und physisches Gold. Das beruht auf einer weiteren Erfahrung in meiner Familie: Ein Grundstück meines Vaters in der Nähe von Berlin hatte, lange nach seinem Tod, die DDR-Zeit überlebt – seine Sparbücher nicht.

Stefanie Kühn: Sie raten Ihren Lesern zu einem einfacheren und glücklicheren Leben. Wie setzen Sie das in Bezug auf Ihre Geldanlage um?

Werner Küstenmacher: Ich finde es gut, wenn man einen Plan hat, wie man im Alter einfacher, also „verkleinert", leben kann. In einer kleineren Wohnung vielleicht, mit weniger Sachen. Das nimmt viel Druck von einem.

Sehr viel einfacher wird das Leben für alle in einer Familie, wenn das Erbe geklärt ist. Meine Mutter hat uns Kindern zu ihren Lebzeiten deutlich gesagt, dass wir – meine zwei Geschwister und ich – das Haus nach ihrem Tod ruhig verkaufen können. Dadurch haben wir unser Erbe ohne Streit und Diskussionen („Dürfen wir das Elternhaus verkaufen oder nicht?") angetreten. Jeder von uns Geschwistern hat etwas aus seinem Geld aus dem Hausverkauf gemacht. Hier hat meine Mutter durch einen einfachen, klaren Satz sehr viel für unseren guten Umgang mit dem Erbe getan.

Heute hole ich mir Rat von außen, denn Finanzen sind nicht mein Lieblingsthema. Aber es hat gedauert, bis ich hier eine gute Lösung gefunden habe.

Stefanie Kühn: Was war Ihre lehrreichste Erfahrung im Umgang mit Geld?

Werner Küstenmacher: Ich habe richtig schlimme Fehler gemacht. Der größte war wohl, dass wir unser Eigenheim anfangs nur über Lebensversicherungen als Tilgungsersatz finanziert hatten. Auch am grauen Kapitalmarkt habe ich Geld verloren. Ich sehe das heute als Lehrgeld.

Meine „Das schaffe ich schon selber"-Einstellung stand mir lange im Weg. Schließlich habe ich mich mehr gekümmert, neue Ratgeber gesucht – und gemerkt, dass auch die nicht immer nur vorteilhaft für mich waren. Dann habe ich akzeptiert, dass ich mich auch selbst schlau machen muss, damit mir das nicht mehr passiert. Erst kürzlich habe ich meinen Bankberater auf ein unsinniges Bausparprodukt aufmerksam gemacht, das er mir angeboten hat. Schließlich hat er zugegeben, dass das nicht wirklich vorteilhaft für mich sei.

Stefanie Kühn: Inwieweit spielt für Sie als evangelischer Pfarrer die Bibel eine Rolle beim Thema Geld?

Werner Küstenmacher: In der Bibel gibt es viele Aussagen zum Thema Geld. Mir gefällt vor allem die Vorstellung vom Segen im Alten Testament. Kinder wurden dort von ihren Eltern gesegnet, und das war mehr als ein guter Wunsch. Man war dankbar, dass man selbst von seinen Eltern auf die Welt gebracht worden war, und man gab diese Dankbarkeit in einem kleinen Ritual an die eigenen Kinder weiter. Das bezog sich auch auf die materiellen Güter: Man hat etwas von den eigenen Eltern geerbt, und das gibt man weiter. Bei dieser Idee vom Segen ist Geld sozusagen kein Privatbesitz, sondern eine Ressource, die einem anvertraut ist wie alle anderen Gaben der Natur.

Sehr wichtig ist mir auch das Gleichnis Jesu von den anvertrauten Geldern – den Talenten (Mt. 25, 14–30). Zwei Knechte werden von ihrem Chef gelobt, weil sie das anvertraute Geld vermehrt haben. Der dritte hat seinen Anteil einfach eingegraben. Zu ihm sagt der Chef, er sei faul und unnütz gewesen. Die Moral dieser Geschichte klingt erstaunlich kapitalistisch: Vermehre dein Kapital.

Die Doppelbedeutung von Talent – damals sehr viel Geld und heute eine Gabe – ist der Schlüssel zur Erklärung dieses eigenartigen Gleichnisses: Geld ist genau wie unsere persönlichen Begabungen ein Rohstoff. Der muss in Umlauf gebracht werden, damit er der Allgemeinheit nützen kann. Ich halte dieses Gleichnis Jesu für eine wichtige Lektion über den Wohlstand. Umverteilt werden kann nur dort, wo auch Wohlstand vorhanden ist. Wohlstand für viele entsteht, wo Menschen mehr arbeiten, als direkt für sie notwendig ist. Wo sie sparen, Steuern zahlen und etwas an Bedürftige weitergeben. Jesus sagt einmal einen entwaffnend offenen Satz: „Arme wird es bei euch immer geben.“ Aber, das zeigt Jesus mit all seinen Heilungen und Handlungen: „Ihr sollt alles tun, um deren Leid zu lindern.“

Stefanie Kühn: Herzlichen Dank für das offene und interessante Gespräch!

Jeder Mensch kann sich verändern und lernen

Meine Kernthese – nicht nur auf das Thema Geld bezogen – lautet: Jeder Mensch kann sich verändern und lernen. Dazu muss er seine

Prägungen erkennen, und er kann sich weiterentwickeln, wenn er bewusst mit ihnen umgeht.

Es gibt Prägungen, die zu problematischen Verhaltensweisen führen. Das haben Sie am Beispiel meines Vaters gesehen. Aber es gibt natürlich auch Prägungen, die sehr vorteilhaft sind. Eine Mandantin von mir stammt zum Beispiel aus einer Familie, in der offen über Geld gesprochen wird. So hat sie sich selbst schon frühzeitig Wissen über Geld angeeignet und von ihrem Vater einiges gelernt. Das sind optimale Voraussetzungen, um stressfrei und erfolgreich mit Geld umzugehen. Wer so geprägt ist, muss sich nicht verändern. Es reicht, sich seine Prägungen bewusst zu machen und ihnen entsprechend vorzugehen, wenn man beispielsweise zwischen verschiedenen Anlageprodukten wählt.

Lassen Sie Ihre Gedanken mal schweifen: Wie gehen Sie mit Geld um? Wie wurden Sie geprägt? Vielleicht sind Sie in einem Elternhaus aufgewachsen, in dem man sparsam lebte, und gehen nun auch selbst sehr sparsam mit Ihrem Geld um. Aber vielleicht hatten Sie auch Eltern, die Ihnen von Anfang an Markenkleidung gekauft haben, vielleicht hatten Sie als Kind immer das teuerste Fahrrad und bekamen zu Ihrem 18. Geburtstag den Schlüssel zu einem Cabrio in die Hand gedrückt?

Ob Sie Ihr Geld sparsam oder verschwenderisch ausgeben, ob Sie ängstlich sind oder spielerisch investieren, ob Sie leichten Herzens Schulden aufnehmen und sich schon schlaflos wälzen, wenn der Kontostand nicht mehr vierstellig ist: Das hat alles mit den Prägungen zu tun, die Ihr Leben Ihnen beigebracht hat. Sie entstehen durch Eltern, die ständig über Geld gestritten haben. Durch Freunde, die Druck wegen Markenkleidung ausgeübt ha-

ORIGINAL KÜHN-STRATEGIE

Kommen Sie kühn Ihren Prägungen auf die Spur!

Stellen Sie sich Ihren Erfahrungen. Schauen Sie sich auch die schwierigen Erlebnisse offen an.

ben. Oder durch Familien, in denen Liebe durch Geschenke ausgedrückt wurde.

Wenn Sie sich nun mit Ihren Prägungen auseinandersetzen, müssen Sie sich mit vier wesentlichen Bereichen befassen. Das sind:

- der Einfluss Ihrer Eltern
- Ihr Ordnungssinn
- Ihre Neigung oder Abneigung gegen Konsumschulden
- Ihr Konfliktverhalten.

Wie Prägungen in diesen Bereichen aussehen können und wie Sie einzuordnen sind, erläutere ich Ihnen in den folgenden Abschnitten. Wenn Sie dabei selbst über Ihre Prägungen nachdenken, gehen Sie am besten in zwei Schritten vor:

- Identifizieren Sie zuerst, wie Sie geprägt sind.
- Ordnen Sie dann ein, ob Sie für den gelassenen und unabhängigen Umgang mit Geld eher günstig oder eher ungünstig geprägt sind.

Die Eltern

Eine nicht gerade begüterte Bekannte von mir geriet in die glückliche Lage, plötzlich und unverhofft an eine satte fünfstellige Summe zu kommen. Ihr wurde nicht nur ein ordentlicher Gehaltsbonus ausgezahlt, sondern es zahlte ihr gleichzeitig auch ein alter Freund Schulden zurück und von einer entfernten Verwandten erbte sie ein hübsches Sümmchen. Meine Bekannte schnappte zuerst nach Luft. Und als sie den Mund wieder zubekam, war ihr erster spontaner Gedanke: „Jetzt kaufe ich mir ein Auto!" Ihr Herz schlug höher. Ein Auto brauchte sie als Großstädterin zwar nicht wirklich, denn die meisten Wege ließen sich wunderbar mit öffentlichen Verkehrsmitteln oder mit dem Fahrrad erledigen. Aber da waren auch noch die Sommertage, an denen sie abends nicht mal eben schnell ins Schwimmbad fahren konnte, oder die Wochenenden, an denen die Ausflüge mit Kind, Fahrrad und Bahn doch ganz schön anstrengend waren. Ganz zu schweigen von Urlaubszielen auf dem Land, die ohne Auto kaum erreichbar waren. Kurz: Das Auto war Luxus, aber einer, der ihre Lebensqualität wirklich verbessern konnte, befand sie, und kaufte sich einen Kleinwagen.

Wochenlang war sie glücklich und zufrieden, bis sich ihre Eltern zu Besuch ankündigten. Da wurde ihr mulmig: Was würden ihre Eltern dazu sagen, dass sie sich einen Wagen angeschafft hatte? Ihre Eltern hatten ihr immer Vernunft gepredigt. Tausende maßregelnde Kommentare hatten sie von sich gegeben, wenn meine Bekannte in ihrer Jugend ihr Geld mal wieder für Zigaretten oder Schallplatten ausgegeben hatte. Meine Bekannte war auch wirklich ständig pleite gewesen. „Du kannst eben nicht Maß halten", bekam sie dann zu hören. Und nun hatte sie einen beträchtlichen

Teil des Geldes für ein Auto „herausgeschmissen". Unwillkürlich zog sie die Schultern hoch. Sie war erwachsen, aber so ganz prallen die Vorwürfe der Eltern ja auch in späteren Jahren von keinem Menschen ab.

Der Witz an der Geschichte war, dass die Eltern meiner Bekannten es ganz fantastisch fanden, dass sie sich ein Auto gekauft hatte. Offenbar war es den Eltern viel wichtiger, dass der erfolgreiche Mensch heutzutage ein Auto fährt, als Sparsamkeit und Sicherheit. Meine Bekannte musste lachen. Ein bisschen über die Eltern und am meisten über sich selbst. Dass sie in ihrem Alter – knapp über 40 – noch solche Gewissensbisse gegenüber den Eltern hatte, und dass diese sich dann als völlig unbegründet herausstellten.

Aber völlig unbegründet waren die unguten Gefühle in Wahrheit ja nicht. Es steckte nämlich die Prägung meiner Bekannten dahinter und der Konflikt, der sich aus dieser Prägung in der Konfrontation mit ihrem aktuellen Bedürfnis nach einem eigenen Auto ergab. Die Eltern hatten ihr beigebracht, im Konsum zurückhaltend zu sein. Sie hatten sie so geprägt, dass sie sich nur mit schlechtem Gewissen etwas gönnte. Sicherheit hat Priorität, hatte meine Mandantin verinnerlicht. Und wenn sie mal gegen diesen Grundsatz handelte, meldete sich sofort ihr schlechtes Gewissen. „Du kannst nicht Maß halten", tönte es dann wieder in ihrem Hinterkopf.

Merken Sie bei der Lektüre dieses Beispiels, wie die Prägung der Eltern sich auf den Umgang meiner Bekannten mit Geld ausgewirkt hat? In anderen Biografien kann es natürlich ganz andere Prägungen geben. Manche Eltern verlangen gutes Aussehen, andere Eltern wünschen sich, dass ihre Kinder mit Statussymbolen glänzen, wieder andere Eltern setzen Bildung über alles.

Jetzt sind Sie dran:
Stellen Sie sich vor, Sie erhalten einen unerwartet hohen Jahresbonus: Was, glauben Sie, würden Ihre Eltern Ihnen raten?

- Antworten, die auf eine **positive Prägung** im Umgang mit Geld schließen lassen, sind:
  „Überleg dir in Ruhe, was du mit dem Geld tust."
  „Leg was beiseite."
  „Gönn dir mal was, Kind."

Haben Sie solche Sätze im Kopf, wenn Sie an Ihre Eltern denken? Dann haben Ihre Eltern Sie so geprägt, dass Sie sich ziemlich frei überlegen können, was Sie möchten. Ihre Eltern haben keine starren Forderungen an Sie gestellt, sondern Sie ermutigt, selbst herauszufinden, was Sie brauchen, und was Sie sich ermöglichen können. Für den Umgang mit Geld ist das eine hervorragende Prägung. Lehnen Sie sich entspannt zurück und freuen Sie sich eine Runde.

- Antworten, die auf eine **schwierige Prägung** im Umgang mit Geld schließen lassen, sind:
  „Kauf dir endlich mal ordentliche Klamotten."
  „Kauf dir endlich ein richtiges Auto, die Nachbarn schauen schon jedes Mal schief, wenn du mit deiner alten Rostlaube hier auftauchst."

Wenn Sie glauben, dass Ihre Eltern so auf die Nachricht vom Geldregen reagieren würden, dann sind Sie so geprägt, dass Sie Geld

für Äußerlichkeiten, Prestige und Anerkennung verwenden. Die Gefahr, die ich dabei sehe, ist, dass Sie das Geld zwanghaft ausgeben und dass Ihr Konsum in keinem Verhältnis zu Ihren Möglichkeiten steht. Zudem verwenden Sie das Geld nicht für sich selbst, sondern für die Erwartungen anderer. Mein dringender Rat lautet: Stopp! Gehen Sie in sich, spüren Sie den Erwartungen Ihrer Eltern nach. Wie genau sehen diese aus? Und macht es sie wirklich glücklich? Sind das auch Ihre Erwartungen?
Falls Sie dagegen genau umgekehrt handeln, nämlich ganz bescheiden leben, obwohl Ihre Eltern es eher üppig lieben, oder die Askese Ihrer Eltern durch einen ausschweifenden Lebensstil konterkarieren, gehen Sie dieser Entdeckung ebenfalls intensiv nach. Ist Ihre Lebensweise nicht vielleicht eine Art Trotzreaktion auf die elterlichen Einflüsse? Wenn Sie sich mit Ihrem Verhalten vor allem von den Eltern abgrenzen, sind Sie vielleicht genauso negativ geprägt wie jene Zeitgenossen, die Ihre eigenen Bedürfnissen den Erwartungen der Eltern unterordnen.

ORIGINAL KÜHN-STRATEGIE

Prüfen Sie kühn, ob Sie wirklich Ihre eigenen Bedürfnisse erfüllen!

Geben Sie Ihr Geld für Dinge aus, die Sie selbst brauchen. Kaufen Sie nichts, das Sie nur erwerben, weil Ihre Eltern es von Ihnen erwarten. Umgekehrt gilt das auch: Verkneifen Sie sich nichts, nur weil Ihre Eltern es nicht gut finden.

Überblick und Ordnung

Mein Mann hielt sich jahrzehntelang für mathematisch eher unbegabt. Zu diesem Selbstbild hatten seine Eltern beigetragen. Irgendwann glaubte er selbst, dass er in keinem Fall ein Studium wählen sollte, das irgendwelche mathematischen Ansprüche stellt. Deshalb studierte er erfolgreich Jura und wurde Rechtsanwalt. Wie auch immer, mein Mann traf schließlich mich, und weil wir zusammen arbeiten wollten, beschloss er, sich doch noch einmal an Mathe heranzuwagen. Ich habe ihm geraten, noch mal bei den Grundlagen anzufangen. Wer Gleichungen vorwärts und rückwärts umwandeln kann, kann später auch alles andere. Mein Mann kaufte sich daraufhin ein entsprechendes Arbeitsbuch und, Sie ahnen es sicher schon, Mathe war in seinem Aufbaustudium zum Finanzökonom kein Problem mehr für ihn.

Ob sie ordentlich oder chaotisch sind, ob sie mathematisch-systematisch oder intuitiv und unstrukturiert handeln, das halten viele Menschen für eine angeborene Eigenschaft, an der sie nichts ändern können. Das ist aber nur selten richtig. In meiner Praxis erlebe ich oft, dass meine Mandanten zwar eine entsprechende Prägung haben, aber sehr wohl etwas verändern können, wenn sie möchten. Die Prägung kommt manchmal von den Eltern. Es kann natürlich auch genau andersherum laufen. Wie bei mir. Ich konnte Mathe immer gut, ich hatte auch gute Lehrer (finde ich jedenfalls; wer weiß, was meine Mitschüler denken). Ich habe das Rechnen immer als Herausforderung erlebt, es hat mir Freude gemacht. Entsprechend war ich bald der Meinung, dass Zahlen „mein Ding" seien – die Beschäftigung mit ihnen ist ein Spaßfaktor in meinem Leben geworden. Jetzt sind Sie dran:

Haben Sie einen Überblick über Ihre Finanzen?
Wissen Sie, was Sie monatlich brutto verdienen?
Wissen Sie, was Sie jeden Monat insgesamt ausgeben?
Was kostet Sie im Jahr Ihr Auto?
Wieviel bezahlen Sie für die Ausbildung Ihrer Kinder?
Wie viel Geld haben Sie, wenn Sie alles zusammenrechnen?

Können Sie mehrere dieser Fragen aus dem Stegreif beantworten? Oder innerhalb von fünf Minute die Antwort herausfinden? Wissen Sie genau, wo Sie nachschauen müssten?

- Wenn ja, dann sind Sie positiv geprägt. Ihnen machen Zahlen Freude, Sie ordnen und systematisieren gerne, für Sie sind diese Fähigkeiten positiv besetzt und Sie können sich damit identifizieren.
- Oder gehören Sie zu der Fraktion, für die Zahlen „nichts sind“, und die deshalb Rechnungen ewig liegen lässt und niemals genau hinschaut, was eigentlich los ist auf Konto, Sparbüchern oder im Versicherungsvertrag?
  Dann schleppen Sie eine ungünstige Prägung mit sich herum und bekommen an dieser Stelle den Auftrag, unbedingt an sich zu arbeiten. Falls Ordnung und Zahlen nicht in Ihr Selbstbild passen, fragen Sie sich doch mal, wie es kommt, dass andere Menschen mit Fähigkeiten auf genau diesen Gebieten es bis zum Nobelpreis schaffen. Denken Sie darüber nach, ob Sie wirklich so chaotisch sind, wie Sie glauben. Wie gehen Sie denn mit Ihren Büchern um? Fliegen die auch alle so unsortiert herum wie die Rechnungen auf Ihrem Schreibtisch?

Wissen Sie, wie viele Blusen Sie im Schrank haben? Kennen Sie die Lieblings-CDs Ihrer Frau? Dann sind Sie offenbar doch in der Lage, zu ordnen und zu systematisieren. Dann wäre es allerdings gelacht, wenn Sie es nicht schaffen könnten, auch Ihre Rechnungen und Kontoauszüge mal abzuheften und sich einen Überblick über Ihre Einnahmen und Ausgaben zu verschaffen. Vielleicht steckt ja auch ein Stück Bequemlichkeit hinter dem seit langer Zeit aufgebautem Bild, nicht mit Zahlen und Finanzen umgehen zu können?

ORIGINAL KÜHN-STRATEGIE

Stellen Sie sich kühn Ihren eigenen Vorurteilen gegen sich selbst!

Vielleicht können Sie besser systematisieren, als Sie sich bisher selbst eingestehen wollten?

Konsumschulden

Die Beratungen, bei denen ich am ehesten an meine Grenzen stoße, sind Fälle, in denen sich jemand verschuldet hat, weil er seine Konsumgelüste nicht unter Kontrolle bekommt. Bei diesem Thema geht es nicht darum, Kredite aufzunehmen, um beispielsweise eine Immobilie zu kaufen. Mit Konsumgütern meine ich

Dinge, die direkt nach dem Kauf an Wert verlieren, weil ich sie verbrauche. Also Waren wie Kleider, Autos, Computer, Möbel. Manche dieser Dinge braucht man einfach, und dann ist es natürlich völlig o. k., sie zu kaufen! Doch was ist mit den Sachen, die eine Nummer schicker sind, als man es sich eigentlich leisten könnte, oder mit jenen Sachen, die irgendwo vor sich hinstauben oder den Kleiderschrank füllen? Solche Käufe haben in der Regel nichts mit tatsächlichem Bedarf zu tun. Was solche Kaufexzesse auslöst, sind ganz andere Gründe. Langeweile zum Beispiel. Oder Frust, weil der Job öde ist oder die Beziehung kriselt. Andere Menschen treibt der Wunsch nach Anerkennung im sozialen Umfeld in die Läden. Sie leisten sich eine Wohnung, die zu teuer ist, ein Auto, das zu groß ist, oder Klamotten, die sie nicht wirklich bezahlen können, weil sie keine echten Freunde haben, sondern sich in Kreisen bewegen, in denen Konkurrenz und Prestige alles sind.

Dass manche Menschen auf einem dieser Wege in kaufrauschartige Zustände geraten, liegt oft auch an ihrer Prägung. Vielleicht haben die Eltern diese Erwachsenen in ihrer Jugend statt mit Liebe und Zuwendung mit Geschenken zugeschüttet. Nicht geliebt zu werden und sich dann über Käufe eine Art Ersatzbefriedigung zu verschaffen, ist sicher ein weitverbreitetes Problem. Ist übermäßiger Konsum eher an Statuswünsche gekoppelt, dann liegt das oft an einer Prägung, die im Teenageralter stattfindet. Da geht es um Markenklamotten, um das richtige Outfit, um das richtige Handy oder die richtigen Schuhe. Das hat noch nicht unbedingt etwas mit Geld zu tun, sondern mit Anpassung. Der starke Druck einer Gruppe mitzumachen, eigene Ansichten zurückzustellen, nicht aus der Reihe zu tanzen, das prägt so manchen

Jugendlichen dahingehend, dass er sich später, als Erwachsener, weiter anpassen wird. Dann freilich muss er Geld in die Hand nehmen, um den Erwartungen seiner Umgebung zu entsprechen. Boss-Anzüge statt C&A, BMW statt Renault. Das klingt vielleicht oberflächlich und durchschaubar. Aber stellen Sie sich doch mal jeden Tag im roten Kostüm unter Kollegen, die nur dunkelgrau und dunkelblau tragen. Das werden Sie vielleicht aushalten, aber Sie werden auch merken, dass Sie dafür Kraft brauchen. Und die hat nicht jeder. Und Sie?

Haben Sie Konsumschulden?

- Wenn Sie jetzt mit einem klaren Nein antworten, dann dürfen Sie sich gratulieren. Das ist wunderbar. Behalten Sie Ihre Abneigung gegen Konsumschulden bei!
- Wenn Sie jetzt mit Ja antworten, dann befinden Sie sich zwar in großer Gesellschaft, bekommen von mir aber ein klares, deutliches „Stopp!“ zu hören. Konsumschulden sind in der Kühn-Strategie ein absolutes „No-Go“.

Warum dieses kategorische Stopp? Nun, es ist aus finanzplanerischer Sicht einfach vollkommener Unsinn, sich für Konsumgüter zu verschulden. Angenommen, Sie haben sich gestern ein Notebook gekauft. Eins von diesen schönen glänzenden, mit ganz glatter Oberfläche. Sie können sich sogar darin spiegeln. Zu Hause in der Küche holen Sie es aus Ihrer fast genauso schönen neuen Notebooktasche. Leider haben Sie heute ganz trockene Hände. Das schöne Notebook rutscht Ihnen, weil es so glatt ist, einfach aus der Hand und fällt auf den gefliesten Boden. Das Notebook überlebt den harten Aufprall nicht. Als Garantiefall kriegen Sie es auch nicht durch, weil eine dicke Macke den Aufprall verrät.

Sie haben bei Konsumgütern keinen echten Gegenwert. Das ist der Unterschied zu einem Haus. Dafür verschulden Sie sich zwar auch, aber Sie bekommen einen Wert dafür, der nicht nur bleibt, sondern möglicherweise auch noch steigt. Wenn Sie also finanzielle Probleme wegen Konsumgütern haben, dann lautet meine eindeutige Anweisung: Schluss damit.

Was es heißt, diesem Rat zu folgen, weiß ich aus eigener Erfahrung. Ich selbst muss mich auch immer wieder über Erwartungen hinwegsetzen. Ich erlaube mir zum Beispiel, mit einem an einigen Stellen verbeulten Kombi vorzufahren. Als Finanzberaterin. Natürlich erwarten einige Kollegen und Mandanten von mir einen dicken Schlitten. „Ich hab dich schon gesehen, dein verbeulter Wagen steht draußen“, wurde ich erst neulich wieder von einer Branchenkollegin begrüßt.

Aber soll ich mich deshalb in Unkosten stürzen? Ich schätze öfters mal die Entfernungen bei Hauswänden oder in der Einfahrt liegen gelassenen Spielgeräte meiner Kinder falsch ein. Ein neuer Wagen würde in Kürze ähnlich aussehen. Zudem ist mir ein Auto nicht wichtig – ich brauche nur einen fahrbaren Untersatz.

Mein Mann wurde kürzlich von Freunden gefragt, ob er eine Radtour mitmachen wollte. Sie hätte rund 300 Euro gekostet. Uns war es nicht zu peinlich zu sagen: „Nein, momentan haben wir andere finanzielle Prioritäten. Wir möchten uns diese Ausgabe jetzt nicht leisten.“ Unsere Freunde haben das akzeptiert. Im Endeffekt fanden sie es sogar richtig gut, dass wir als Finanzexperten so offen damit umgehen, wenn wir etwas nicht ausgeben wollen.

Ich will Sie jetzt nicht dazu überreden, sich über alle sozialen Erwartungen hinwegzusetzen. Natürlich dürfen und müssen Sie Geld ausgeben, um die Spielregeln einzuhalten. Lassen Sie also die Flipflops zu Hause, wenn Sie zu einer Konferenz fahren, kaufen Sie sich ordentliche Schuhe. Wenn Sie ein preiswertes Paar finden, das ordentlich genug aussieht: prima. Wenn Sie Lust auf das teure Paar daneben haben: auch prima. Aber nur, wenn Sie es sich auch leisten können! Der Knackpunkt ist, dass Sie nicht mehr für Konsum ausgeben, als Sie haben.

ORIGINAL KÜHN-STRATEGIE

Machen Sie niemals Konsumschulden!

Setzen Sie sich kühn über die Erwartungen Ihrer Mitmenschen hinweg und konsumieren Sie nur, was Sie sich wirklich leisten können.

Konflikte

Ein Bekannter brachte mich neulich zum Lachen, als er von seinen Nachbarn erzählte, die er als Kind hatte. Der Mann war Bankdirektor, die Leute waren wirklich begütert. Mein Bekannter spielte ab und zu mit den Kindern. Einmal, als er da war, gerieten die Eltern in Streit um Geld. Sie steigerten sich so hinein, dass sie am Ende beide an einem 10-Mark-Schein zerrten. Der Schein zerriss, und als mein Bekannter das abends seinen Eltern erzählte, kommentierten die knochentrocken: „Siehst du, so macht man als Bankdirektor aus Geld mehr Geld.“

Nicht immer verlaufen Konflikte um Geld so kindisch und nicht immer werden sie so temperamentvoll ausgetragen. Viel häufiger scheint mir, wird überhaupt nicht über Geld gesprochen. Sicherlich gehört Geld sogar zu den am stärksten tabuisierten Themen in vielen Familien im deutschsprachigen Raum. In kaum einem Bereich schleppen Menschen so lange unausgesprochene Erwartungen mit sich herum und scheuen sich gleichzeitig so ausdauernd, darüber zu sprechen.

In vielen Familien gibt es eine sehr traditionelle Rollenverteilung, und die lautet: Wer das Geld nach Hause bringt, hat die Macht in der Familie. Herkömmlicherweise ist das der Mann. Nun wird aber diese Rollenverteilung nicht offen diskutiert, sondern sie beeinflusst die Beziehungen unterschwellig. Angenommen es geht um die Urlaubsplanung. Da will der Mann in Norwegen fischen und die Frau in Spanien an den Strand. Die Frau traut sich aber nicht, selbstbewusst für Spanien zu kämpfen, weil sie ja nicht das Geld verdient hat, von dem der Urlaub bezahlt wird. So ein Konflikt kann zu einer großen Belastung für die Beziehung werden und manchmal auch zu Scheingefechten an anderer Stelle führen. Möglicherweise wird die Frau anfangen, ihrem Mann das Fischefangen madig machen zu wollen.

Ich werde auf solche Spannungen meistens dann aufmerksam, wenn ich Paare berate, bei denen plötzlich einer zum anderen sagt: „Entscheide du, du hast schließlich das Geld verdient.“ Natürlich kommt das auch vor, wenn die Frau mehr verdient als der Mann. Man sollte meinen, solche Paare seien stolz auf sich, aber oft entsteht Frust aus der modernen Konstellation. Der Mann findet sich nicht in die Rolle hinein, weniger Geld zu haben. Und die Frau ist frustriert, weil sie ursprünglich in einem Mann auch einen Ernährer gesucht hat. In anderen Paaren, die die alte Rollenaufteilung pflegen, gibt es andersherum ähnliche Konflikte: Da ernährt der Mann erwartungsgerecht die ganze Familie, ist aber nicht wirklich glücklich damit, sondern hätte eigentlich gerne, dass seine Gattin sich wenigstens einen 400-Euro-Job sucht. Wie ist es bei Ihnen?

Gibt oder gab es bei Ihnen zu Hause Streit um Geld?
Wenn Sie jetzt mit Nein antworten, weil Sie sich mit Ihren Angehörigen über Geld austauschen ohne dabei zu streiten, dann dürfen Sie sich glücklich schätzen. Denn dann sind Sie so geprägt, dass Sie Geld als Mittel zum Zweck betrachten, nicht aber als Ausdruck von Wertschätzung. Sprechen ja, streiten nein: **Bleiben Sie, wie Sie sind!**
Wenn Sie die Frage bejahen, weil Sie immer wieder über Geld streiten oder miterlebt haben, wie in Ihrer Familie über Geld gestritten wurde, dann sollten Sie darüber nachdenken, ob Geld für sie mehr ist als nur ein Mittel zum Zweck. Möglicherweise sind Sie so geprägt, dass Geld auch Wertschätzung bedeutet. Sei es, dass man die Leistung eines Ernährers anerkennt, sei es, dass ein Ernährer sein Geld verteilt und das als Liebe versteht. Manchmal ist es ganz einfach, diese Konflikte zu erkennen, weil immer wieder laut darüber gestritten wird. Aber die Sache liegt nicht anders, wenn Geld bei Ihnen ein Tabuthema ist. Dann haben Sie nämlich bloß Angst, den Deckel vom Topf zu nehmen. **Das müssen Sie unbedingt ändern!**

ORIGINAL KÜHN-STRATEGIE

Stellen Sie sich kühn den Konflikten und sprechen Sie über Geld!

Finden Sie heraus, welche anderen Konflikte noch an das Thema Geld geknüpft sind, und versuchen Sie, auch diese Probleme zu lösen.

Sachlich über Geld zu sprechen, ist eine ganz wesentliche Voraussetzung für finanzielle Unabhängigkeit und für einen gelassenen Umgang mit Geld. Ich stoße in meinen Beratungen immer wieder auf Probleme, die nur entstanden sind, weil nicht offen über Geld geredet wurde. Andersherum formuliert: Wenn man über Geld spricht, kann man viele Probleme in erstaunlicher Geschwindigkeit lösen. Nicken Sie jetzt zustimmend mit dem Kopf? Gut! Aber das reicht mir noch nicht. Damit Sie wirklich lernen, offen über Geld zu sprechen und diese Offenheit in Ihren Beziehungen verankern, bekommen Sie zum Abschluss dieses Kapitels die folgende Aufgabe:

Übung

Diese Übung hilft Ihnen, zu testen oder auch zu üben, sachlich über Geld zu sprechen.

Suchen Sie sich drei Personen (es darf auch ein Paar oder eine Gruppe dabei sein) und sprechen Sie mit Ihnen über Geld.
Erklären Sie ganz offen, dass Sie gerade ein Buch lesen, in dem es um Geldanlagen geht, weil Sie mehr aus Ihren Finanzen machen wollen. Sagen Sie auch, dass die Autorin, Stefanie Kühn, Ihnen nun die Übung an die Hand gegeben hat, drei Leute zu fragen, wie Sie eigentlich mit Geld umgehen.

Fragen Sie zum Beispiel:

Ihre Eltern

- Wie habt ihr euer Haus finanziert?
- Wie habt ihr meine Ausbildung finanziert?
- Wie seid ihr über die Runden gekommen, als das Geld noch knapper war?

Sie werden nicht nur eine neue Tür in der Beziehung zu Ihren Eltern aufstoßen und erleben, wie es ist, mal jenseits eines aktuellen Anlasses oder Streits über Geld zu sprechen. Sie werden auch einen großen Schritt in Ihrer Selbsterkenntnis weiterkommen, denn in so einem Gespräch können Sie überprüfen, ob Sie die Prägungen durch Ihre Eltern überhaupt richtig interpretieren. Sie können jetzt noch einmal sortieren: Was habe ich meinen Eltern zuliebe gemacht, was finde ich gut und behalte ich bei, was werde ich verwerfen?

Ihren Partner bzw. Ihre Partnerin

- Wie bist du mit deinem ersten eigenen Geld umgegangen?
- Wie hast du deine Ausbildungszeit überstanden?
- Wie hast du für deine Kinder und deren Ausbildung vorgesorgt (bzw: Was wünschst du dir, wie das bei unseren Kindern laufen soll?)

So ein Gespräch kann schwierig werden, zumal, wenn Sie bisher schon öfters über Geld gestritten haben. Aber wenn Sie versuchen, bei den grundsätzlichen Themen zu bleiben, und wenn Sie sich Kommentare verkneifen, sondern einfach mal zuhören, was Ihr Partner Ihnen erzählt, und nur fragen, ohne gleich Ihre eigenen Ansichten kundzutun, dann haben Sie die Chance, ganz neue Seiten an Ihrem Partner zu entdecken.

Ihre Freunde

- Wie sparsam lebt ihr?
- Wie legt ihr euer Geld an?
- Wie sorgt ihr für euer Alter vor?

Vielleicht entdecken Sie ganz unbekannte Seiten an Ihren Freunden? Vielleicht bekommen Sie auch neue Tipps? Hören Sie auf jeden Fall genau hin, denn befreundete Paare befinden sich oft in gleichen Lebenssituationen. Denken Sie jedoch daran, dass Ihr Ansinnen, mit Freunden über Geld zu sprechen, in unseren Breitengraden verpönt ist – direkte Fragen nach der Höhe einer Erbschaft oder dem Gehalt gelten als Tabu. Hier müssen Sie die Diskussion behutsam führen.

Auf dem Weg zur finanziellen Unabhängigkeit sind Sie jetzt an einem Punkt angekommen, an dem Sie den Tatsachen ins Auge blicken. Sie lösen die Nebelwände auf, die Ihnen den Blick auf sich selbst und Ihre finanziellen Probleme verstellt haben. Sie gewinnen immer mehr Klarheit darüber, warum Sie an dem Punkt sind, an dem Sie jetzt stehen, und an keinem anderen. Sie fangen an, über Geld zu sprechen; mit anderen und mit sich selbst. Sie bewältigen Ihre finanzielle Vergangenheit. Sie entdecken, was gut ist und was schlecht ist, was Sie fortsetzen wollen und was Sie ändern wollen. Für eine finanziell unabhängige Zukunft ist das eine ausgezeichnete Voraussetzung!

KAPITEL 3

REICH ODER UNABHÄNGIG? – WAS SIE EIGENTLICH WOLLEN

Günter Jauch war noch nicht in Japan und noch nicht in China. Sein Auto ist eine Familienkutsche und er sagt von sich selbst: „Ich bin der Biederste und der Deutscheste von allen, die im Fernsehen herumlaufen." Dieser Mann ist Multimillionär und gilt als teuerster deutscher Werbestar. Er könnte sich heute einen Pool, morgen ein Flugzeug, übermorgen eine Insel kaufen. Er lebt tatsächlich nicht schlecht und für die Dinge, die ihn interessieren – zum Beispiel seine Villa in Potsdam – gibt er auch viel Geld aus. Was er nicht tut, ist, Dinge nur deshalb zu kaufen, weil er das Geld dafür hat. Die klassischen Insignien des Reichtums interessieren ihn wenig. Stattdessen arbeitet er mit preußischer Disziplin und spendet seine Werbemillionen für gemeinnützige Zwecke.

Günter Jauch ist eines der besten Beispiele für finanzielle Unabhängigkeit. Er hat definitiv genug Geld und er weiß es auch zu schätzen. Der Zeitschrift *Frau im Spiegel* sagte er einmal, Geld mache seiner Ansicht nach gelassener. Das beobachte er auch bei den Gewinnern der SKL-Klassenlotterie. Aber offenbar hat sich Günter Jauch ein äußerst rationales Verhältnis zu seinen Millionen bewahrt: Er kauft nur, was er braucht. Er nutzt seinen Reichtum, um sich seine Wünsche zu erfüllen. Er verfällt nicht dem Wahn, Statussymbolen nachzujagen und Luxusschlachten zu schlagen.

Reichtum und finanzielle Unabhängigkeit werden oft verwechselt. Manche Menschen vergessen nämlich, dass das Schöne am Geld das ist, was man damit tun kann. Sie zählen stattdessen die Nullen auf dem Konto und denken nur noch über Zahlen nach. Geld wird bei ihnen zum Selbstzweck und sie häufen es geradezu zwanghaft an.

Nullen haben null Bedeutung

Um diese Art von Reichtum geht es bei mir nie. Nullen auf dem Konto haben für mich überhaupt keine Bedeutung. Auch wenn ich mich als Finanzberaterin natürlich ständig mit Geld beschäftige: Für mich ist es kein Ziel, um jeden Preis so viel Geld wie möglich anzuhäufen, und ich rate das auch meinen Mandanten nicht. Mir geht es um finanzielle Unabhängigkeit. Und das ist etwas anderes als das, was wir klassisch unter Reichtum verstehen.

Finanzielle Unabhängigkeit bedeutet, frei von finanziellen Zwängen entscheiden zu können, was man tut. Es bedeutet, Geld anzusparen, um sein Leben so zu leben, dass es den eigenen Wünschen und Bedürfnissen entspricht. Das Ziel ist dann nicht mehr, möglichst viel Geld zu haben, sondern, genug Geld zu haben.

Was Sie also in diesem Buch finden, sind Strategien, die das Ziel verfolgen, finanziell unabhängig zu sein. Ich möchte Sie dabei unterstützen, ein Vermögen aufzubauen, dass Ihnen ein Leben unabhängig von finanziellen Sorgen ermöglicht. Mein Wunsch ist, dass Sie genug Geld haben, um sich zu leisten, was Sie möchten, ohne über

ORIGINAL KÜHN-STRATEGIE

Streben Sie nicht nach Reichtum, sondern nach finanzieller Unabhängigkeit!

Verpulvern Sie Ihre Energie nicht, indem Sie sinnlos Geld anhäufen. Sorgen Sie lieber dafür, dass Sie so viel Geld haben, wie Sie wirklich brauchen.

Ihre Verhältnisse leben zu müssen oder nachts schlecht zu schlafen. Natürlich wäre es wunderbar, plötzlich Multimillionär zu sein. Aber wenn sich nicht tatsächlich ein unverhoffter Geldsegen über Sie ergießt, dann kann das Streben nach der ersten Million zu einer ausgesprochen kräftezehrenden Angelegenheit werden. Wozu sollten Sie sich das antun? Wozu sollte beispielsweise jemand, der sich nicht mehr als einen geruhsamen Lebensabend im Eigenheim mit Garten wünscht, Millionär werden? Wieso sollte er sich dem Dauerfrust aussetzen, jahrelang nach dem großen Geld zu streben, wenn er es eigentlich gar nicht braucht?

Auf die Wünsche kommt es an

Wenn Sie also Geld als Mittel zum Zweck betrachten wollen, dann müssen sie zuerst herausfinden, was Sie wollen, bevor Sie ermitteln können, wie viel Geld Sie brauchen. Es ist unsinnig, irgendeiner anonymen Summe hinterherzujagen. Und es motiviert viel mehr zu wissen, wofür man sich anstrengt oder spart, als wenn es nur um eine Zahl geht. Vielleicht kennen Sie den Ausspruch von Giacomo Casanova: „Willst du mit jemandem ein Schiff bauen, wecke in ihm die Sehnsucht nach dem Meer."

Allerdings ist es mit dem Wünschen und Wollen und der finanziellen Unabhängigkeit komplizierter, als es auf den ersten Blick aussieht. Geht es um Reichtum, dann lassen sich schnell die üblichen Merkmale aufzählen: tolles Auto, toller Pool, tolle Kleidung. Sicherlich würden viele Menschen gerne in einen Pool hinter dem Haus springen, wenn man ihnen einen anlegte. Doch im Prinzip ist ihnen der Pool ebenso gleichgültig wie der Privathubschrauber oder die Motorjacht. Sie haben ihn noch nie vermisst. Sie haben noch keine

Minute gedacht: „Mensch, wäre das toll, wenn ich jetzt einen Hubschrauber hätte." Was sie wirklich glücklich machen würde, ist finanzielle Unabhängigkeit. Und die hat etwas mit ihren ganz persönlichen, individuellen Wünschen zu tun.

Da wäre zum Beispiel die Freiheit, Nein zu sagen. Zu Jobs, die Sie nicht mögen, zu Aufträgen, die Ihnen nicht liegen. Einer Mandantin von mir ging es so. Sie arbeitete eine ganze Weile in einem Designbüro. Dann wechselte der Chef. Der neue Mann an der Spitze des Büros war jünger und „irgendwie kälter", wie meine Mandantin es formulierte. Er pflegte einen ziemlich distanzierten Führungsstil, was schon gewöhnungsbedürftig war. Aber damit hätte meine Mandantin nach einer Weile sicher umzugehen gelernt, meinte sie. Wirklich schwierig dagegen war, dass der neue Boss die ganze Linie des Büros änderte. Zwar hatte auch der alte Chefdesigner eher einen sachlichen Stil bevorzugt. Dabei hatten aber immer wieder auch warme, weichere Formen ihren Platz gefunden. Der Neue war viel radikaler. Er wollte nur noch kühle, scharfkantige Entwürfe sehen. Meine Mandantin konnte sich auf diesen Stil nicht einstellen. Sie mochte ihn persönlich nicht und sie fand auch keinen professionellen Zugang zu ihm. Die Folge: Ihre Arbeit wurde zur Qual. Ihre Kreativität versiegte. Statt dass ihr Einfälle zuflogen, musste sie sich alles mühselig aus den Fingern saugen. Irgendwann ging sie morgens mit Magenschmerzen ins Büro und verließ es am Abend mit Kopfweh. In dieser Situation entwickelte sie einen echten Herzenswunsch: Sie wollte finanziell so unabhängig sein, dass sie kündigen konnte, ohne gleich zum Sozialamt zu müssen. Meine Mandantin brauchte also so viel Geld, dass sie ein paar Monate, notfalls ein bis zwei Jahre überbrücken konnte, bis sie einen neuen Job gefunden hätte. Und zwar einen, der ihr wirklich Spaß machte.

Meine Mandantin wollte sich ihre Arbeit aussuchen können. Sie wollte das tun, was ihr Spaß machte, und sich nicht des Monatssalärs wegen mit einer ungeliebten Tätigkeit abplagen. Dabei hatte sie nichts gegen Arbeit. Nur sollte es eben der richtige Job sein. Finanzielle Unabhängigkeit war also für meine Mandantin eine ordentliche Liquiditätsreserve, die es ihr erlauben würde, ein halbes Jahr oder länger ohne regelmäßiges Einkommen klarzukommen. Ein zweites Beispiel: Ich habe ein Ehepaar beraten, das in der Nähe von München auf dem Land lebte. Die beiden waren Landwirte, aber schon älter. Sie hatten ihren Hof schon an ihre Kinder abgegeben. Jetzt lebten sie in einem Teil ihres Hauses und bewirtschafteten ein Stück Garten. Als ich sie fragte, was sie denn im Monat zum Leben brauchten, rechneten sie nach und kamen auf 1.000 Euro. Da habe ich im ersten Moment nach Luft geschnappt und noch mal ganz genau nachgefragt. Für Münchener Verhältnisse ist das nämlich extrem wenig! Aber die beiden hatten sich nicht vertan. Sie hatten wirklich so niedrige Kosten. Es gab keine abzuzahlende Immobilie mehr und sie hatten keine Miete zu zahlen. Einen beträchtlichen Teil ihres Essens ernteten sie in ihrem eigenen Garten. In dem verbrachten sie auch einen großen Teil ihrer Zeit. Dafür machten sie keine Shoppingtouren und hatten keine teuren Hobbies. Ihre Konsumkosten waren also minimal und das einzige Extra, das sie sich wünschten, war, den Kindern ab und zu mal etwas zustecken zu können.

Finanzielle Unabhängigkeit ist Ihr persönlicher Spielraum

Ich definiere finanzielle Unabhängigkeit also so, dass sie der Spielraum ist, den ich brauche, um so leben zu können, wie ich möchte.

Dieser Spielraum ist individuell unterschiedlich. Manche Menschen brauchen viel Geld, um finanziell unabhängig zu sein. Sie pflegen teure Hobbies oder möchten noch Angehörige mitversorgen. Andere Menschen haben kaum Konsumwünsche, möchten bloß weniger arbeiten und brauchen insgesamt weniger Geld. Wie die Wünsche im Einzelfall auch aussehen, es ist immer von großem Vorteil, wenn man sich finanzielle Unabhängigkeit statt Reichtum zum Ziel setzt. Und das heißt: Das Ziel ist erreichbar. Finanzielle Unabhängigkeit lässt sich verwirklichen.

Sie müssen nämlich, wenn Sie finanziell unabhängig sein wollen, keine 1.000 Tipps und Tricks aus der Finanzkiste lernen, Sie müssen nicht über die Schmerzgrenze hinaus sparen und Sie müssen keine waghalsigen Kapitalanlagen riskieren. Stattdessen müssen Sie herausfinden, was Ihre eigentlichen Wünsche sind, müssen Prioritäten setzen und dann Entscheidungen treffen. Wie viel Geld Sie brauchen, hängt ganz allein von Ihnen und Ihren Entscheidungen ab. Wenn Ihnen ein kleines Haus reicht, dann müssen Sie sich nicht abstrampeln, um eine Villa zu kaufen. Und wenn Sie doch eine Villa möchten, dann müssen Sie abwägen, ob es andere Ziele gibt, die dem entgegenstehen, und dann entscheiden, welches Ziel Ihnen am wichtigsten ist. Und dann ist – oft – auch die Villa realisierbar!

Was bedeutet nun finanzielle Unabhängigkeit für Sie? Halt, jetzt schnell eine Antwort aus dem Ärmel zu schütteln greift zu kurz. Erstens gibt es Wünsche, die Sie sich vielleicht erst bei näherem Nachdenken eingestehen. Zweitens hängen manche Wünsche miteinander zusammen, andere widersprechen sich vielleicht. Wenn Sie aber eine Finanzplanung entwickeln, die auf nur halb durchdachten Zielen beruht, dann riskieren Sie, dass Ihre Strategie bei der kleinsten Schwierigkeit zusammenbricht, weil Sie keine Motivation haben, ein Sparziel zu erreichen, oder weil Sie sich plötzlich dabei beobachten, wie Sie Geld für Bedürfnisse ausgeben, die Ihnen gar nicht bewusst waren.

Sie müssen sich also systematisch und gründlich mit Ihren Wünschen auseinandersetzen, um herauszufinden, wozu Sie überhaupt Geld brauchen. Dazu gehen Sie am besten in drei Schritten vor.

Schritt 1 ist eine wilde Reise in Ihre Träume, auf der Sie sich alles wünschen, was Ihnen einfällt. In Schritt 2 konkretisieren Sie die Wünsche zu praktischen Zielen. In Schritt 3 ergänzen Sie die Wunschziele mit notwendigen Zielen. Auf geht's!

Schritt 1: Träumen Sie!

Stellen Sie sich vor, Sie säßen jetzt in einem Meeting und wären zum Brainstorming aufgefordert. Alle Ideen werden auf den Tisch gepackt, alle Assoziationen ausgesprochen. Ihr Projekt heißt Wünschen. Fantasieren Sie einfach mal hemmungslos drauflos: Was wünschen Sie sich? Worauf haben Sie Lust? Was interessiert Sie? Lassen Sie nichts aus. Gehen Sie alles durch. Denken Sie darüber nach

- **was Sie sich gerne einmal kaufen würden.**
  Bücher, CDs, eine tolle Stereoanlage, ein teures Rennrad? Shoppen Sie doch mal im Geiste alle Läden durch, in denen Sie schon mal tiefe Seufzer ausgestoßen haben. Eine komplett neue Garderobe wäre doch toll, oder? Oder den alten PC entsorgen und durch einen richtig leistungsfähigen Rechner ersetzen. Den alten Fernseher rauswerfen und einen schicken Flachbildfernseher dafür an die Wand hängen. Vielleicht darf es auch ein neuer Wagen sein? Groß, schnell, mit Navigationsgerät?

- **wo und wie Sie gerne wohnen würden.**
  In einem Penthouse in Hamburg? In einer kalifornischen Villa? In einem Haus in den Bergen? Denken Sie mal nach, wo Sie bereits im Urlaub waren. Hatten Sie nicht davon geträumt, selber so ein Haus an der Ostseeküste zu besitzen? Aber immer wollen Sie nicht da wohnen – gut, dann wünschen Sie sich noch eine Eigentumswohnung in Berlin dazu. Mehrere Wohnsitze, das wäre überhaupt toll. Die Wohnung in der Metropole, das Haus auf dem Land. Und die Jacht wollen wir nicht vergessen – legen wir die zur Abwechslung vielleicht an die Côte d'Azur oder kommen Sie da doch zu selten vorbei, weil Sie öfter in Ihrem Dritthaus in Thailand sind?

- **wohin Sie gerne mal reisen würden.**
  Warum nicht mal zum Nordpol, solange er noch nicht abgeschmolzen ist? Wochenlang durch die Eiswüste fahren, das ist mit Sicherheit eine ganz außergewöhnliche Erfahrung. Oder mögen Sie es lieber wärmer? Dann käme zum Beispiel eine Luxussafari in Tansania in Betracht. In die Serengeti. Mal alles live sehen, was Sie aus dem Fernsehen oder aus Büchern kennen. Da gibt es 1.000 schöne Ecken. Aber es ist ja nicht jeder ein Naturliebhaber. Vielleicht fahren sie doch lieber nach Schanghai. Oder nach Sydney. Oder in die neue Oper nach Oslo? Die Welt ist so groß! Da lässt sich noch viel entdecken. Und wenn Sie im Endeffekt immer an den gleichen Ort fahren, weil Sie nicht

besichtigen, sondern sich erholen wollen – fabelhaft. Wie Sie wollen.

- **womit Sie sich gerne verwöhnen lassen würden.** Stellen Sie sich mal vor, wie viel besser Sie sich fühlen könnten, wenn Sie jedes Wochenende einen Wellnesstag mit Sauna und Whirlpool hätten. Jemand, der Ihren Garten so richtig in ein Prachtstück verwandelt, dass Sie sich abends in einem Paradies wähnen. Eine Haushaltshilfe, die Ihnen nach einer langen Arbeitswoche einfach so eine Suppe und einen Kuchen mitbringt. Mit etwas Fantasie fallen Ihnen sicher noch mehr Dinge ein, die das Leben komfortabler machen. Größer gedacht: ein Fahrservice zur Arbeit, da können Sie einfach die Scheiben Ihrer Limousine verdunkeln und den Stau und das Gehupe draußen ignorieren. Ein Koch, der einen täglich mit den leckersten Speisen verwöhnt, das wäre für mich wohl die Krönung.

- **wie Sie Ihre Kinder unterstützen möchten.** Die Kinder sollen natürlich studieren! Und ins Ausland gehen! Na gut, wahrscheinlich ist es besser, wenn Sie den Entscheidungen Ihrer Sprösslinge nicht vorgreifen. Aber wenn es so weit wäre, würden Sie gerne helfen, oder? Andernfalls halten Sie den Kindern eben einfach den Rücken frei für die Irrwege, die die Jugend manchmal beschreitet. Schön wäre es doch auch, wenn Sie die Geschäftsgründung Ihrer Tochter unterstützen oder Ihrem Sohn beim Hausbau unter die Arme greifen könnten.

- **was Sie noch lernen möchten.**

  Fremdsprachen gut zu können gilt als schick. Da gäbe es eine ganze Menge Kurse und Sprachreisen, mit denen Ihnen gedient wäre. Wie viele Sprachen dürfen es denn sein? Natürlich reicht auch Englisch, das ist dann aber bitte vor Ort zu perfektionieren. Ein paar Wochen London haben noch keinem geschadet. Ach, jetzt fällt Ihnen ein, dass Sie eigentlich immer schon Psychologie studieren wollten? Gut! Nur zu! Jura ist übrigens auch sehr nützlich. Und ich höre immer wieder von Menschen, die in der Mitte ihres Lebens noch ein Medizinstudium beginnen. Warum auch nicht? Und gute Persönlichkeitstrainings sind auch nicht zu verachten.

- **was Sie endlich bleiben lassen möchten.**

  Der Job kann ganz schön nerven, es wäre vielleicht gut, was anderes zu suchen. Oder wenigstens mal eine Pause zu machen. Vielleicht würde es auch schon reichen, ein paar Teile auszulagern. Den lästigen Papierkram zum Beispiel. Oder die Terminkoordination. Nie mehr Termine planen: Das klingt gut. Nie mehr Klinken putzen – auch nicht schlecht! Toll wäre es auch, im Supermarkt nicht mehr in der Schlange zu stehen. Ein Halbtagsjob macht's möglich. Auch verzichtbar: der Chef. Da käme eine Existenzgründung in Betracht. Ein eigener Laden, das könnte es sein! Oder wollen Sie doch lieber ganz aufhören zu arbeiten, weil Sie ja noch so viel vorhaben: Studieren, Sprachkurse, nach Thailand fahren oder auf die Kanaren, und dann warten ja noch die Serengeti und der Nordpol auf Sie ...

Fällt Ihnen noch mehr ein? Das ist gut! Lassen Sie sich anregen und seien Sie ruhig ein bisschen verrückt! Hier geht es um alles, bloß nicht um Bescheidenheit. Stellen Sie sich Ihr Innenleben wie eine alte Afrikakarte mit weißen Flecken vor. Entwickeln Sie Forschergeist und entdecken Sie alles in sich. Erschrecken Sie nicht, wenn Sie auf neue Wünsche stoßen, sondern gehen Sie freudig erregt darauf zu und stoßen Sie bis in die hintersten Winkel Ihrer Seele vor.

Sie merken, dass diese Reise nicht darauf abzielt, eine Einkaufsliste zu erstellen. Sondern es geht sehr umfassend darum, wie Sie leben und was Sie tun wollen. Ob Sie viel oder wenig arbeiten möchten, wie intensiv Sie Ihre Kinder unterstützen, das hat auch mit Geld zu tun. Schließen Sie solche Überlegungen deshalb auf keinen Fall aus, sondern nehmen Sie ernst, was Sie für Wünsche in Bezug auf Ihren Lebensstil haben. Vielleicht ist Ihr intensivster Wunsch auch nur, nicht jeden Euro zweimal umdrehen zu müssen, spontan Geld ausgeben zu können? Das ist völlig okay!

Ein Bekannter von mir hat zum Beispiel mit einer größeren Summe Geld eine Stiftung gegründet, weil er mit Gleichgesinnten einen intellektuellen Austausch pflegen wollte. Über diese Stiftung organisierte er dann Seminare und Tagungen und gab Schriften und Bücher heraus. Wenn Ihnen dieses Projekt gefällt, dann gehört es auch zu Ihren Wünschen dazu. Vielleicht möchten Sie studieren? Oder mehr Zeit zum Musik machen haben, ein neues Instrument lernen, Bilder malen oder ein Buch schreiben?

Ein Mandant von mir antwortet auf die Frage, was er am liebsten tun möchte, dass er mit dem Jeep durch den Jemen reisen möchte. Das hat er auch schon einmal gemacht, aber er täte es gerne viel öfter. In diesem Wunsch steckt also noch ein zweiter, nämlich der Wunsch nach mehr Freizeit. Oder kürzerer Arbeitszeit oder vorgezogenem Ruhestand. Lassen Sie solche Verzweigungen bitte auch zu, wenn Sie sie aufspüren. Folgen Sie Ihnen. Es gibt wirklich keine Beschränkungen! Das einzige, was ich an dieser Stelle nicht von Ihnen hören möchte, ist: „Ach, das geht sowieso nicht."
Also: Lassen Sie Ihre Gedanken wild schweifen. Notieren Sie Ihre Wünsche auf einem Blatt Papier. Ganz formlos, eine Ordnung brauchen wir an dieser Stelle noch nicht.

Schritt 2: Verwandeln Sie die Wünsche in Ziele

Nach dem Brainstorming sitzen Sie nun vor einer mehr oder weniger umfangreichen Sammlung von Tätigkeiten und Dingen, die Ihnen gefallen. Natürlich müssen Sie nun Struktur in diese Sammlung bringen, wenn Sie am Ende eine Definition Ihrer persönlichen finanziellen Unabhängigkeit erreichen wollen.
Dazu schauen Sie sich jetzt jeden einzelnen Wunsch an und fragen sich: Was genau will ich? Nehmen Sie sich bitte Zeit, um diese Frage zu bearbeiten, die Tücke steckt hier nämlich im Detail. Zwei Beispiele verdeutlichen, was ich meine.

Beispiel „Traumhaus"

Angenommen Sie träumen von einem Haus in Kalifornien. Sie durften im letzten Jahr zu einem geschäftlichen Termin nach Kalifornien fliegen, haben noch ein paar Tage drangehängt und sich in die Gegend dort verliebt. Hier hake ich schon ein und frage nach:

Sind Sie sicher, dass Sie es dort länger als ein paar Tage aushalten würden? Haben Sie auch Lust auf die Leute, denen Sie dort begegnen würden? Oder war es nur ein Geruch oder der Pool oder die Sonne? Ist es wirklich Kalifornien, mit all seinen Facetten, das Ihnen gefällt? Oder wäre es gar nicht so wichtig, dort zu sein, würde vielleicht auch ein Pool am Mittelmeer reichen?
Nein, kontern Sie: Das Haus, was sie sich vorstellen, hat gar keinen Pool und wenig Sonne, denn es liegt in einem der kleinen Orte nördlich von San Francisco, in den Hügeln am Pazifik, wo fast immer ein frischer Wind weht und die Luft nach Salzwasser riecht. Das entspricht nicht gerade den gängigen Sonnenklischees von Kalifornien, aber Sie mögen den Lebensstil, die Vielfalt der Kulturen, Ihnen gefallen die alternativen Projekte in den Dörfern und die Offenheit der Menschen. Hier ein Haus, und dann Sport treiben, Mountainbiking, Joggen, Surfen – das wäre toll.
Nun aber müssen Sie überlegen, welche Folgen es hätte, wenn Sie hier ein Haus kauften. Wie viel Zeit könnten Sie hier verbringen? Es ist ja nicht gerade ein Katzensprung von Europa nach Kalifornien. Wenn Sie ganz normal als Angestellter arbeiten, müssten Sie Ihren Jahresurlaub am Stück nehmen, um Ihr kalifornisches Haus nutzen zu können. Und was würde Ihre Familie dazu sagen? Möglicherweise haben Ihre Lieben keine Lust, jedes Jahr an den gleichen Ort zu fahren, schon gar nicht, wenn man dort schlecht am Strand sitzen und in warmem Meerwasser baden kann.
Jetzt haben Sie mehrere Möglichkeiten: Sie können sich das Haus bei San Francisco einfach abschminken, es als unrealisierbar streichen. Sie können aber auch überlegen, ob Sie einen Kompromiss finden, also einen anderen Ort, der schneller zu erreichen ist und den Wünschen Ihrer Familie eher entspricht. Vielleicht würden Sie

sich auch auf der Kanareninsel La Palma wohlfühlen? Oder irgendwo am Mittelmeer oder an der französischen Atlantikküste? Die andere Möglichkeit ist, dem Haus bei San Francisco die Treue zu halten und den Kompromiss in den restlichen Lebensumständen zu suchen. Vielleicht finden Sie Spielräume in Ihrem Job, vielleicht können Sie Ihre Arbeit so organisieren, dass Sie ein paar Monate im Jahr über Internet und Telefon arbeiten. Freiberufler können manchmal Ihre Projekte aus der Ferne abwickeln. Dann bliebe noch Zeit, den ein oder anderen Strandurlaub für Ihre Familie einzuplanen. Möglich wäre auch ein größerer Schritt: Warum nicht einen Job in Kalifornien suchen? Ist es wirklich abwegig, ins Ausland zu gehen, oder haben Sie einfach noch nicht darüber nachgedacht? Wenn Sie in einem großen Unternehmen arbeiten, könnten Sie mal prüfen, welche Möglichkeiten es gibt, innerhalb des Konzerns ins Ausland zu gehen.

Beispiel „Wohlverdienter Ruhestand"

Angenommen auf Ihrem Blatt Papier steht der Wunsch, vorzeitig in den Ruhestand zu gehen. Versuchen Sie mal, den Zeitpunkt zu bestimmen. Wollen Sie mit 55 aufhören? Oder schon mit 50? Oder am liebsten gleich morgen? Egal, welche Entscheidung Sie treffen: Sie sollten sich auch über die Gründe dafür klar werden.

Manche Menschen haben Pläne, die sich nicht ins Arbeitsleben integrieren lassen. Politische oder ehrenamtliche Tätigkeiten zum Beispiel. Vielleicht sind Sie Ärztin und möchten noch ein paar Jahre in einem Entwicklungsland arbeiten und würden deshalb Ihre Praxis gerne fünf Jahre eher schließen. Oder Sie haben eine Fortbildung zur Mediatorin gemacht und würden dieses Wissen gerne anwenden, aber Ihr Beruf lässt Ihnen keine Zeit dazu.

Wenn Sie solche Gründe haben, sollten Sie noch mal darüber nachdenken, was Ihnen Ihr Job eigentlich bedeutet. Würden Sie ihn vielleicht doch vermissen, wenn Sie ihn ganz aufgäben? Falls ja, überlegen Sie, ob es Zwischenlösungen gäbe. Die Ärztin könnte zum Beispiel die Praxis behalten, aber einen Partner für eine Praxisgemeinschaft suchen und dann jedes Jahr eine Paar Monate lang karitativ tätig sein. Die Mediatorin könnte Teilzeit arbeiten und versuchen, ihre Mediationstätigkeit neben dem Job aufzubauen. Solche Lösungen sind natürlich nur anzustreben, wenn Sie feststellen, dass Sie doch mehr an Ihrem Job hängen als zuerst gedacht. Wenn Sie mit einem Ausstieg im Reinen sind, sollte Sie nichts davon abhalten, einen Ausstiegszeitpunkt festzulegen und darauf hinzuarbeiten.
Anders sehe ich die Sache, wenn Sie Ihren Job aufgeben wollen, weil Sie ihn hassen. Das dürfen Sie natürlich und das ist sicherlich eine häufige Ursache für Ausstiegswünsche. Ich wedele allerdings in solchen Fällen immer heftig mit der roten Stoppkelle und frage hartnäckig nach: Was wäre denn dann nach dem Job? Könnten Sie sich überhaupt ohne Ihre Arbeit beschäftigen? Sind Sie sicher, dass Pflanzenwässern im Kleingarten Sie über das Wochenende hinaus auf Dauer ausfüllt? Viele Menschen unterschätzen die Leere, die entstehen kann, wenn man kein Geld mehr bekommt für die Dinge, die man tut. In meinem Interview mit Dr. Martin Hüfner sagte er den einprägsamen Satz: „Ich sehe Geld auch als Wertschätzung der verrichteten Arbeit.“ Es kann auch einsam machen, wenn das Leben plötzlich nur noch privat ist. Natürlich trifft das irgendwann jeden, der das Rentenalter erreicht, und es ist sicher eine Herausforderung, vor der man nicht weglaufen kann. Sie müssen sich aber fragen, ob Sie sich wirklich schon zehn Jahre früher als nötig ins Privatleben zurück-

ziehen wollen und ob Sie wirklich glauben, dass es Ihnen dabei gut gehen wird. Vielleicht sind Sie dann viel allein, weil Ihre Freunde und Bekannten alle noch arbeiten. Haben Sie das auch bedacht?
Die Alternative wäre, doch noch einmal nach einem neuen Sinn und mehr Freude im Job zu suchen. Sie könnten eine neue Stelle suchen oder in eine andere Abteilung wechseln. Oder Sie verleihen Ihrer Karriere mit einer Fortbildung neuen Schwung. Gehen Sie wirklich gründlich in sich, ob das nicht vielleicht die bessere Lösung wäre, als aus Frust heraus alles hinzuwerfen. Frust ist kein guter Ratgeber.
Um Missverständnissen vorzubeugen: Meine Nachfragen sollen Ihnen keinesfalls Ihre Träume madig machen. Mir geht es darum, dass aus Ihren Träumen handfeste, belastbare Ziele werden. Je genauer Sie Ihre Wünsche hinterfragen, desto ernster nehmen Sie sie. Was oberflächlich wie ein Herunterreden wirkt, ist in Wahrheit eine strenge Prüfung, eben weil ich möchte, dass Sie Ihre inneren Wünsche ernst nehmen und verwirklichen. Dazu aber müssen die Ziele später noch strengeren Prüfungen standhalten. Wenn Sie blind drauflos rennen und irgendwo auf der Welt ein Haus kaufen, wo sich später weder Sie noch Ihre Familie wohlfühlen, hat niemand etwas davon. Lassen Sie sich bei der Prüfung Ihrer Wünsche von den folgenden Fragen leiten. Ich nenne sie die *„Genau“*-Fragen, weil sie sehr konkrete Antworten herausfordern. Nehmen Sie sich also jetzt jeden einzelnen Wunsch vor und notieren Sie stichwortartig oder in ein paar Sätzen die Antworten zu den folgenden Fragen.

- Was *genau* möchten Sie erreichen?
  Denken Sie wie oben beschrieben nach: Wo soll das Traumhaus stehen? Wollen Sie wirklich aufhören zu arbeiten?

- Wann *genau* möchten Sie Ihr Ziel erreichen?
  Legen Sie einen Zeitpunkt fest, ab dem Sie ans Mittelmeer umziehen, Ihren Job aufgeben oder auch den nächsten Sprachkurs buchen.

- Wie *genau* sind Sie festgelegt?
  Gibt es Spielräume, wo könnten Sie Kompromisse machen?

- Wo *genau* möchten Sie sich dann sehen?

Malen Sie sich aus, wie und wo Sie leben, wenn Sie Ihr Ziel verwirklicht haben. Wie sieht dann ein typisches Jahr oder ein typischer Tag in Ihrem Leben aus? Was wird anders sein als heute?
Wenn Sie alle *„Genau“*-Fragen gründlich durchdacht haben, dann erst haben Sie aus Ihren Wünschen handfeste, konkrete Ziele gemacht.

Halt, haben wir nicht etwas vergessen?

Ein paar Ziele aufschreiben und fertig ist die Lebensplanung – das ist zu einfach, um wahr zu sein. Das Leben ist keine Wundertüte, das wissen Sie längst. Und es wäre ganz und gar unseriös, wenn ich Ihnen vorgaukeln würde, dass das so einfach ginge. Nein, Sie sollen letztlich wirklich ernsthafte und taugliche Ziele formulieren.
Deshalb müssen Sie sich nun ins Reich des Notwendigen begeben. Hier warten neue Fragen auf Sie. Ich habe sie die *„Wer zahlt wenn“*-Fragen genannt. Sie drehen sich um die Absicherung Ihrer Lebensrisiken und sie stehen bei allen Finanzkonzepten an aller-

erster Stelle. Anders ausgedrückt: Wenn Sie keine Antworten auf diese *„Wer zahlt wenn"*-Fragen haben, werden Sie niemals finanziell unabhängig sein. Es sind fünf Fragen und sie lauten:

- *Wer zahlt, wenn* ich krank bin?
- *Wer zahlt, wenn* ich invalide bin?
- *Wer zahlt, wenn* ich ein Pflegefall bin?
- *Wer zahlt, wenn* ich einen Schaden verursache?
- *Wer zahlt, wenn* ich im Ruhestand bin?

Denken Sie bitte gründlich über jede einzelne Frage nach. Egal, ob Sie Geld für Sprachreisen ausgeben oder eine Villa am Mittelmeer bauen wollen: Ein Unfall kann Ihnen nicht nur diesen Plan kaputt machen. Sondern Sie brauchen, wenn Sie invalide sind, auch die Möglichkeit, bereits investierte Gelder wieder lockerzumachen, um künftig Ihren Lebensunterhalt zu bestreiten. Und wenn Sie in den nächsten Jahren viel reisen möchten, sollte Ihnen der Spaß nicht jedes Mal vergehen, wenn Sie an die Zeit danach, an das Alter denken.

Es geht also darum, sowohl die Realisierung Ihrer Ziele abzusichern, als auch die grundlegenden Lebensrisiken, mit denen Sie immer rechnen müssen. Wenn Sie darüber nachdenken, sollten Sie die *„Wer zahlt wenn"*-Fragen auch in Bezug setzen zu Ihren Zielen. Erwerben Sie zum Beispiel eine Immobilie, könnte diese – unter bestimmten Umständen – ein Baustein Ihrer Ruhestandsplanung sein. Wenn Sie dagegen mit dem Jeep durch den Jemen brettern, ist das Geld hinterher weg.

So schwierig, wie es vielleicht auf den ersten Blick aussieht, sind die Antworten auf die *„Wer zahlt wenn"*-Fragen nicht. Eine ordentliche

Altersvorsorgeplanung ist keine Zauberei und die Zahlung im Fall eines von Ihnen verursachten Schadens lässt sich mittels einer ganz gewöhnlichen Haftpflichtversicherung regeln. Sie müssen sich allerdings überlegt haben, dass Sie Vorsorge für diese Fälle treffen möchten. Notieren Sie also jetzt mithilfe der *„Wer zahlt wenn"*-Fragen, welche Risiken Sie noch abdecken müssen, und ergänzen Sie die Liste Ihrer Ziele entsprechend.

Ihr Puzzle der finanziellen Unabhängigkeit

Sie haben jetzt eine Liste erstellt, die alle Ihre Ziele enthält. Also jene Ziele, die Sie aus Ihren Wünschen herausgearbeitet haben, und jene Ziele, die Sie als notwendige Ziele erkannt haben. Jetzt dürfen Sie puzzeln!

Dazu nehmen Sie sich am besten viele kleine Zettel. Schreiben Sie jedes Ziel auf einen dieser Zettel. Dieses Kaleidoskop können Sie jetzt strukturieren, indem Sie die Ziele zeitlich einordnen.

1. **Kurzfristige Ziele**

   In diese Gruppe schieben Sie alle Ziele, die Sie ab jetzt bis in drei Jahren realisieren wollen. Dazu gehören Anschaffungen wie ein neues Auto, ein Flachbildschirm, ein neuer Computer.

   Dazu kann aber auch gehören, eine Berufsunfähigkeitsversicherung abzuschließen (der Schadensfall kann schließlich schon morgen eintreten) oder ein Kind zu bekommen und den Job umzuorganisieren. Auch die Bildung einer Liquiditätsreserve, die Ihnen ermöglicht, einen ungeliebten Job aufzugeben und ein halbes Jahr ohne Einkommen zu überstehen, gehört zu den kurzfristigen Zielen.

2. Mittelfristige Ziele

Hierher gruppieren Sie alle Ziele, die Sie in drei bis sieben Jahren realisieren wollen. Vielleicht ist das der Zeitraum, in dem Sie Ihre Familiengründung planen? Der Kauf einer größeren Wohnung könnte in diese Gruppe passen oder eine Weiterentwicklung in Ihrem Beruf. Zu den mittelfristigen Zielen könnte auch eine Existenzgründung gehören, für deren Vorbereitung man schon eine gewisse Zeit braucht, wenn sie solide sein soll.

3. Langfristige Ziele

Hierher gehört alles, was über sieben Jahre hinaus geht. Also – wahrscheinlich – die Altersvorsorge, der vorgezogene Ruhestand. Und sämtliche Pläne, die Sie für die Zeit schmieden, wenn die Kinder aus dem Haus gehen und Sie nicht mehr an deren Schulbesuch gebunden sind. Vielleicht ziehen Sie dann aufs Land? Vielleicht reisen Sie dann?

Diese zeitliche Einordnung ist wichtig für Ihren Überblick, wird aber später auch noch eine Rolle spielen für die Wahl Ihrer Anlageform. Es ist ein großer Unterschied, ob Sie eine bestimmte Summe schon im nächsten Jahr brauchen oder erst in 20 Jahren.

Für Ihren persönlichen Überblick dürfen Sie, wenn Sie mögen, ruhig noch etwas kreativer werden. Malen Sie sich im wörtlichen

Sinne Ihre Zukunft aus. Versehen Sie Ihre Puzzleteile noch mit Farben für die zeitliche Dimension. Und mit kleinen Symbolen, die das Ziel visualisieren. Ein Netz oder ein Fallschirm für die Absicherung, ein Haus oder die Sonne für die Auswanderung gen Süden. Falls Sie keinen Platz haben, wo Sie die Teile ausgebreitet liegen lassen können, erleichtern die Farben und Symbole auch die weitere Arbeit mit den Puzzleteilen. Wenn Sie in den folgenden Kapiteln Ihre Geldanlagestrategie entwickeln, sollten Sie immer wieder Ihr Zielpuzzle vor Augen haben, um Anlageformen und Ziele optimal aufeinander abzustimmen. Sie können dann auch Häkchen auf das jeweilige Puzzleteil machen, wenn Sie eine Finanzierung für ein Ziel gefunden haben. Und so könnte das Puzzle aussehen:

Abbildung 4: Puzzle der finanziellen Unabhängigkeit

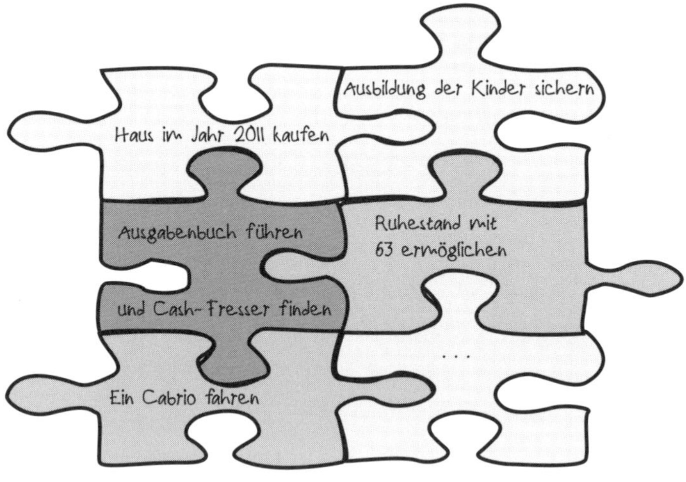

KAPITEL 4

WOLLEN SIE JETZT WEINEN ODER SPÄTER? – SO PRÜFEN SIE IHRE ZIELE AN DER REALITÄT

Kein Mensch ist wie der andere. Das haben schon unsere Vorväter erkannt, als sie Fingerabdrücke miteinander verglichen. Die Genforschung unserer Tage bestätigt diese Erkenntnis. Deshalb können Sie auch ganz sicher sein, dass das Zielpuzzle, das Sie erstellt haben, ebenso einzigartig ist wie Ihr Fingerabdruck. Würden Sie mit den anderen Lesern dieses Buches zusammen in einem Saal sitzen und Ihre Puzzles vergleichen, dann käme eine große Vielfalt an Farben, Symbolen und Anordnungen dabei heraus. Das kann ich Ihnen mit so großer Sicherheit sagen, weil ich es in meinen Workshops immer wieder erlebe. Natürlich sind nicht die Ziele einzigartig. Es gibt immer mehrere Menschen, die sich Häuser an schönen Orten wünschen oder die früher aufhören wollen zu arbeiten, als es die gesetzliche Rentenversicherung vorgesehen hat. Die Puzzles unterscheiden sich trotzdem, weil sie die Ziele unterschiedlich anordnen. Manche Menschen möchten zuerst das Haus am Meer kaufen. Andere möchten zuerst aus ihrem Beruf aussteigen. Wieder andere siedeln den Erwerb neuer Sprachkenntnisse ganz oben an.
Mir ist aber in meinen Beratungen wie in meinen Workshops aufgefallen, dass ein Ziel immer auftaucht, in allen Puzzles. Und das ist die Altersvorsorge. Sie taucht bei manchen meiner Mandanten und Workshop-Teilnehmern bereits als Traum auf und steht dann als Wunschziel ganz oben auf der Liste. Andere Menschen denken gar nicht an sie, solange sie ihren Wünschen nachgehen. Bei ihnen kommt die Altersvorsorge aber auch ins Spiel, und zwar spätestens, wenn es um die notwendigen Ziele geht.
Die Altersvorsorge eignet sich deshalb ganz hervorragend, um zu demonstrieren, wie Sie Ihre Ziele in der Realität checken. Genau das ist es nämlich, was ich in diesem Kapitel vorhabe. Sie sollen Ihre Ziele mit Ihren Lebensumständen konfrontieren und zu einem wirklich

tragfähigen Entschluss kommen. Sie entscheiden, was Sie realisieren können und wollen, und was Sie dafür tun müssen und wollen. Wenn Sie Ihre Ziele wirklich ernst nehmen, müssen Sie dafür sorgen, dass sie der Realität standhalten. Diese Realität sieht in unserer Gesellschaft für uns alle so aus, dass wir eines Tages aufhören zu arbeiten. Die meisten Menschen folgen dabei dem gesetzlichen Rahmen, gehen also mit 60 bis 67 Jahren in den Ruhestand. Manche Menschen arbeiten noch länger, andere hören schon früher auf. Jeder muss damit rechnen, im Alter nicht mehr so leistungsfähig zu sein. Deshalb stellt sich für uns alle die Frage, wovon wir im Alter leben werden. Früher war das klarer, da sorgte die gesetzliche Rente noch für einen annähernd gleichen Lebensstandard. Heutzutage müssen die meisten Menschen einkalkulieren, dass sie von der gesetzlichen Rente nicht leben können. Entweder ist schon klar, dass die Rente nicht ausreichen wird, oder der Ruhestand liegt noch in weiter Ferne. In Zeiten bröckelnder Sozialversicherungssysteme können Sie insbesondere nicht davon ausgehen, dass die Rentenversicherung noch einen wesentlichen Teil Ihrer Lebenshaltungskosten abdecken wird. Allerdings ist es keine Kleinigkeit, das Alter abzusichern. Es kann sein, dass Sie erhebliche Summen dafür einplanen müssen. Wenn Sie dieser Tatsache nicht von Anfang an ins Auge blicken, werden Sie Ihre finanzielle Unabhängigkeit nie erreichen. Und wenn Sie Ihre Altersvorsorge nicht ganz genau analysieren, dann können Sie böse Überraschungen erleben.

Die Rente mal aus der Nähe betrachtet

„Ach, ich hör dann einfach ein paar Jahre früher auf zu arbeiten" – das ist leicht dahingesagt. Aber wovon wollen Sie dann leben? Schauen Sie mal genauer hin.

Angenommen Sie steigen mit 58 Jahren aus dem Berufsleben aus. Dann müssen Sie, wenn Sie nicht ausreichend hohe private Rentenversicherungen, beginnend mit Ihrem 58. Lebensjahr, abgeschlossen haben, mindestens fünf Jahre lang ohne Einnahmen auskommen können. Alle Zahlungen aus der gesetzlichen Rentenversicherung beginnen für die Geburtsjahrgänge ab 1952 frühestens mit dem 63. Lebensjahr. Einen Rentenbeginnrechner finden Sie auf den Internetseiten der Deutschen Rentenversicherung (www.deutsche-rentenversicherung.de) unter dem Unterpunkt „Rente". Hier können Sie mit Eingabe Ihres Geburtsdatums genau ermitteln, ab wann Sie frühestens in Rente gehen können und welche Abschläge Sie dann akzeptieren müssten.

Sie müssen also die fünf Jahre mit anderen Einkommensquellen überbrücken können. Das ist natürlich nicht unmöglich. Vielleicht haben Sie Mieteinnahmen aus einem Immobilienbesitz? Oder Einkünfte aus Kapitalanlagen? Dann schauen Sie aber bitte genau hin: Werfen diese Besitztümer tatsächlich so viel ab, dass Sie jeden Monat mehrere Tausend Euro zur Verfügung haben werden, mit denen Sie Ihre Lebenshaltungskosten decken, Steuern zahlen und vor allem Ihre Versicherungen weiterbedienen, von denen Sie ja noch Geld brauchen für die nächsten 30 Jahre? Falls nicht, besteht noch die Möglichkeit, etwas von Ihrem Kapital einfach aufzubrauchen. Aber: Wenn Sie fünf Jahre lang Monat für Monat vierstellige Summen entnehmen, wie viel wird dann am Ende noch übrig sein für die 30 oder 35 Jahre, die Sie noch vor sich haben, wenn Sie Ihren 63. Geburtstag gefeiert haben?

„Naja, ich kann ja dann etwas sparsamer leben", lautet das Patentrezept meiner Mandanten, wenn ich so genau nachbohre. Und das ist ebenso leicht dahingesagt wie die Idee vom vorzeitigen Ruhestand. Aber Sie sollten die Ausgabenseite ebenso genau betrachten wie die Einnahmen. Im Alter sparsamer leben: Wie haben Sie sich Ihr Alter denn vorgestellt?

Sicher, wer nicht jeden Morgen früh aus dem Haus hetzt und abends erst spät zurückkommt, der hat mehr Zeit, billig einzukaufen. Sie können Sonderangebote studieren und in fünf verschiedene Läden gehen, um überall die Schnäppchen zu ergattern. Sie machen sowieso mehr selbst jetzt. Für den undichten Wasserhahn rufen Sie nicht wie früher den Klempner, Sie haben ja Zeit, im Baumarkt einen neuen Hahn zu kaufen und den auch selber einzubauen. Vielleicht kommt es gar nicht so weit, weil Sie viel mehr Zeit in die Pflege und Wartung Ihrer Besitztümer investieren können. Zum Beispiel entkalken Sie Ihre Wasserhähne jetzt regelmäßig und wechseln rechtzeitig die Dichtungen aus. Sie brauchen außerdem weniger Geld für Kleidung, weil Sie in Ihrer Freizeit natürlich viel legerer herumlaufen. Die Handyrechnung sinkt und Sie verbrauchen weniger Benzin, weil die täglichen Wege zur Arbeit entfallen.

Aber werden Sie wirklich den ganzen Tag nur Ihr Haus reparieren und den Schnäppchenjäger spielen? Ich glaube das nicht. Meiner Beobachtung nach sind die Rentner von heute viel aktiver und interessierter. Sie gehen ins Theater, ins Kino, besuchen Konzerte, machen Radtouren, entspannen sich in Wellness-Bädern, treiben Sport, besuchen Freunde, reisen. Um nur mal ein paar Aktivitäten aufzuzählen. Und das kostet alles Geld! Von wegen, die Fahrtkosten sinken. Es ist gut möglich, dass Sie sogar mehr Geld für Mobilität ausgeben, wenn Sie erst mal Zeit haben, sich all die Orte anzuschauen, von denen Sie immer geträumt haben. Und wenn Sie jetzt kein Geld mehr für Business-Klamotten ausgeben: Rechnen Sie damit, dass Sie statt dessen Sportkleidung, Wanderschuhe oder ein teures Mountainbike brauchen. Hobbies kosten! Sie brauchen Material, Sie brauchen ein Musikinstrument, Sie brauchen Tennisschläger. Eine Digitalkamera kostet, der Computer mit dem Bildbearbeitungsprogramm auch.

Und selbst wenn Sie eher der ruhige Typ sind, wenn Sie vor allem genießen werden, dass Sie herumtrödeln können – werden Sie dann nicht mal im Café sitzen und die Zeitung lesen wollen? Oder abends essen gehen? Und was ist mit Kino? Außerdem müssen Sie genau wie Ihre Altersgenossen immer damit rechnen, dass Ihr Gesundheitszustand Kosten verursachen kann. Medikamente, orthopädische Hilfsmittel, Sonderanfertigung bei Kleidung oder Schuhen können einige Kosten verursachen, die nicht mehr komplett von der Krankenkasse übernommen werden. Wenn Sie dafür kein Geld übrig haben, tut das richtig weh.

Sie ahnen sicher schon, was ich sagen will: Vergessen Sie die Idee, dass Sie im Alter weniger Geld ausgeben werden. Rechnen Sie lieber damit, dass Sie ungefähr so viel Geld brauchen werden wie jetzt, um zufrieden zu sein. Das ist der Rat, den ich meinen Mandanten gebe. Sie können natürlich nicht bis auf den letzten Cent wissen, was Sie später mal brauchen. Aber wenn Sie eine Größenordnung abschätzen möchten, dann gehen Sie einfach von Ihrem jetzigen Verbrauch aus.

Und dann rechnen Sie hoch, was Sie im Rentenalter brauchen werden. Ich mache es Ihnen leicht und gehe mal davon aus, dass Sie rund 2.000 Euro im Monat verbrauchen. Eine bescheidene Schätzung. Aber aus den 2.000 Euro werden in 20 Jahren knapp 4.000 Euro geworden sein. Das macht die Inflation! Gut alle 20 Jahre verdoppeln sich die Preise, wenn Sie eine Inflation von drei Prozent unterstellen. Also werden Sie in Ihrem Ruhestand 4.000 Euro brau-

chen, wenn Sie Ihren heutigen Lebensstandard beibehalten wollen und Ihr Ruhestand heute noch ungefähr 20 Jahre entfernt ist.
Nun müssen Sie weiterfragen: Werden Sie 4.000 Euro Rente bekommen? Wenn ja, ab welchem Alter? Wahrscheinlich kommt Ihnen das fröhliche „Ich arbeite sowieso nicht, bis ich 65 bin" nicht mehr so leicht über die Lippen. Fünf Jahre ohne Rente hatten wir veranschlagt. Sie müssten also jedes Jahr 48.000 Euro irgendwoher nehmen. In fünf Jahren wären das 240.000 Euro. Und nach den fünf Jahren sollte ja auch noch was übrig bleiben oder können Sie davon ausgehen, dass Sie ab dem 63. Lebensjahr 4.000 Euro Rente pro Monat bekommen? Und die Inflation wird auch in der Rentenzeit gnadenlos zuschlagen – wenn Sie Mitte 80 sind, werden Sie nach unserer Rechnung dann schon ungefähr 8.000 Euro benötigen.

Mit 70 pleite?

Schauen Sie mal genau hin, was Sie brauchen, wenn Sie ganz normal in Rente gehen, womit Sie rechnen können und vor allem womit Sie rechnen müssen!

> Unsere Protagonisten sind ein Ehepaar, jetzt beide 42 Jahre alt. Sie möchten mit 67 in den Ruhestand gehen. Das entspricht dem normalen gesetzlichen Alter für ihren Jahrgang.
>
> Welche Rentenansprüche haben die beiden?

Wir nehmen an, dass die Rente des Mannes nach jetzigem Stand und ohne unterstellte Rentensteigerungen 2.118 Euro betragen wird. Vorausgesetzt, sein Job läuft ungefähr weiter wie bisher und er zahlt weiter wie bisher in die Rentenkasse ein.
Es gibt noch eine betriebliche Rente, die ab dem Zeitpunkt ausgezahlt werden wird, an dem die gesetzliche Rente beginnt. Diese Betriebsrente beträgt 750 Euro im Monat. Außerdem kommt ab dem Alter von 60 Jahren noch eine private Rentenversicherung mit 120 Euro im Monat dazu.
Die gesetzliche Rente der Frau beträgt nach derzeitigem Stand 214 Euro. Diese Ansprüche hat sie in der Zeit vor der Kinderpause erworben. Derzeit hat sie keinen Job.
Macht alles zusammen 3.202 Euro Rente pro Monat. Das klingt eigentlich nicht schlecht, oder?
Welchen Bedarf hat das Ehepaar?
Zur Zeit benötigen unsere beiden Protagonisten jeden Monat 3.500 Euro. Durchschnittliche 2,5 Prozent Inflation pro Jahr angesetzt werden das in 25 Jahren 6.489 Euro sein. (Noch mal 20 Jahre weiter gedacht sind das übrigens 10.633 Euro! Die beiden sind dann 87 Jahre alt; das ist noch ganz im Rahmen der möglichen Lebenserwartung.)
3.202 Euro Rente bei einem Bedarf von 6.489 Euro: Da fehlen also jeden Monat 3.287 Euro zum Leben.
Nun muss das Ehepaar überlegen: Wie viel Geld brauchen sie, um diese Lücke jeden Monat schließen zu können? In 25 Jahren werden die Menschen voraussichtlich noch älter als

die Senioren heute. Ich setze deshalb immer ein Alter von 100 Jahren an. Dafür lasse ich der Einfachheit zuliebe hier die Inflation für die Rentenzeit außer Acht. Die hohe Altersannahme dürfte sich damit ungefähr ausgleichen. Ich nehme außerdem an, dass sich in der Rentenzeit mit Kapitalanlagen eine Rendite von 3,5 Prozent nach Steuern erzielen lässt. Dann komme ich für das Ehepaar auf eine Summe von 773.562,85 Euro, die zur Verfügung stehen müsste, um jeden Monat mit den Erträgen der Kapitalanlagen die Lücke von 3.287 Euro zu schließen.
Ein hübsches Sümmchen. Unser Ehepaar hat bislang alles Geld in sein Haus gesteckt und ansonsten noch kein Vermögen aufgebaut. Das wird also höchste Zeit! Wenn wir für die verbleibende Sparzeit von 25 Jahren eine erzielbare Rendite von 4,5 Prozent nach Steuern unterstellen, dann müssten die beiden von nun an jeden Monat 1.393,62 Euro sparen. Bei einer Rendite von sieben Prozent wären es noch 949,39 Euro pro Monat.

Ich schildere Ihnen dazu ein konkretes Beispiel.
Wenn ich den echten Ehepaaren in meiner Beratung so eine Rechnung präsentiere, klappt ihnen regelmäßig die Kinnlade herunter. Kaum jemand ist darauf gefasst, jeden Monat 1.000 Euro und mehr für das Alter zurückzulegen. Viele meiner Mandanten sehen sich dazu gar nicht in der Lage. Für die meisten ist es ein echter Schock, den Zahlen ins Gesicht zu sehen. Ich erlebe jedes Quartal, dass ein

55-Jähriger in meine Beratung kommt, weil er mit 60 in den vorgezogenen Ruhestand gehen möchte. Wir rechnen dann aus, wie das gehen kann. Seit vielen Jahren hält die Steigerung der gesetzlichen Rente nicht mehr mit der Inflationssteigerung der Lebenshaltungskosten Schritt. Daraus entsteht eine Deckungslücke, und die führt in vielen Fällen zu der Erkenntnis, dass der Mandant mit 70 pleite sein wird. Meine Mandanten haut das manchmal wirklich um. Neulich sagte einer zu mir: „Jetzt brauch ich erst mal einen Schnaps."

Mitten im Realitätscheck

Sieht Ihre eigene Rechnung so ähnlich aus und sind Sie jetzt auch schockiert? Sicherlich haben Sie schon oft gelesen, dass viele Menschen im Alter mit Einkommenslücken rechnen müssen, dass die gesetzliche Rente nicht reicht und dass die Bundesbürger sich zu wenig um ihre Altersvorsorge kümmern. Vielleicht haben Sie dann immer tief geseufzt und gedacht, ja, stimmt, man müsste mal etwas tun. Aber genau ausgerechnet hatten Sie noch nicht, was Sie erwartet. Ein schwacher Trost, aber immerhin: Sie sind nicht allein. Vielen Menschen geht es ähnlich. Wir alle müssen uns etwas einfallen lassen, wenn es um die Finanzen im Alter geht. Das ist aber kein Grund zu verzweifeln! Die Altersvorsorge fällt für mich in die Kategorie jener Probleme, die man nicht verdrängen darf, sondern pragmatisch und kraftvoll anpacken muss und die sich mit etwas Flexibilität auch lösen lassen.

Je eher Sie damit anfangen, desto einfacher geht das. Wer mit 55 feststellt, dass er den Ruhestand mit 60 nicht finanzieren kann, wird in den sauren Apfel beißen und länger arbeiten müssen. Vielleicht nicht bis 65, aber sicher länger als gewünscht. Wer schon im Alter von 20 Jahren über seine Rente nachdenkt, hat natürlich viel größere Spielräume, um etwas anzusparen. Es gibt also keinen Grund zu verzweifeln. Rechnen Sie aber damit, dass Sie Ihre Ziele modifizieren müssen, die Sie in Kapitel 3 formuliert und im Zielpuzzle festgehalten haben.

Sie sind nämlich schon mittendrin im Realitätscheck Ihres Zielpuzzles. Und wie bei jedem Realitätscheck gehören auch hier schmerzhafte Erkenntnisse dazu. Die Altersvorsorge ist vielleicht der gewichtigste Prüfstand. Aber natürlich gibt es noch andere Fallen. Ich hatte zum Beispiel einmal ein Ehepaar in meiner Beratungspraxis, die von einem schönen Eigenheim träumten. Die beiden hatten einen Obstladen. Sie waren gut organisiert mit ihren Finanzen und hatten schon einen richtigen Sparplan aufgestellt. Ich sollte nun alles überprüfen und optimieren. Irgendwie klappte es nämlich nicht so richtig. Immer wieder war zu wenig Geld übrig und es wurde zu eng, um alle Sparraten zu bedienen. Des Rätsels Lösung war schnell gefunden: Die beiden hatten ihren Geschäftsertrag zu optimistisch eingeschätzt. Sie waren von einem guten Umsatz ausgegangen, den sie aber nicht jeden Monat erzielten. Wir errechneten daraufhin einen realistischeren Durchschnittswert. Die Folge war, dass der Sparplan zusammenbrach. Meine Mandanten waren natürlich im ersten Moment geschockt. Dann aber überlegten sie, was sie tun wollten. Und sie entschieden sich, ihr Ziel vom Eigenheim aufzugeben. Das war zwar schade, aber trotzdem ein Happy End. Denn meine Mandanten fühlten sich wie von einer ungeheuren Last befreit. Die Krise hatte ihnen zu der Erkenntnis verholfen, dass ihnen das Eigenheim nicht so wichtig war wie ein gefülltes Portemonnaie. Lieber wollten sie sich hier und da

kleinere Wünsche erfüllen, als jahrelang unter der Knute von Sparraten zu leben, die eigentlich eine Nummer zu groß für sie waren. Ich lasse meinen Mandanten immer Zeit, den Schock zu verarbeiten, wenn sie feststellen, dass sich ein Ziel nicht so einfach erreichen lässt wie erwartet. Dann prüfe ich ihren Schmerzpegel: Wie weh tut es, ein Ziel aufzugeben, weil der Spielraum nicht reicht? Oder kann man sich an einer anderen Stelle einschränken?
Der Realitätscheck hat zur Folge, dass Sie Ihr Zielpuzzle noch einmal überarbeiten müssen. Sie müssen neue Entscheidungen treffen. Welche Ziele behalten Sie bei? Welche Ziele modifizieren Sie? Von welchen Ziele verabschieden Sie sich?

Wunsch oder Wille

Ich selbst habe mich vor einiger Zeit von einem Ziel verabschiedet, und das war viel einfacher, als ich zunächst gedacht hatte. Dieses Ziel war, dass unser nächstes Auto ein Van sein sollte. Das hatte ich schon ganz fest beschlossen. Schließlich besucht uns mehrmals im Jahr meine Mutter. Es kann auch sein, dass mein Bruder noch kommt. Ich wollte deshalb einen Wagen anschaffen, in dem ich sieben Personen transportieren kann. Wenn Sie auch schon mal über so eine Anschaffung nachgedacht haben, dann wissen Sie allerdings: So ein Van kostet mindestens 30.000 Euro.
Diese Summe hat mich wirklich sehr gestresst. Jedes Mal, wenn unser altes Auto zickte und ich mit ihm in die Werkstatt musste, sah ich schon den Van auf mich zurollen. Jedes Mal dachte ich: „Oh weh, jetzt sind die 30.000 Euro fällig.“ Bis beim letzten Mal mein Mann angesichts meiner Nöte zu mir sagte: „Wollen wir nicht doch wieder einen Jahreswagen in der Golfklasse nehmen?“ Ich musste

diesen Gedanken erst sacken lassen. Aber mein Mann erleichterte mir die Entscheidung, indem er mir einen Link aus dem Internet schickte, zu einem Wagen, der 14.000 Euro kostete. Als ich das sah, fiel mir ein Stein vom Herzen. Das waren mindestens 16.000 Euro weniger, als der Van kosten würde. Hätten wir wirklich 16.000 Euro mehr zahlen sollen, um ein- oder zweimal im Jahr Besuch transportieren zu können? Was für ein Unsinn. Das war den Stress wirklich nicht wert. Viel einfacher war es doch, das Geld zu sparen für die Dinge, die uns wirklich wichtig waren. Und notfalls können wir uns mal für eine Woche einen Van mieten. Das ist immer noch viel billiger, als so ein Fahrzeug zu kaufen. Mit diesen Gedanken fiel mir der Abschied vom eigenen Van plötzlich ganz leicht.

Es ist gut möglich, dass auch Sie sich von einem Ziel verabschieden, wenn Sie merken, dass es Ihnen zu große Opfer abverlangt. 800 Euro im Monat zu sparen oder 1.000 oder 1.200 Euro – das ist für viele Menschen einfach nicht drin. Das können sie nicht aufbringen. Solche Summen lassen sich auch nicht Monat für Monat zusammenkratzen, indem man seinen Konsum einschränkt. Manche Mandanten zeigen mir eine Aufstellung ihrer Lebenshaltungskosten und ich stelle fest: Da ist nicht mehr viel zu sparen. Jedenfalls nicht unter den gegenwärtigen Bedingungen. Angenommen Sie können sich 20 Jahre lang keinen Urlaub und keine Extras mehr leisten, um das Haus in Kalifornien zu finanzieren. Und angenommen, Sie müssen dann, wenn Sie endlich dort leben, auch noch mit einem Minimaleinkommen auskommen. Ist es das wirklich wert?

Das ist keine rhetorische Frage! Sie sollten sie ganz frei beantworten. Gut möglich, dass Sie sagen: „Nein, ich lasse das lieber mit dem Haus in Kalifornien." Oder Sie überlegen, ob Ihnen ein Apartment in Kalifornien reichen könnte. Oder doch woanders. Sie könnten auch überlegen, ob Sie erst mal ein paar Urlaube in Übersee machen und Freundschaften schließen. Vielleicht finden Sie so eine Möglichkeit, sich immer monatsweise in Kalifornien einzumieten und könnten Ihren Traum von Kalifornien so doch noch verwirklichen. Bloß ohne Eigenheim eben.

Sie können aber auch sagen: „Doch, das Haus dort ist mir wichtig genug, ich bin bereit, mich 20 Jahre lang stark einzuschränken und auch später mit weniger Geld zurechtzukommen, wenn ich nur dieses Haus kaufen und bewohnen kann." Das mag ziemlich irrational sein. Möglicherweise schütteln Ihre Bekannten über Sie den Kopf und finden es idiotisch, so viel auf sich zu nehmen für dieses Haus. Egal! Um Vernunft geht es nicht. Sondern um Sie. Sie selbst müssen Ihre eigenen Prioritäten setzen. Erst danach schalten Sie die Vernunft wieder ein und überlegen, wie Sie Ihr Vorhaben am besten realisieren.

Was geschieht mit den anderen Säulen?

Eine Entscheidung für eine höhere Sparrate kann ganz erheblichen Einfluss auf alle anderen Lebensbereiche haben. Betrachten Sie noch einmal Ihren Monopteros, wenn Sie darüber nachdenken, ob und unter welchen Umständen Sie an einem Ziel festhalten wollen.

Stellen Sie sich ein Ehepaar vor, das jeden Monat 800 Euro ansparen müsste, um sein Wunschziel zu erreichen, ohne die notwendigen Ziele wie Altersvorsorge zu gefährden. Im Alltag einsparen lassen sich bestenfalls 100 Euro. Das Ehepaar muss also etwas in seinem Leben verändern. Die beiden beschließen, dass die Ehefrau sich wieder einen Job sucht. Das gelingt auch. Allerdings gibt es da noch die beiden Kinder, die gerade aus der Grundschule in die weiterführende Schule gewechselt sind. Sie sind nun den Nachmittag über sich selbst überlassen, denn eine Betreuung wird für Kinder ihrer Altersklasse in dem Ort, in dem die Familie lebt, nicht angeboten. Die beiden Kinder sitzen nun allein zu Hause und sehen täglich mehrere Stunden fern. Die Hausaufgaben erledigen sie nur teilweise. Wenn die Eltern abends nach Hause kommen, muss fast immer noch etwas gelernt werden. Dann aber sind die Kinder schon müde und überdreht vom nachmittäglichen TV-Konsum. Und die Eltern sind nach einem anstrengenden Arbeitstag auch nicht mehr geduldig genug, um den Stress der Sprösslinge abfedern zu können. Das Familienklima verschlechtert sich für alle Beteiligten, die Stimmung sowieso und die Frau beginnt, unter Schlafstörungen zu leiden. Nach einer Weile stellen sich auch noch gesundheitliche Probleme ein.

Dieses Beispiel zeigt, welche Auswirkungen eine Veränderung in der Geldsäule auf die anderen Säulen im Monopteros haben kann. In diesem Fall verändern sich alle drei anderen Säulen mit. Der Beruf wird wegen des Geldes intensiviert, darunter leidet das Familienleben und schließlich sogar die Gesundheit.

Diese Familie kann sich nun fragen, ob sie wirklich bereit ist, diesen Preis für ihr Ziel zu zahlen. Sie kann aber auch noch mal schauen, ob sie etwas zwischen den Säulen verschieben kann. Beispielsweise könnte sie eine Betreuung für die Kinder organisieren, die jeden Nachmittag zwei Stunden lang ins Haus kommt und dafür sorgt, dass die Kinder ihre Hausaufgaben erledigen. Dann hätte die Familie abends nicht mehr so viel Stress, die Atmosphäre würde sich entspannen, die Kinder wären weniger sich selbst überlassen. Die anderen Säulen kämen wieder ins Gleichgewicht, aber ohne dass die Geldsäule sich wieder ganz zurückentwickeln müsste.

Loten Sie Ihren Spielraum aus!

Wenn Sie feststellen, dass die Finanzierung Ihres Ziels schwieriger ist als zunächst gedacht, dann lassen Sie bitte nicht die Schultern hängen. Ich erlebe leider sehr oft, dass Mandanten oder Teilnehmer meiner Workshops seufzen: „Ach, bei mir klappt das ja sowieso nicht." Das ist der schlimmste Satz! Denn er klingt so machtlos. Aber in den meisten Fällen ist eigentlich noch gar nicht richtig klar, welche Spielräume es noch gäbe und welche Möglichkeiten eigentlich noch offenstünden.
Zum Beispiel unterschätzen viele Menschen ihre Möglichkeiten auf der **Einnahmenseite**.

- **Erbe**

  Wenn ich sehe, es wird eng, dann frage ich meine Mandanten immer zuerst, ob sie noch ein Erbe erwarten. Das erschreckt viele Menschen. Es klingt pietätlos, und dann stelle ich das auch noch gleich als erste Frage! Ich kann den Schreck verstehen. Aber das Ergebnis meiner Frage überzeugt mich, dass es trotzdem richtig ist, sie zu stellen. Viele Mandanten antworten mir nämlich mit Ja. Ja, sie erwarten noch ein Erbe. Ja, die Eltern haben Geld oder die Großeltern oder die Tante oder der Onkel. Wenn ich dann weiterfrage, wie viel das sein wird, ist nicht jeder richtig informiert. Diejenigen, die sich ein Herz fassen und mal nachfragen, laufen aber oft offene Türen ein bei ihren Verwandten. Sie erinnern sich: Ich hatte Sie schon ermutigt, innerhalb der Familie offen über Geld zu sprechen. Viele Eltern oder Großeltern reagieren jedenfalls ganz glücklich, wenn meine Mandanten mal nachfragen. Oft stellt sich heraus, dass sie schon lange darauf gewartet haben, meine Mandanten mal zu unterstützen. Oder zu wissen, dass ihr Geld später wirklich gebraucht wird. Wenn Sie ein Erbe erwarten, kann das Ihre Finanzplanung natürlich erheblich entlasten.

- **Mehr arbeiten**

Zugegeben, der Tag hat nur 24 Stunden. Wer schon eine Vollzeitstelle hat, kann kaum mehr arbeiten. Aber was ist eigentlich mit all den qualifizierten Frauen, die zu Hause bleiben und ihre Kinder betreuen? Natürlich muss jede Familie selbst entscheiden, wie sie die Kinderbetreuung regelt. Wenn sie aber Geld braucht, dann gibt es eigentlich kaum noch Argumente gegen die Berufstätigkeit der Frauen. Ich weiß, es ist manchmal schwierig, eine gute Kinderbetreuung zu finden. Oder überhaupt eine Betreuung. Ich sehe aber auch, dass es manchmal an Elan mangelt, dieses Problem zu beheben. Wenn die öffentliche Kinderbetreuung zu wünschen übrig lässt, dann könnte man zum Beispiel privat etwas organisieren, vielleicht im Wechsel mit anderen Eltern, die ähnliche Probleme haben. Wie gesagt, da muss jede Familie ihre eigenen Prioritäten setzen. Ich erlebe aber immer wieder, dass meine Mandanten, wenn sie wirklich wollen, doch einen Weg finden, ihre Kinder betreuen zu lassen und selbst zu arbeiten.

- **Länger arbeiten**

Wenn Ihre Altersrechnung nicht aufgehen will und Sie Ihr Ziel in Gefahr sehen, dann denken Sie doch mal darüber nach, ob nicht im Rentenalter noch ein 400-Euro-Job oder eine freiberufliche Tätigkeit für Sie infrage käme. Die meisten Menschen haben ja die Vorstellung, mit der Rente jegliche Erwerbstätigkeit komplett zu beenden. Ich stelle das infrage. Wir sind heute im Rentenalter gesünder und leistungsfähiger und haben eine viel höhere Lebenserwartung als unsere Großeltern. Ich kann nicht einsehen, warum man da nicht noch einer Teilzeitbeschäftigung nachgehen sollte. Wenn es hilft, einen Lebenstraum zu verwirklichen, ist es das auf jeden Fall wert, in Ihre Finanzstrategie einbezogen zu werden.

Auch bei den **Ausgaben** gibt es bei näherem Hinsehen manchmal mehr Sparpotenzial als zunächst gedacht. Auch hier ein paar erste Ideen:

- Überprüfen Sie mal die Kosten Ihrer Bankgeschäfte. Wenn Sie zum Beispiel von der Bank in Ihrem Ort zu einer Direktbank wechseln, kann das bei einer Anlagesumme von 10.000 Euro 300 Euro Wertpapierkosten im Jahr sparen. Je nachdem, wie Sie Ihr Geld anlegen, können Sie bei einer Anlagesumme von 50.000 Euro sogar 2.000 Euro im Jahr an Kosten sparen. Wenn ich meinen Mandanten so etwas vorschlage, dann seufzen sie manchmal und sagen, aber die Beraterin bei der Bank sei doch so nett. Meine Gegenfrage lautet dann immer: Ist Ihnen diese Nettigkeit wirklich jedes Jahr 2.000 Euro wert? Oder ist die Beratung so gut?

- Sparpotenzial findet sich häufig auch bei Versicherungen. Manche braucht man gar nicht. Andere kann man im Internet viel billiger abschließen. Sicher, Sie müssen so einen Entschluss Ihrem Versicherungsvermittler gegenüber vertreten. Aber vergleichen Sie auch hier bitte ganz rational, welche Kosten Sie einsparen können und ob die Harmonie gegenüber dem Vertreter die Mehrkosten wirklich wert ist.

- Eine besondere Kostenfalle sind übrigens Unfallversicherungen mit Prämienrückgewähr. Dabei erhält der Versicherte die Prämien nach Ablauf der Versicherungsdauer zurück, wenn der Versicherungsfall in dieser Zeit nicht eingetreten ist. Das ist doch toll, oder? Für dieses Produkt erhalten die Vermittler eine viel höhere Provision als für eine einfache Unfallversicherung. Entsprechend oft und gerne wird es verkauft.
  Für die Verbraucher ist es aber ziemlich teuer, denn sie bezahlen vergleichsweise hohe Prämien dafür. Würden sie eine normale Unfallversicherung abschließen und das gesparte Geld gut anlegen, hätten sie am Ende mehr Rendite herausgeholt. Wenn ich sie darauf aufmerksam mache, schlucken manche meiner Mandanten, denn sie haben diese Versicherung bei einem „richtig guten" Freund abgeschlossen. Natürlich ist es dann nicht schön, dem vielleicht gar nicht so guten Freund die Kündigung zu erläutern, aber letztlich geht es um Ihr Geld.

Worauf diese Sparvorschläge hinauslaufen, ist, dass Sie an dieser Stelle alle Ihre vermeintlichen Verpflichtungen infrage stellen. Häufig bewegen sich Menschen in Beziehungsgeflechten, die unverrückbar scheinen. Gerade in kleinen Orten, wo man seiner Bankberaterin und dem Versicherungen vermittelnden Freund auch beim Einkaufen oder auf dem Tennisplatz begegnet, scheint es schwer zu sein, etwas an den Verpflichtungen zu verändern. Doch das sind häufig wirklich nur Scheinverpflichtungen, von denen nicht Sie, sondern ausgesprochen einseitig der andere profitiert. Und wenn es um Ihre Träume geht, um Ihre Lebensziele, um Ihre Prioritäten, dann sollten Sie nicht davor zurückschrecken, zu hohe Gebühren infrage zu stellen oder überflüssige Kosten anzusprechen.

Sich von Erwartungen der Umgebung zu befreien, gehört tatsächlich zu den größten Herausforderungen für viele Menschen. Schließlich macht die Umwelt ja auch genügend Druck. Jeder hat Ratschläge, jeder weiß es besser.

Auf wen wollen Sie hören?

Was der Mitmensch rät … zum Beispiel, wenn Sie Ihren sicheren Job kündigen und sich selbständig machen:

Die Eltern: „Kind, du kannst doch nicht deinen sicheren Job aufgeben!"
Der Partner: „Jaaaaa, denke aber auch daran, das ist nicht so einfach …"

Das Kind: „Cool, Mami!"
Die beste Freundin: „Klasse, das eröffnet dir ganz neue Möglichkeiten. Du musst aber richtig ranklotzen. Freie Wochenenden kannst du ab jetzt vergessen!"
Die zweitbeste Freundin: „Endlich hast du mehr Freizeit! Du musst jetzt aber unbedingt mehr Sport machen!"
Die Nachbarn: „Die macht sich selbständig? Die ist bestimmt rausgeflogen. Sie sollte sich lieber einen anderen Job suchen."
Eltern befreundeter Sprösslinge aus Kindergarten und Krippe: „Die ist wohl arbeitslos geworden, die Ärmste. Sie sollte sich lieber um ihre Kinder kümmern."
Der ehemalige Kollege: „Einfach aussteigen, soso. Tja, das täte ich auch gerne. Aber man muss es sich leisten können. Wenn das mal keine Fehlkalkulation ist."
Die Großmutter: „Ohgottohgottohgott."
Der Bankberater: „Jetzt müssen Sie aber noch extra vorsorgen. Ich habe da ein ganz tolles Zertifikat für Sie, todsicher und unheimlich rentabel ..."

Wann also wollen Sie weinen?

Seine Ziele konsequent zu verfolgen erfordert manchmal harte Entscheidungen. Sich selbst gegenüber, wenn Sie sich für mehr Arbeit oder auch für einen stressigeren Job entscheiden oder Sparmaßnahmen ergreifen und Ihrer Umwelt gegenüber, wenn Sie Ihre Frau auffordern, wieder arbeiten zu gehen, oder Sie keine

Geschäfte mehr mit Ihrem Freund abschließen, weil Sie im Internet viel preiswertere Alternativen gefunden haben. Sie sind nicht mehr nett in solchen Situationen! Und manch einer wird Ihnen das auch übel nehmen. Sie werden gefordert sein, sich auseinanderzusetzen. Sie müssen Konflikte durchstehen und Ablehnung ertragen. Das ist gemeint, wenn es heißt: Wollen Sie jetzt weinen oder später? Wenn Sie alles so lassen, wie es ist, dann müssen Sie jetzt keine Träne vergießen, keinen Streit aushalten, nichts durchfechten. Aber wenn Sie alles so lassen, wie es jetzt ist, weil Sie vor Konflikten zurückschrecken oder weil Sie vor den Herausforderungen zurückschrecken, die notwendig sind, wenn Sie Ihre Ziele erreichen wollen, dann können Sie Ihre Ziele vergessen. Und dann weinen Sie später. Wenn es zu spät ist, etwas zu verändern, und sie feststellen, dass es doch toll wäre, wenn Sie ein Haus am Meer besäßen. Oder wenn Sie bedauern, dass Sie jetzt nicht reisen können, weil Ihr Budget zu knapp ist. Reue ist wirklich kein schönes Gefühl. Sich im Alter zu wünschen, dass man etwas anders gemacht hätte, dass man seine Ziele konsequenter verfolgt hätte, das ist schade. Denn das können Sie nicht wieder rückgängig machen.

ORIGINAL KÜHN-STRATEGIE

Nehmen Sie Veränderungen an!

Mauern Sie nicht, blockieren Sie nicht, schieben Sie nicht Hindernisse vor, die gar keine sind. Sondern stellen Sie sich den Herausforderungen, die eine Veränderung mit sich bringt.

Die wichtigste Verhaltensänderung an diesem Punkt der Entscheidung ist, dass Sie sich künftig selbst um Ihr Leben und Ihre Ziele kümmern. Man sollte meinen, dass Erwachsene das sowieso tun. Aber viele Menschen verharren eben doch in einem Netz aus den Erwartungen anderer Menschen. Sie möchten niemanden vor den Kopf stoßen und auf keinen Fall unhöflich sein. Sie schämen sich, ihre eigenen Interessen durchzusetzen. Sie glauben, die Ratschläge nahestehender Menschen befolgen zu müssen.
Sie müssen aber, wenn Sie Ihre Ziele erreichen wollen, selbst der Boss in Ihrem Leben werden. Sie müssen rational entscheiden, wie viel Sie für eine Dienstleistung bezahlen und in welche Produkte Sie Ihr Geld stecken möchten. Der Weg zur finanziellen Unabhängigkeit führt dahin, dass Sie die richtigen Fragen stellen, weil Sie selber ein solides Grundwissen haben.
Eine Mandantin von mir hat kürzlich alle meine Workshops gebucht. Ein Jahr lang wird sie sich so viel Wissen aneignen, dass Sie

ORIGINAL KÜHN-STRATEGIE

In Zukunft machen Sie sich selber schlau!

Eignen Sie sich so viel Wissen an, dass Sie selbst die Verantwortung für Ihre finanziellen Angelegenheiten übernehmen können. Beenden Sie Ihre Abhängigkeit von irgendwelchen Versicherungsvermittlern, Bankberatern oder sonstigen Menschen, die an Ihnen verdeckt verdienen.

Ihre finanziellen Angelegenheiten selber regeln kann. Sie möchte endlich unabhängig werden von ihrem Bankberater. Schon seit Jahren ärgert sie sich über die hohen Gebühren. Jetzt ist sie entschlossen, die Dinge selbst in die Hand zu nehmen. Sie will ein Konto bei einer Direktbank eröffnen und künftig ihre Geschäfte ganz allein tätigen. Dann wird sie meine Dienste nur noch einmal pro Jahr in Anspruch nehmen müssen. Sie wird dann in der Lage sein, alle wichtigen Entscheidungen selbst zu treffen. Wenn sie sich für eine weniger rentable Variante entscheidet, wird sie gute Gründe dafür haben. Sie wird nicht aus Unkenntnis handeln, sondern weil sie selbst die Verantwortung für sich und ihr Leben übernommen hat und weiß, was ihr wichtig ist und was sie will.

Andere Mandanten von mir beginnen nach dem zweiten Beratungsgespräch, regelmäßig den Wirtschaftsteil ihrer Zeitung zu lesen oder kaufen sich Wirtschaftsmagazine wie zum Beispiel *Euro*. Das ist übrigens eine Zeitschrift, die sich gut für Menschen ohne Fachwissen eignet, um in die Finanzwelt hineinzuwachsen. Die *Euro* erklärt viel und gut. Sie erscheint einmal im Monat, sodass man auch wirklich genug Zeit hat, sie durchzulesen. Gehen Sie doch mal in den Zeitungsladen, schauen Sie sich die Blätter mal an, die auf dem Markt sind, und kaufen Sie sich mindestens einmal im Monat ein Heft, das Ihnen lesbar und interessant erscheint!

Sie müssen, wenn Sie finanziell unabhängig sein wollen, unbedingt in der Lage sein, Ihre Geldanlagen zu verstehen. Einem Mandanten riet ich mal, in eine Rohstoffanlage zu investieren. Darauf hin schrieb er mir, dass er diese Anlageform nicht wirklich verstehe und er habe auch gerade nicht die Zeit, sich einzuarbeiten. Deshalb wolle er da auch nicht investieren. Ich hätte ja schließlich selbst das Motto ausgegeben, dass man nur in Produkte investieren soll, die man selbst verstanden hat. Das fand ich großartig! Die Rohstoffanlage habe ich zwar mit ehrlicher Überzeugung empfohlen. Wichtiger als die Rendite ist aber immer, dass Sie die Fäden in der Hand behalten. Und wenn das dazu führt, dass Sie auch mal eine Investitionsgelegenheit verstreichen lassen – und sei es nur aus Zeitmangel –, dann ist das viel besser, als eine Menge Anlagen anzuhäufen, von denen Sie die Chancen und vor allem die Risiken nicht kennen. Vielleicht eröffnen Sie zunächst „nur" ein Festgeldkonto. Darüber mögen manche Menschen den Kopf schütteln. Aber das spielt keine Rolle. Denn es geht um Sie und um Ihre finanzielle Unabhängigkeit.

Ebenso dürfen Sie natürlich auch entscheiden, bei Ihrer Hausbank vor Ort zu bleiben und vom Berater überzeugt sein. Wichtig ist, dass Sie sicher sind, die richtige Entscheidung zu treffen, und nicht aus irgendeiner nebulösen Verpflichtung oder Bequemlichkeit heraus der Bank treu bleiben. Wichtig ist, dass Sie wissen, was Sie tun. Und dass Sie Ihren Lebenszielen aus dem Zielpuzzle näherkommen. Wenn Sie im Verhältnis zu Ihrem Bankberater der Boss sind, dann spricht nichts dagegen, weiterhin mit ihm zusammenzuarbeiten.

Der Weg zur finanziellen Unabhängigkeit kann ziemlich steinig sein. Sie müssen sich informieren. Sie müssen selbständig werden. Sie müssen sich einarbeiten. Sie müssen die Verantwortung übernehmen.

Eigentlich ist das nichts Neues für Sie. Aus Ihrem Alltag als Konsument sind Sie das längst gewohnt. Bedenken Sie nur mal, wie gründlich Sie sich informieren, wenn Sie einen Autokauf planen. Da lesen Sie auch in Magazinen über die neuesten Test, vergleichen im Internet, fragen Freunde.

„Ich bin schon drin"

Erinnern Sie sich noch an das Landwirtsehepaar, das ich am Anfang dieses Kapitels erwähnt habe? Das Paar, das in der Nähe von München lebt, seinen Hof bereits seinen Kindern übergeben hat und mit 1.000 Euro im Monat auskommt? Diesem Ehepaar habe ich geraten, Online-Banking zu betreiben. Wir vereinbarten einen telefonischen Coaching-Termin dafür, bei dem ich dem Mann helfen wollte, sich einzuloggen und die wesentlichen Werkzeuge kennenzulernen. Er hatte überhaupt noch nie Online-Banking gemacht. Ich plante, ihn in allen einzelnen Schritten zu begleiten. Als ich ihn zum vereinbarten Zeitpunkt anrief, hatte ich mich deshalb auch noch nicht eingeloggt. Das wollten wir ja zusammen machen! Doch ich hatte nicht einmal Luft geholt, da rief er fröhlich in den Hörer: „Ich bin schon drin!" Und als ich ihm erklären wollte, wo er den Wertpapierkauf fände und dass er nun auf die Schaltfläche „traden" (handeln) klicken müsse, da sagte er: „Das hab ich alles schon, ich brauche jetzt nur noch die Wertpapiernummer." Im gleichen Tempo machte er weiter. Es war alles viel leichter, als er gedacht hatte. Er brauchte mein Coaching eigentlich gar nicht. Als ich ihm eine Woche später erklären wollte, wie er ein Musterdepot anlegen konnte, hatte er das schon selbst erledigt und schickte mir bloß noch den Link, damit ich „mal drüberschauen" konnte.

Dieses Erlebnis hat mir wieder einmal gezeigt, dass es wirklich nicht so schwer ist zu lernen, wie man seine Finanzen selbst in die Hand nimmt. Und Sie hat es hoffentlich auch überzeugt! Denn genau diese Eigenständigkeit müssen auch Sie lernen, wenn Sie finanziell unabhängig werden wollen. Ich bin allerdings überzeugt davon, dass Sie das schaffen, wenn Sie sich ernsthaft dazu entschließen. Das ist die Voraussetzung für jedes Lernen: Der Wille, sich Wissen anzueignen.

Wenn Sie finanziell unabhängig werden wollen, müssen Sie jetzt die Entscheidung treffen, Ihr Verhalten zu verändern. Nehmen Sie die Dinge in die Hand. Beschäftigen Sie sich mit jedem einzelnen Cent, den Sie schon besitzen, den Sie noch besitzen wollen und den Sie auszugeben gedenken.

Wenn Sie nichts verändern wollen, können Sie dieses Buch jetzt zuklappen und anschließend im Internet verkaufen oder verschenken. Sie können sich die weitere Lektüre sparen. Die Kühn-Strategie setzt nämlich Ihre Veränderungsbereitschaft voraus. Wenn Sie die Strategie anwenden wollen, werden Sie vieles ändern müssen. Ich halte nichts von rosa Wolken und watteweichen Umschreibungen. Damit werden Sie nie finanziell unabhängig. Wenn Sie Ihre Ziele erreichen wollen, müssen Sie realistisch sein, konsequent sein und manchmal sehr harte Entscheidungen treffen.

Die Entscheidung, ob Sie das machen oder nicht, müssen Sie jetzt, hier, an dieser Stelle treffen. Alle weiteren Kapitel werden Sie in Ihrer Selbständigkeit und Ihren Veränderungen auf dem Weg zur finanziellen Unabhängigkeit unterstützen. Wenn Sie sich entschließen, diesen Weg zu gehen.

Weil das hier die Stelle ist, an der Sie sich entscheiden müssen, knicken Sie am besten jetzt ein Eselsohr in genau diese Seite. Sie werden dann jederzeit zu diesem entscheidenden Punkt zurückkehren können. Sie werden sich jederzeit ins Gedächtnis rufen können, warum Sie die Neuerungen in Ihrem Leben vornehmen. Vielleicht werden Sie auch zwischendurch unsicher, wenn Sie Ihre ersten Schritte in die finanzielle Selbständigkeit wagen. Es wird Ihnen guttun, immer wieder zu den Wurzeln der Entscheidung zurückzukehren. Und wenn Sie jetzt erst mal das Buch beiseitelegen und über alles nachdenken wollen, wissen Sie auch, wo Sie wieder ansetzen können.

Die Sache mit dem Knick habe ich mir übrigens nicht selbst ausgedacht, sondern in einem Buch gefunden, das ich meinen Kinder vorlas. „Die wilden Kerle“ heißt die Reihe und in dem Band „Juli, die Viererkette“ bittet der Erzähler die Leser, ihm zu schwören, dass sie ihm glauben. Falls sie sich dazu nicht gleich entschließen können, schlägt er ihnen vor, einen Knick in die Seite zu machen. Dann können sie jederzeit zurückblättern zu der entscheidenden Stelle und den Schwur leisten.

Einen Schwur möchte ich nicht von Ihnen. Aber einen Entschluss!

Legen Sie eine To-do-Liste an. Jetzt!

Bevor Sie weiterlesen, nehmen Sie bitte einen Stift und ein Blatt Papier und schreiben Sie oben auf das Blatt: „To-do-Liste". Tun Sie das bitte jetzt sofort. Es kann nämlich gut sein, dass Ihnen beim Lesen der folgenden Kapitel immer wieder spontane Einfälle kommen, die Sie nicht vergessen sollten. Vielleicht haben Sie eine Idee, was Sie mit Ihren Eltern besprechen möchten. Oder wo Sie noch ein Sparbuch versteckt hatten. Oder welche Geldanlage Sie prüfen möchten. Wenn Sie Ihre Lektüre nicht unterbrechen möchten, kann es sein, dass Sie Ihre Idee wieder vergessen. Das wäre schade. Deshalb möchte ich, dass Sie die To-do-Liste neben sich legen und einfach alles notieren, was Ihnen als zu Erledigendes durch den Kopf geht.

KAPITEL 5

DER BLICK IN DIE REGALE – INVENTUR FÜR IHRE FINANZEN

Als ich neulich in unsere Garage fahren wollte, staunte ich nicht schlecht: Da, wo ich parken wollte, standen zwei Wäschekörbe. Mitten in der Garage. Ich stieg aus und nahm die Fracht in Augenschein. Die Körbe enthielten lauter Ordner mit allen möglichen Unterlagen. Dazu eine Nachricht: Die Wäschekörbe hatte mir ein Mandant hingestellt. Ich hatte kurz vorher mit ihm in der Beratung vereinbart, dass er mir seine Unterlagen vorbeibringen sollte, damit ich sie sichten konnte. Das hatte er getan, hatte mich aber nicht angetroffen und deshalb die Körbe in die Garage gestellt.
Die Menge seiner Unterlagen war beeindruckend. Etwa 15 Ordner hatte mein Mandant angeschleppt! Immerhin hatte er sie schon ein wenig geordnet, hatte immer sofort neue Kontoauszüge oder Informationen in den richtigen Ordner eingeheftet. Nicht wenige Menschen sammeln alles, was mit Geld zu tun hat, lediglich in irgendwelchen Kartons. Diese Unterlagen zu sortieren macht richtig viel Arbeit.
Doch auch wenn die Unterlagen schon abgeheftet sind, verzweifeln meine Mandanten mit schönster Regelmäßigkeit an der schieren Menge der Informationen. Auch der Mandant, der die Wäschekörbe in meiner Garage abgestellt hatte, verlor angesichts der Fülle in den Ordnern den Überblick. Und ich kann das verstehen. Egal, wo wir unser Geld angelegt haben, ob bei Banken oder bei Versicherungen: Wir bekommen viel zu viele Informationen. Es ist unglaublich schwierig, den Überblick zu behalten. Wir werden fast täglich zugeschüttet mit E-Mails und Briefen und wer ohne eine gewisse Routine versucht, sich zurechtzufinden, gerät wirklich schnell an den Rand der Verzweiflung.
Es fängt schon damit an, dass man auf den ersten Blick kaum unterscheiden kann, welcher Brief von der Bank reine Werbung ist und welcher wirklich wichtige Informationen enthält. Ich bekam

neulich einen Brief von meiner Bank, in dem mein Kontostand zu lesen war, und ich musste wirklich genau hinschauen, um zu sehen, dass der Brief bis auf den Kontostand keine einzige wichtige Information enthielt, sondern eine reine Fondswerbung war. Das ist ziemlich typisch für diese Art von Post. Da steht irgendwas von einem Fonds oder von einer neuen Versicherung, versehen womöglich noch mit dem Stempel „Wichtige Information". Und man hat gerade keine Zeit, sich das genauer durchzulesen. Das Schreiben enthält außerdem noch einiges an Fachchinesisch. Also geht man auf Nummer sicher und heftet es ab. So heftet man im Zweifelsfall alles ab. Am Ende finden sich in den Ordnern zehn Prozent echte Kontoinformationen und 90 Prozent Werbung.

Wer sich unter diesen Umständen einen Überblick über seine Unterlagen verschaffen will, hat wirklich einiges zu tun. Nicht selten sitze ich mehrere Stunden daran, sie aufzuräumen, wenn meine Mandanten mich damit beauftragen. Noch am einfachsten fällt es den meisten Menschen, die Auszüge für ihr Girokonto zu identifizieren und abzuheften. Auch das Anlagekonto lässt sich so noch führen. Aber bei den weiteren Geldanlagen wird es komplizierter. Lebensversicherungen, Kredite, die Hausfinanzierung – jeden Tag ist irgendetwas im Briefkasten.

So verständlich die Unordnung ist: Sie hat leider oft ärgerliche Folgen und kann sogar Verluste nach sich ziehen. Ein typischer Verlauf für einen Reinfall, der auf mangelnder Übersicht beruht, sieht so aus: Die Bank schickt ein Werbeschreiben für einen Fonds und steckt auch gleich ein Antragsformular dazu. Das machen so ziemlich alle Direktbanken so. Die Kunden freuen sich. Sie finden, das ist bequem. Viele schließen auf diesem Weg neue Verträge ab! Wenn eine große Bank einen „Fonds des Monats empfiehlt", finde ich den anschließend in etlichen Depots wieder.

Die Unterlagen über diesen Fonds werden dann entweder in den Schuhkarton geworfen oder in einen Ordner abgeheftet. Dort bleiben sie unberührt liegen. Viele Leute denken, wenn der Fonds empfohlen wurde, können sie ihn einfach kaufen und müssen sich nicht mehr darum kümmern. Erst nach Jahren schauen sie ihn sich wieder an. Vielleicht planen sie eine größere Investition und wollen etwas Geld lockermachen. Oder der Ruhestand rückt näher und man braucht eine Bestandsaufnahme. Und dann kommt manchmal ein richtig böses Erwachen: Der Fonds, mit dem man eine sichere Anlage erworben zu haben glaubte, ist keineswegs im Wert gestiegen, sondern hat sich nach einer guten Anfangsphase ganz schlecht entwickelt. Vielleicht ist er sogar gesunken oder er hat stagniert. Denn ein Fonds entwickelt sich nämlich nicht automatisch gut. Er kann mit dem Markt im Wert schwanken. Dass er mal empfohlen wurde, ist leider keine Erfolgsgarantie! Und so müssen manche Menschen feststellen, dass sie deutlich weniger Geld haben als gedacht.
Die gleiche Erfahrung kann man mit Lebensversicherungen machen oder mit zinsgebundenen Anlagen, die man auch nach Ablauf der Zinsbindung nie überprüft hat. Erst am Tag X stellt man fest, dass die Zinsen weit unter dem liegen, was der Markt hergegeben hätte. Der Tag X ist aber ein denkbar schlechter Zeitpunkt dafür. Er ist meistens ein Tag, an dem man einen Kassensturz macht, weil man plötzlich dringend Geld braucht. Zum Beispiel, weil jemand krank geworden ist. Oder weil die Eltern pflegebedürftig sind, weil der Partner gestorben ist oder weil man die erwachsenen Kinder noch einmal besonders intensiv unterstützen muss. In so einer Situation festzustellen, dass gar nicht so viel Geld da ist, wie man hoffte, ist fatal. Erstens braucht man jetzt jeden Cent. Zweitens hat man keine Nerven, noch eine Hiobsbotschaft zu verkraften. Drit-

tens ist es einfach schade um das unnötig verlorene Geld. Deshalb müssen Sie, wenn Sie finanziell unabhängig werden wollen, jetzt aufräumen. Sie müssen Ihre Unterlagen sortieren und dafür sorgen, dass Sie jederzeit wissen oder wenigstens nachschauen können, was Sie haben. Kein Weg führt am Aufräumen vorbei. Und kein Argument der Welt würde rechtfertigen, auch nur einen Tag länger damit zu warten. Denn wenn Sie nicht wissen, was Sie haben, merken Sie nicht, was Sie verlieren. Bösen Überraschungen sollten Sie keine Chance geben. Wenn es wirklich drauf ankommt, ist es zu spät.

Sechs Sparten zum Sortieren

Stellen Sie sich vor, Sie lesen in der Zeitung etwas darüber, dass Lebensversicherungen keine so gute Geldanlage sind. Dann ist es doch toll, wenn Sie mit einem Griff den richtigen Ordner gezogen und gecheckt haben, ob Sie mehr als eine Lebensversicherung haben, wie viel Geld Sie dafür ausgeben und welche Rendite Sie erwarten können. Wenn Sie einmal so ein System entwickelt haben, werden Sie nie wieder so viel Mühe mit Ihren Finanzen haben wie bisher, weil Sie alles schneller finden und weil Sie Ihre Informationen besser einordnen können.

Und so schwer ist das auch gar nicht! Ich habe meine eigenen Finanzen in sechs Sparten unterteilt und komme entsprechend mit sechs verschiedenen Ordnern zurecht. Wenn die Ordner anfangen überzuquellen, hefte ich alte Unterlagen in sechs Ordner mit dem gleichen Titel, aber dem Zusatz „alt“ ab. Das ist eine Ordnung, die ich Ihnen aus langer Erfahrung empfehle. Sie ist schlank und gut verständlich und Sie wissen immer, wo Sie etwas einsortieren beziehungsweise finden können.

Diese sechs Sparten sind

- Liquidität und Wertpapiere
- Immobilien
- Sonstige Vermögenswerte wie Lebens- und Rentenversicherungen
- Rohstoffe
- Beteiligungen
- Fremdkapital

Sie erfahren jetzt, was sich hinter diesen Spartenüberschriften verbirgt und was Sie dazu abheften müssen. Anschließend sehen Sie, wie Sie nach dem Ordnen schriftlich festhalten können, welche Verkehrswerte Sie in welchem Bereich haben. Der Verkehrswert ist genau die Summe, die Sie bekämen, wenn Sie morgen Ihre Anlage auflösen würden. Sie können ein Tabellenformular benutzen, um selber Ihre Verkehrswerte einzutragen und Ihrem Vermögen auf die Spur zu kommen.

1. Liquidität und Wertpapiere

Als Liquidität fassen Sie alle Gelder zusammen, über die sie jederzeit unbeschränkt verfügen können. Außerdem sortieren Sie hier Ihre Unterlagen über sämtliche Sparkonten, Festgelder und Termingelder ein. Schließlich gehören auch Ihre Wertpapiere hierher. Im Einzelnen sind das also

• das Girokonto

Heften Sie unbedingt alle Kontoauszüge ab. Nicht nur wegen der Übersicht, sondern auch, weil öfters Zahlungsein- und ausgänge auf dem Girokonto dem Finanzamt gegenüber als Zahlungsnachweis dienen und auf Papier vorgelegt werden müssen. Das gilt auch, wenn Sie Online-Banking betreiben und die Auszüge online einsehen, aber in der Regel nicht sehr weit zurückverfolgen können. Für die längerfristige Archivierung empfiehlt sich deshalb doch die Papierform.

• Tagesgeldkonten

Auf diesen lässt sich gut Geld parken, das Ihre Notfallreserve sicherstellt. Das Geld wird verzinst und ist trotzdem schnell und vollständig verfügbar. Außerdem ist die Kontoführung gebührenfrei. Tagesgeldkonten bei Direktbanken bieten Ihnen in der Regel einen besseren Zins als die Tagesgeldkonten der Hausbanken. Manche Menschen eröffnen mehrere Tagesgeldkonten, um für bestimmte Zwecke Geld anzusparen. Wie auch immer Sie das handhaben, auch von Tagesgeldkonten sollten Sie alle Auszüge abheften.

• Sparbücher und Banksparprodukte

Sparbücher sind zwar wegen der extrem niedrigen Zinsen keine empfehlenswerte Geldanlage, aber wenn Sie noch irgendwo eines finden, gehört es in diesen Ordner. Ebenso wie der Sparplan bei der Bank, die Unterlagen über den Sparvertrag, den Sie monatlich mit Ratenzahlungen bedienen. Das kann auch der Bausparvertrag sein oder der Sparplan, den Sie abgeschlossen haben, um die vermögenswirksamen Leistungen vom Arbeitgeber zu bekommen. Sollten Sie irgendeines dieser Produkte besitzen, vermerken Sie bitte sofort auf Ihrer To-do-Liste, dass diese Sparformen noch einmal kritisch mit Ihrem neuen Wissen durchleuchtet und auf „Zieltauglichkeit" geprüft werden müssen!

• Wertpapierdepot

Es enthält alles, was Sie an der Börse handeln können.

- Das sind zunächst die Aktien einzelner Unternehmen. Sie erkennen Sie am Unternehmensnamen.
- Dann finden Sie hier Ihre Anteile an Wertpapierfonds, also Fonds, deren Manager mit dem Geld von Ihnen und anderen Anlegern Aktien, Anleihen oder Immobilien kaufen und verkaufen und Ihnen – hoffentlich – damit einen Gewinn in Form von Wertsteigerungen oder Ausschüttungen bescheren. Leider herrscht eine für den Laien zunächst verwirrende Begriffsvermischung in diesem Bereich. Fonds, die in Anleihen, also festverzinsliche Wertpapiere investieren, heißen „Rentenfonds". Diese haben aber nichts mit Altersrenten zu tun, denn Rente ist in der Fachsprache nur ein anderes Wort für ein festverzinsliches Wertpapier. Wenn Sie unsicher sind, ob Sie einen Aktien-, Renten- oder Immobilienfonds besitzen, können Sie im Internet auf den Seiten Ihrer Bank die Wertpapiernummer des fraglichen Fonds eingeben und sich anschauen, um was für einen Fonds es sich handelt.
- Im Wertpapierdepot liegen außerdem noch Anleihen. Sie erkennen sie meistens daran, dass im Titel die Höhe des Zinscoupons steht oder das Land, das die Anleihe ausgegeben hat. Wenn die Anleihe von einem Unternehmen begeben wurde, steht der Unternehmensname dabei.
- In vielen Depots finden sich Zertifikate. Die einfacheren Zertifikate bilden einen Aktienindex ab, zum Beispiel den DAX oder den Euro Stoxx. Andere Zertifikate

sind komplizierter und nur dann empfehlenswert, wenn Sie gerade eine klare Meinung besitzen, wie sich der jeweilige Anlagemarkt entwickeln wird. Wann immer Ihnen eine Anlage vorgestellt wird, die mit vielen Bedingungen wie: „Wenn der Index das macht, passiert dieses, und sonst wird die Entwicklung abhängig sein vom Faktor y ...", dann lassen Sie lieber die Finger davon. Finden Sie aber solche Zertifikate mit dem Zusatz „Bonus", „Discount", „Express" oder ähnliches in Ihren Unterlagen, vermerken Sie direkt auf Ihrer To-do-Liste, dass Sie hier noch nachforschen müssen, in was genau Sie eigentlich investiert haben.

Für Ihr Wertpapierdepot bekommen Sie mindestens einmal im Jahr Übersichten über den Bestand zugesandt. Heften Sie diese ebenfalls ab.

2. Immobilien

In diesen Ordner kommen alle Unterlagen, die Häuser, Grundstücke oder Wohnungen betreffen, die Ihnen gehören oder an denen Sie beteiligt sind. Das sind:

• Das selbst genutzte Haus oder die selbst genutzte Eigentumswohnung

Ein Haus, in dem Sie wohnen, zähle ich nicht zu den Kapitalanlagen, denn Sie besitzen dieses ja nicht, um es mit Gewinn zu veräußern. Der Entschluss, ein Eigenheim zu erwerben, ist immer etwas sehr Persönliches und fast nie von Renditegesichtspunkten getragen. Die Werbung der Banken und Bausparkassen, die Ihnen vorgaukeln,

dass Sie mit einem Eigenheim „mietfrei im Alter wohnen", geht für mich völlig an der Realität vorbei. Die meisten Menschen kaufen ein Haus oder eine Wohnung, wenn sie um die 30 sind. Das Eigenheim geht dann folglich auch in Rente, wenn diese Menschen in Rente gehen – und dementsprechend ist dann eine Kernsanierung fällig. Kalkulieren Sie bei einem Eigenheim gedanklich diesen Faktor mit ein. Also ordnen Sie Ihre Unterlagen so, dass Sie erkennen können, wie hoch die laufenden Kosten sind, welche Renovierungen und Reparaturen noch auf Sie zukommen können. Nehmen Sie solche Ausgaben ernst. Ein Eigenheim verursacht gehörige Kosten!
Aus meiner Beratungspraxis weiß ich, dass es oft schwierig ist, ein Haus oder eine Wohnung dann zu verkaufen, wenn man es möch te. Der alte Ausspruch der Immobilienfachleute, dass es drei Kriterien gibt, die den Wert einer Immobilie bestimmen, lautet: „Die Lage, die Lage und die Lage." Auch wird der Wert, den viele Eigentümer ihrem Heim zubilligen, oft zu hoch angesetzt, weil man „doch so viel selbst gemacht" oder „gerade den neuen blauen Teppich verlegt" hat. Blaue Teppiche finden viele potenzielle Käufer dann aber bestimmt unvorteilhaft.

• Die Eigentumswohnung oder das Haus, das Sie vermieten

Zu den Unterlagen über das Objekt kommen jetzt noch die Informationen zum Mieter. Zahlt er pünktlich und zuverlässig? Lassen Sie aber auch hier nicht außer Acht, dass Sie Kosten haben, und ordnen Sie Ihre Unterlagen dementsprechend. Am besten listen Sie die Kosten alle einmal in einer richtigen Übersicht auf. Verursacht die Immobilie viele Extra-Nebenkosten wie

Anwaltsgebühren und Versicherungskosten? Gibt es in der Hauseigentümergemeinschaft Probleme? Wenn Ihnen irgendetwas auffällt, dem Sie noch mal nachgehen möchten, notieren Sie es auf Ihrer To-do-Liste.

• Anteile an einem Immobilienfonds

Hier sind sowohl die offenen als auch die geschlossenen Immobilienfonds gemeint. Ein geschlossener Immobilienfonds enthält nur die Anteile an einer bestimmten oder wenigen ausgewählten Immobilien, zum Beispiel an einem Bürohochhaus oder einem Verbund von Gewerbehöfen. Wenn genügend Geld zum Kauf der Immobilien eingesammelt wurde, werden keine neuen Anleger mehr hinzugenommen – der Fonds wird geschlossen. Ein offener Immobilienfonds investiert dagegen in viele verschiedene Immobilien. Der Anleger kann grundsätzlich börsentäglich seinen Anteil zurückgeben, allerdings kommt es auch vor, dass ein Fonds bei Liquiditätsproblemen vorübergehend geschlossen wird. Sie sind offenen Immobilienfonds bereits in der Kategorie „Liquidität und Wertpapiere“ begegnet. In Ihrer Bilanz, die Sie gleich erstellen, sollten Sie diesen Fonds aber unter der Kategorie Immobilie buchen – auch wenn Sie die Anlageninformation im Wertpapierordner abgelegt haben.

3. Sonstige Vermögenswerte

In diese Sparte sortieren Sie Ihre sonstigen Vermögenswerte, im Wesentlichen sind dies Anlageformen im Versicherungsmantel. Erschrecken Sie nicht, wenn Sie die nachfolgende Liste sehen – es ist nicht unbedingt erstrebenswert, alle zu besitzen! Ich zähle in diese Kategorie:

• die gesetzliche Rentenversicherung oder die entsprechenden Anwartschaften einer Versorgungskammer

Wissen Sie, wie hoch Ihre Ansprüche sind? Die Rentenversicherungsträger verschicken regelmäßig entsprechende Informationen. Wenn Sie Fragen haben, machen Sie einen Termin bei einem Rentenberater und prüfen Sie dabei gleich, ob der Versicherungsträger alle Zeiten erfasst hat, in denen Sie Ansprüche erworben haben. Dieser Vermögenswert hat übrigens keinen Verkehrswert, denn Sie können die Leistung in der Regel nicht auflösen oder zurückkaufen.

• Ihre betriebliche Altersvorsorge

Es gibt verschiedene Durchführungswege für die betriebliche Altersvorsorge. Das sind die Pensionskasse, die Pensionszusage, die Direktzusage, die Unterstützungskasse und die Direktversicherung. Sie haben als Arbeitnehmer ein Recht darauf, einen dieser Wege nutzen zu können. Ihr Arbeitgeber entscheidet jedoch, welchen Weg er anbietet. Wenn er nichts Spezielles anbietet, können Sie eine Direktversicherung bei jeder beliebigen Gesellschaft abschließen. Informieren Sie sich bei Ihrem Arbeitgeber, was möglich ist. Fragen Sie, ob es eine Informationsbroschüre gibt. Ob eine betriebliche Altersvorsorge für Sie Sinn macht, müssen Sie jedoch genau abwägen.

Einmal im Jahr sollten Sie eine Mitteilung vom Versorgungsträger über den Stand Ihrer Vorsorge erhalten. Wenn Ihr Arbeitgeber für Sie die betriebliche Altersvorsorge bezahlt, ist es sehr wichtig für Sie, dass Sie wissen, ab wann Ihre Ansprüche unverfallbar sind! Das heißt, ab wann Sie Ansprüche auf eine Rentenzahlung auch dann behalten, wenn Sie das Arbeitsverhältnis beenden. Das ist wichtig,

wenn Sie den Job wechseln möchten. Eventuell lohnt es sich, mit der Kündigung eines Arbeitsverhältnisses noch etwas zu warten!
Wenn Sie eine Zusage in Form einer Rente von Ihrem Arbeitgeber haben, dann gibt es auch hierfür wie für die gesetzliche Rente keinen Rückkaufswert. Der Verkehrswert ist also null. Trotzdem ist diese Zusage für Sie wertvoll – Sie erfassen diese nur einfach bei Ihren Rentenanwartschaften.

• Ihre Riester- oder Ihre Rürup-Rente

Das sind die beiden Vorsorgeformen, die der Staat mit Zulagen oder Steuerbegünstigungen fördert. Auch hier gibt es regelmäßige Informationen über den Kontostand, die Sie am besten der Reihe nach abheften. Bei der Riester-Rente müssen Sie zudem immer wieder kontrollieren, ob Ihr Beitrag noch den für die Zulagen erforderlichen Prozenten Ihres Jahreseinkommens entspricht.
Für den Rückkaufswert gilt hier das Gleiche wie für die meisten Formen der betrieblichen Altersvorsorge – er hat keine Aussagekraft, weil die Verträge im Prinzip nicht rückkaufbar sind. Die Rentenansprüche notieren Sie sich für Ihre Rentenberechnung!

• Ihre private Renten- und Lebensversicherung

Hier gibt es immer wieder aktualisierte Informationen über die Versicherungssumme oder die Rentenleistung, die am Ende ausgezahlt wird. Während die garantierte Versicherungssumme konstant bleibt – es sei denn, Sie haben eine Dynamik vereinbart –, steigen die Überschüsse, die erwirtschaftet wurden und Ihnen dann nicht mehr gestrichen werden können, von Jahr zu Jahr. Außerdem haben die private Renten- und Kapitallebensversicherung einen Rückkaufswert. Das ist der Betrag, den Sie ausbezahlt bekämen, wenn Sie die Versicherung jetzt kündigen würden – also der Verkehrswert. Inzwischen weisen die meisten Versicherungen den Rückkaufswert auf dem jährlichen Anschreiben aus.

• Steuerrücklagen, Steuerguthaben

Das ist Geld, das Sie entweder ansparen, um größere Steuerforderungen bezahlen zu können, oder das Ihnen das Finanzamt noch zu zahlen hat. Das betrifft vor allem die Freiberufler und Selbständigen unter Ihnen. Am einfachsten ist es, für eine Steuerschuld ein gesondertes Tagesgeldkonto anzulegen.

• Privatdarlehen

Wenn Sie jemandem Geld geliehen haben, haben Sie eine Forderung gegen diese Person. Vielleicht bekommen Sie es formvollendet in regelmäßigen Raten zurück. Vielleicht haben Sie es auch ohne jede Schriftform einem Freund in die Hand gedrückt. Grundsätzlich ist eine schriftliche Fixierung solcher Darlehen unbedingt zu empfehlen!

• Wertvolle Sachgegenstände

Vielleicht haben Sie in der Garage einen Oldtimer mit beträchtlichem Wiederverkaufswert stehen? Oder hängt an Ihrer Wand ein wertvolles Gemälde? Solche Werte sollten Sie auch in diesem Ordner vermerken und jährlich überprüfen, welchen Verkaufswert Sie ihnen beimessen können. Auch für die Versicherung – hier benötigen Sie unter Umständen eine spezielle Versicherung für Wertgegenstände – ist eine solche Dokumentation, am besten mit Kopie im Schließfach mit Fotos und Kaufbelegen, sehr nützlich. Brennt Ihr Haus ab, bekommen Sie sonst vielleicht große Probleme nachzuweisen, dass Sie ein teures Gemälde besaßen.

4. Beteiligungen

Hierunter fallen

• Unternehmensbeteiligungen

Vielleicht sind Sie stiller Teilhaber an einem kleinen Betrieb oder sind Gesellschafter einer GbR? Allerdings ist es schwierig, den Marktwert herauszufinden. Sie müssen sich fragen, was Ihnen wohl jemand zahlen würde, der Ihren Anteil übernähme.

• Geschlossene Fonds

Sie können zum Beispiel Container kaufen. Die werden über eine bestimmte Laufzeit an jemanden vermietet. Oder Schiffe oder Flugzeuge. Die Mindestinvestitionshöhe beginnt meist erst bei 15.000 bis 20.000 Euro. Solche Fonds können Sie nicht börsentäglich verkaufen. Der Zweitmarkthandel ist immer noch sehr eingeschränkt. Beispielsweise unter der Internetadresse www.zweitmarkt.de können Sie nachsehen, ob Ihre Beteiligung dort gehandelt wurde. So können Sie ein Indiz für den Verkehrswert bekommen.

5. Rohstoffe

In diese Sparte gehören

• physische Rohstoffe: Münzen und Barren

Wenn Sie Münzen oder Barren in Gold, Silber oder Platin besitzen, legen Sie die Kaufunterlagen oder die Liste mit den Beständen ab. Sie können im Internet herausfinden, zu welchem Kurs Ihre Münzen und Barren aktuell gehandelt werden und sollten diese

Kursinformation in regelmäßigen Abständen aktualisieren (beispielsweise unter www.proaurum.de).

• Rohstoffzertifikate und -fonds

Sie können zum Beispiel ein Zertifikat über eine bestimmte Menge Öl, Getreide oder Metall kaufen. Es gibt auch Zertifikate und Fonds, die einen Rohstoffindex abbilden. Bei den meisten Menschen füllen die Rohstoff-Anlagen keinen Ordner – lassen Sie sich an dieser Stelle also nicht verwirren. Wenn Sie – noch – keine Rohstoffe haben oder nur einen ETF auf einen Rohstoffindex, dann heften Sie das bei Ihren Wertpapieren ab oder nehmen in diesem Ordner einen Extra-Reiter für die Rohstoffanlage. Wenn es Sie aber beim Lesen schon interessiert hat, vermerken Sie das gleich auf der To-do-Liste.

6. Fremdkapital

Dahinter verbergen sich Ihre Schulden, also alle Kredite, die Sie aufgenommen haben. Die meisten Menschen finanzieren ihr Wohneigentum mit einem Darlehen. Aber natürlich kann man auch für einen Kunstgegenstand ein Darlehen aufnehmen. Unterteilen Sie diesen Ordner in:

• Darlehen für die Vermögensverwendung

Das sind die Kredite, die Ihnen helfen, auf der anderen Seite wieder Vermögen aufzubauen.

• Konsumschulden

Dazu gehören Raten fürs Auto oder die Stereoanlage ebenso wie ein Konsumentenkredit oder das Minus auf dem Girokonto. Sie wissen schon: In der Kühn-Strategie sind sie ein absolutes No-Go, weil ich sie für völlig falsch und ineffektiv halte. Trotzdem weiß ich, dass manche Menschen solche Kredite aufgenommen haben. Und solange, bis der Kredit abgezahlt ist, müssen sie natürlich damit leben. Also gehören diese Kredite zwar nicht in die Strategie, wohl aber in die Inventur.

So, das war ein ziemlich wilder Ritt durch die Welt Ihrer Finanzen. Gut möglich, dass Ihnen jetzt der Kopf schwirrt. Gut möglich, dass Sie jetzt wieder diesen Reflex verspüren, den Ordner zuzuklappen und alles in die Ecke zu werfen. Da ist dieses Gefühl, dass Sie sowieso nie verstehen werden, was sich hinter all den unbekannten Fremdwörtern verbirgt, und dass es alles viel zu viel ist. Genau an diesem Gefühl scheitern viele Menschen immer wieder, wenn sie versuchen, Ordnung in ihr Finanzchaos zu bringen.
Lassen Sie sich trösten: Sie sind nicht allein mit diesem Gefühl der Überforderung. Aber lassen Sie sich nicht entmutigen: Mindestens ebenso viele Menschen schaffen es, Ihre Finanzen in den Griff zu bekommen. Also können auch Sie es schaffen. Sie brauchen keine übermenschlichen Fähigkeiten, sondern lediglich etwas Energie und Ausdauer. Und Sie müssen systematisch vorgehen. Das ist gar nicht so schwer.

Nehmen Sie sich Zeit, holen Sie sich Rat

Ganz wichtig ist zunächst, dass Sie sich Zeit nehmen. Sie müssen Ihre Unterlagen nicht an einem Tag sortieren. Und auch nicht alle auf einmal. Gehen Sie lieber alles in Ruhe nacheinander durch. Befassen Sie sich einzeln mit Ihren Ordnern. Beginnen Sie zum Beispiel mit dem ersten Ordner, den Sie mit „Liquidität und Geldanlage“ beschriftet haben. Darin müssen Sie die Unterlagen für Ihr Girokonto abheften. Das fällt den meisten Menschen leicht, weil sie sowieso schon ihre Girokontoauszüge sammeln und abheften. Außerdem lassen sich Girokontoauszüge leicht verstehen.

Schwieriger kann es werden, die Auszüge Ihres Wertpapierdepots zu verstehen. Ein paar Hinweise über verschiedenen Anlageformen, die oft darin enthalten sind, haben Sie schon erhalten. Reicht Ihnen das nicht aus? Blicken Sie durch Zahlen und Begriffe trotzdem nicht durch? Können Sie einfach nicht nachvollziehen, was sich hinter einzelnen Bezeichnungen verbirgt oder was das für ein Fonds ist, den Sie da haben?

Dann greifen Sie bitte zum Telefon, rufen Ihre Bank an und machen einen Termin mit Ihrem Berater aus. Nehmen Sie Ihre Depotauszüge mit und gehen Sie mit dem Berater Posten für Posten durch. So lange, bis Sie alles verstanden haben. Wenn ein Termin nicht ausreicht, machen Sie einen weiteren Termin aus.

Wenn Sie Ihr Depot bei einer Online-Bank haben, rufen Sie die dortige Servicestelle an. Der Berater verdient nichts an dieser Beratung, aber es gehört trotzdem zu seinem Job, Ihnen zu erklären, was er oder sein Kollege Ihnen verkauft hat. Dafür bezahlen Sie schließlich Gebühren und Provisionen. Wenn Sie keine ordentlichen Auskünfte erhalten, ziehen Sie in Erwägung, die Bank zu wechseln. Machen Sie dem Berater klar, dass er Sie als Kunden dann verliert. Natürlich ist es möglich,

dass der Berater Ihnen trotzdem nur ungern etwas erklärt. Dann können Sie sich auch einen unabhängigen Finanzberater suchen, bei dem Sie für die Erläuterungen etwas bezahlen. Wenn das dazu beiträgt, dass Sie künftig selbst über Ihre Geldanlagen entscheiden können, lohnt sich die Investition in die Beratung auf alle Fälle.
Das Ziel ist, dass Sie Ihr Depot verstehen und ausrechnen können, welchen Charakter Ihre Anlagen haben und wie viel sie wert sind. Also:

- Wie viele Anteile oder Stücke haben Sie und zu welchem Kurs werden sie zur Zeit auf dem Markt gehandelt?

- Was für ein Unternehmen ist das, von dem Sie Aktien haben? Finden Sie heraus, in welcher Branche und auf welchen Märkten es agiert und wie sich der Kurs seiner Aktien in den letzten Jahren entwickelt hat.

- Was haben Sie für Fonds? Wie sind sie zusammengesetzt? Wie haben sie sich in den vergangenen Jahren entwickelt?

- Welchen Index bilden ihre Zertifikate ab? Was sind sie aktuell wert und wie haben sie sich in den vergangenen Jahren entwickelt?

- Was für Anleihen haben Sie? Wann sind sie fällig und welche Summe haben Sie dann zu erwarten?

Ihr Depotauszug zeigt Ihnen den Marktwert – unter dem Jahr können Sie von Ihrem Berater jederzeit einen Ausdruck des aktuellen Standes anfordern. Außerdem können Sie einen ersten Eindruck davon gewinnen, was für ein Depot Sie haben. Enthält es viele Aktien oder Aktienfonds, dann ist es wachstumsorientiert. Wenn Sie eher Rentenfonds und Anleihen haben, ist Ihr Depot sicherheitsorientiert.

Möglicherweise haben Sie jetzt immer noch einzelne Posten in Ihrem Depot, die Sie nicht verstehen. Selbst wenn Ihnen jemand erklärt, was sich dahinter verbirgt, fühlen Sie sich vielleicht überfordert, den entsprechenden Markt oder Index dauerhaft im Auge zu behalten. Das ist völlig okay! Mein Rat lautet: Trennen Sie sich von diesem entsprechenden Produkt. Wenn es irgendwie geht, achten Sie dabei aber auf die Marktsituation. Ihr Berater kann Ihnen vielleicht für den Ausstiegszeitpunkt einen Tipp geben.

Wenn Sie keine Lust haben, sich so ausführlich mit Finanzprodukten zu befassen, dann sollten Sie sich Ihren persönlichen Spielraum bewahren. Konzentrieren Sie sich auf Produkte, die Sie verstehen,

ORIGINAL KÜHN-STRATEGIE

Behalten Sie nur die Anlagen, die Sie verstehen!

Nehmen Sie sich die Freiheit und trennen Sie sich von allen Anlagen, die Sie nicht mit angemessenem Aufwand beurteilen können. Halten Sie nur die Produkte, deren Marktentwicklung Sie wirklich verfolgen können.

und sorgen Sie dafür, dass Sie die einfacheren Anlageformen sinnvoll nutzen. Halten Sie sich die schwierigen Produkte vom Leibe. Sonst sind Sie am Ende überfordert und verlieren die Nerven und Ihr Plan, finanziell unabhängig zu werden, gerät in Gefahr. Vergessen Sie nie: Es geht immer um Ihren persönlichen Weg zur finanziellen Unabhängigkeit. Sie müssen entscheiden, wie viel Wissen Sie sich aneignen wollen.

Manchmal kommen Menschen in meine Beratung, weil sie eine größere Summe anlegen wollen. Ganz verlegen „beichten" sie mir dann, dass sie das Geld bis jetzt auf dem Tagesgeldkonto geparkt haben. Diese Mandanten sind ziemlich überrascht, wenn ich sie dafür lobe. Aber ich finde das wirklich gut! Denn Geld auf dem Tagesgeldkonto zu parken, wenn man nicht weiß, was man damit tun soll, ist das Beste, was man tun kann. Es bringt Zinsen, die mindestens die Inflation ausgleichen und ist jederzeit verfügbar. In aller Ruhe kann man sich über Alternativen informieren. Das ist allemal besser, als gehetzt irgendeine Anlageform auszusuchen, die man nicht richtig versteht, und später festzustellen, dass man eigentlich noch viel bessere Möglichkeiten gehabt hätte.

Ordnen Sie also nicht nur die Unterlagen an die richtige Stelle im betreffenden Ordner. Sondern gehen Sie jedem Produkt, das Sie haben, auf den Grund. Sortieren Sie aus, was Sie nicht haben wollen. Ich habe Ihnen ja schon an einigen Stellen, an denen es meiner Erfahrung nach noch mehr Forschergeist bedarf, den Hinweis auf die Notiz in der To-do-Liste gegeben. Entrümpeln Sie Ihren Bestand! Wenn Sie in Ihrem Depot ein Zertifikat finden, dass Sie nicht verstehen, besprechen Sie mit Ihrem Bankberater, wann Sie es verkaufen. Oder erledigen Sie das online gleich selbst. Wenn Ihnen noch ein altes Sparbuch in die Hände fällt, gehen Sie zur Bank und lösen Sie es auf. Überweisen Sie das Geld gleich auf ein Tagesgeldkonto. Falls Sie noch keins haben, eröffnen Sie eins. Es trennen Sie nur wenige Mausklicks von einem Direktbank-Konto.

Ihre Vermögensbilanz: Wie viel haben Sie?

Wenn Sie alles sortiert, geordnet und abgeheftet haben, dann geht es los: Jetzt können Sie Ihr Geld zählen und Ihre Vermögensbilanz erstellen. Gehen Sie Ordner für Ordner durch und rechnen Sie zusammen, wie viel Geld Sie haben. Wo es nicht direkt auf dem Konto- oder Depotauszug steht, fragen Sie sich: Was würde mir der Markt zahlen, wenn ich meine Anteile morgen verkaufen könnte?

- Was bekämen Sie auf dem Markt für Ihren geschlossenen Immobilienfonds oder für Ihre Eigentumswohnung?
- Was würde man Ihnen für Ihren Oldtimer zahlen?
- Was bekämen Sie für Ihre Beteiligungen?

Ein Beispiel für eine Bilanz sehen Sie in der nachfolgenden Abbildung. Sie können Ihre Anlagen nach diesem Schema ebenfalls erfassen.
Sie listen in Ihrer Bilanz ebenfalls alle Bestandteile Ihres Vermögens auf. Sie müssen dann nur noch die ermittelten Summen eintragen. Sie haben dabei Platz für die absoluten Zahlen und Sie können, wenn Sie alles ausgefüllt haben, noch eintragen, wie viel Prozent Ihres Vermögens der jeweilige Posten beträgt.

Abbildung 5: Vermögensbilanz

Bilanz zum 31.12.2009

Aktiva					Passiva
	in Euro	in %		in Euro	in %
1. Liquidität u. Wertpapiere	**44.600**	**8,39 %**	**6. Fremdkapital (Verbindlichk.)**	**321.000**	**60,4 %**
Liquidität	9.800		Darlehen Eigenheim	223.000	
Girokonto	4.000		Darlehen Eigentumswohnung	80.000	
Tagesgeldkonto	2.000		Darlehen geschl. Immobilienfonds	18.000	
Geldmarktfonds	3.800				
Festverzinsliche Anlagen	16.800		**7. Eigenkapital (Nettoverm.)**	210.800	39,6 %
Bausparvertrag	5.600				
Rentenfonds	1.200				
Festgeld bis 31.12.2011	10.000				
Aktieninvestments	18.000				
Aktienfonds	15.000				
Einzelaktion	3.000				
2. Immobilien	470.000	88,38 %			
Eigenheim	350.000				
vermietete Immobilien München	100.000				
geschl. Immobilienfonds	20.000				
3. Sonstige Vermögenswerte	14.700	2,76 %			
Kapitallebensversicherung	12.400				
Rentenversicherung	2.300				
4. Beteiligungen	0	0,00 %			
5. Rohstoffe	2.500	0,47%			
Goldmünzen	2.500				
Summe der Aktiva	531.800	100,0 %	Summe der Passiva	531.800	100,0 %

Auf der linken Seite stehen die Aktiva – die Vermögensverwendung. Damit ist das Geld gemeint, das Sie haben. Und Sie stellen dar, was Sie mit dem Geld heute tun – wie Sie es verwenden. Die rechte Seite zeigt, wo das Geld herkommt – die Vermögensherkunft. Passiva ist das Fachwort dafür. Entweder Sie haben sich das Geld geliehen, also Kredite aufgenommen, oder es ist Ihr Eigenkapital und das berechnen Sie so:

Eigenkapital (Nettovermögen)

Diese Sparte besteht aus einer Rechnung.

- Sie addieren alle Summen, die Sie auf der Aktiva-Seite ermittelt haben.
- Davon ziehen Sie nun die Summe ab, die Sie auf der Passiva-Seite unter Fremdkapital ermittelt haben.

Das Ergebnis ist Ihr Eigenkapital!

Diese Darstellung entspricht der professionellen betriebswirtschaftlichen Bilanzierung, ist aber für viele Menschen ungewohnt. Wichtig ist, dass auf beiden Seiten unter dem Strich die gleiche Summe steht! Wenn Sie Ihren Vermögensstand bisher immer so gerechnet haben, dass Sie die Schulden von den Vermögenswerten abgezogen haben, müssen Sie jedoch nicht komplett umdenken, sondern nur Ihre Sortierung ein kleines bisschen verschieben.
Die Ordnung auf diesem Bilanzformular entspricht der Ordnung, die ich Ihnen für Ihre Ordner empfohlen habe. Sie haben

also wieder die gleichen Sparten. Sie können für jeden Posten den entsprechenden Ordner aufschlagen und die einzelnen Posten durchgehen. Blättern Sie ruhig noch mal zurück und gehen Sie die Sparten ein zweites Mal durch.
Erinnern Sie sich beispielsweise an meine Worte zum Eigenheim? Wenn Sie nur Ihr Anlagevermögen betrachten möchten, füllen Sie das Formular einmal mit Eigenheim und einmal ohne aus. Wenn Sie das Eigenheim herauslassen, dürfen Sie auch die Immobilienschulden weglassen. Das heißt aber nicht, dass Sie das Eigenheim gedanklich in die Ecke schieben – einen so wichtigen Vermögensposten müssen Sie besonders gut beachten. Bei auslaufender Zinsbindungen ist immer ein guter Termin zu überdenken, wie es mit dem Eigenheim und der Finanzierung weitergehen soll. Die Finanzplaner haben für das Eigenheim einen Grundsatz, der lautet: So viel Eigenkapital wie möglich, so viel Fremdkapital wie nötig. Vielleicht können Sie ja ein Festgeld zur Sondertilgung verwenden?
Und Sie klopfen sich jetzt bitte mal ganz fest auf die Schulter. Sie haben ein großes Stück Arbeit erfolgreich bewältigt! Sie haben jetzt alle Ihre Unterlagen aufgeräumt – Sie haben es geschafft.

Stunde der Wahrheit

Auf diese Ordnung können Sie für den Rest Ihres Lebens bauen. Alles, was Sie künftig mit Ihrem Geld tun, können Sie in die Ordner einheften, die Sie jetzt angelegt haben. Und Sie wissen auch, wie Sie es in die Bilanz einbeziehen. Sie haben auch schon einiges über Ihre Geldanlagen gelernt. Über das, was Sie zum jetzigen Zeitpunkt besitzen, wissen Sie Bescheid. Damit haben Sie

den Anfang gemacht, sich das für Sie notwendige finanztechnische Wissen anzueignen.
Der nächste Schritt auf Ihrem Weg zur finanziellen Unabhängigkeit ist, nun aus Ihrer Bilanz die richtigen Schlüsse zu ziehen. Dazu rechnen Sie jetzt noch die prozentualen Werte aus, die Sie in jeder Sparte neben den absoluten Summen eintragen können.
Rechnen Sie also für jede der fünf Sparten auf der Seite der Aktiva aus, welchen prozentualen Anteil sie an der Gesamtsumme hat. Ist beispielsweise Ihr Eigenheim 100.000 Euro wert und belaufen sich Ihre Aktiva auf 200.000 Euro, dann hat Ihre Immobilie einen Anteil von 50 Prozent (100.000 Euro ÷ 200.000 Euro) Ihres Aktivvermögens. Das Gleiche machen Sie auf der Seite der Passiva.
Nun zeichnen Sie drei Tortendiagramme. Zeichnen Sie für die Aktiva zwei Tortendiagramme. Das erste bildet ab, wie Sie Ihr Vermögen verwenden, wenn Sie Ihr Eigenheim in die Rechnung mit einbeziehen. Zeichnen Sie also den Prozentwerten entsprechend in den Kreis ein, wie groß der Anteil Ihrer Immobilien ist, wie groß der Anteil Ihres Wertpapierdepots ist, welchen Anteile die übrigen Sparten einnehmen. Im zweiten Tortendiagramm machen Sie das gleiche noch mal, lassen aber Ihr Eigenheim weg – da wollen Sie ja wohnen und es nicht verfrühstücken.
Wenn Sie kein Eigenheim haben, erübrigt sich selbstredend das erste Diagramm, dann zeichnen Sie nur das zweite.
Nun haben Sie schon einen Eindruck davon, wie Sie Ihre Geldanlagen aufgeteilt haben. Wo steckt das meiste Geld? Und entspricht das eigentlich Ihren Wünschen und Ihrer Einstellung zum Risiko? Wenn Ihr Aktienanteil recht hoch ist, dann können Sie sich fragen, ob Ihnen das eventuell zu riskant ist. Oder umgekehrt, ob Sie lieber etwas mehr Geld in riskantere, aber auch renditeträchtigere Anla-

gen investieren wollen, falls der Anteil festverzinslicher Spareinlagen und Immobilien sehr hoch ist.
Zeichnen Sie jetzt das dritte Tortendiagramm: Hier bilden Sie das Verhältnis zwischen Eigenkapital und Fremdkapital ab. Das Eigenheim ist in dieser Berechnung mit einbezogen. Jetzt schlägt die Stunde der Wahrheit: Dieses Diagramm zeigt am deutlichsten, wo Sie stehen und was Sie sich noch leisten können!
In der nachfolgenden Abbildung sehen Sie die drei Tortendiagramme für unsere Beispielbilanz. In dem Tortendiagramm ohne

Abbildung 6: Vermögensverwendung und Vermögensherkunft

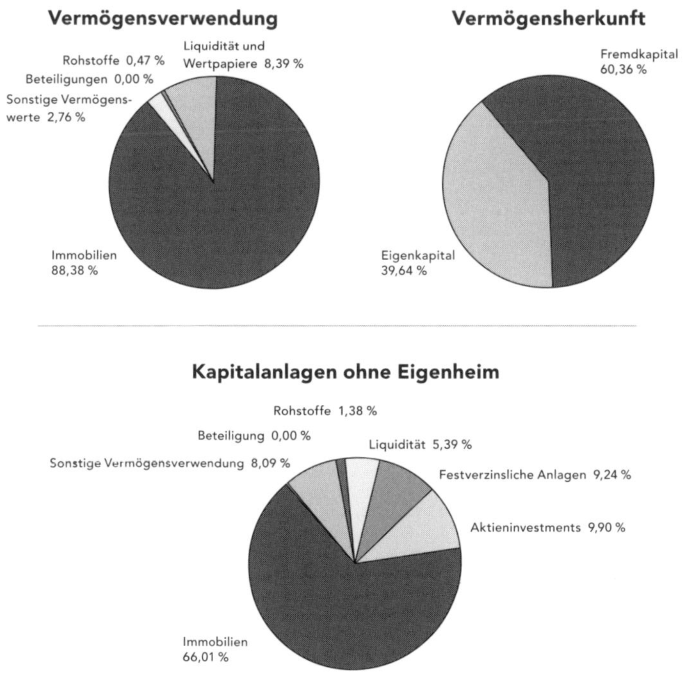

Eigenheim habe ich den Bereich „Liquidität und Wertpapiere“ zusätzlich in die einzelnen Anlageklassen dort unterteilt.
Einige von Ihnen werden sehen, dass sie relativ viel Eigenkapital haben. Das ist natürlich erfreulich. Die Aufgabe, die dann auf Sie zukommt, ist, Ihre Geldanlagen immer wieder zu prüfen und gegebenenfalls zu optimieren. Ihr Zielpuzzle gibt Ihnen wertvolle Hinweise, ob Ihre Anlagen zweckmäßig sind. Sind die Ziele in weiter Ferne, können Sie risikoreicher anlegen, als wenn Sie bereits in wenigen Jahren Kapital benötigen. Die Faustregel, die Sie im Hinterkopf haben können, lautet: Je näher Ihr Ziel, umso mehr sichere Anlagen benötigen Sie, je mehr Zeit Sie haben, umso renditeträchtigere und damit auch schwankungsreichere Anlagen dürfen Sie haben
Einige von Ihnen werden allerdings spätestens mit dem dritten Tortendiagramm der Tatsache ins Auge blicken müssen, dass es einen großen Anteil Fremdkapital aufweist. Sie haben viele Schulden! Möglicherweise erschrecken Sie jetzt. Vermutlich wissen Sie längst, dass Sie in den roten Zahlen sind. Aber vielleicht haben Sie jetzt zum ersten Mal ausgerechnet, wie verschuldet Sie tatsächlich sind und wie Ihr Verhältnis zwischen Eigenkapital und Fremdkapital aussieht. Und irgendwie hatten Sie die Lage aus dem Bauch heraus besser eingeschätzt, als es jetzt die Zahlen zeigen.
Was nun? Mein Rat lautet: Geben Sie nicht auf, lassen Sie die Schultern nicht hängen, sondern packen Sie es an. Wenn Sie zu viel Fremdkapital in Ihrer Bilanz haben, dann sorgen Sie eben jetzt dafür, dass sich daran etwas ändert. Sie können jetzt zwar noch nicht über Geldanlagen nachdenken und vielleicht frustriert Sie das. Aber Sie haben es ja selbst in der Hand, daran etwas zu

ändern. Sie können versuchen, Ihr Einkommen zu optimieren und nach Einsparmöglichkeiten suchen. So lassen sich die Schulden vielleicht schneller abbauen. Sie können auch einmal analysieren, ob Ihre Kredite optimal gestaltet sind. Zahlen Sie überall den niedrigst möglichen Zinssatz oder lässt sich da noch was machen? Ließe sich vielleicht das eine oder andere Darlehen zu Ihren Gunsten umschichten?
Nehmen Sie sich jetzt erst einmal Zeit, Ihre Bilanz zu bewerten. Denken Sie darüber nach, wo Sie stehen und was Sie ändern wollen, bevor Sie in den nächsten Kapiteln lesen, welche Möglichkeiten Sie haben, Ihre Finanzen zu optimieren.

Bewerten Sie Ihre Bilanz

Ihre Bilanz soll Ihnen nicht nur Zahlen und Abbildungen liefern. Sie soll auch zum Ausgangspunkt für Ihre finanzielle Unabhängigkeit werden. Deshalb müssen Sie die Zahlen in Bezug setzen zu Ihren persönlichen Voraussetzungen und zu Ihren Zielen und Werten.
Beantworten Sie bei Ihrer Bewertung die folgenden drei Leitfragen. Sie werden Ihnen helfen, die richtigen Schlussfolgerungen zu ziehen.

• Wie passt meine Vermögensverteilung zu meinem Zielpuzzle?

Angenommen ein wichtiges Ziel für Sie ist, im Alter Ihren Kindern nicht auf der Tasche zu liegen. Dann passt es richtig gut, wenn in Ihren Aktiva die Versicherungen viel Raum einnehmen. Andersherum wäre es schlecht, wenn Sie nur wenige Hundert

Euro an Liquidität haben, aber Ihr Ziel ist, finanzielle Durststrecken überbrücken zu können.

• Wie passt meine Verteilung zu meinem Umgang mit Geld?

Wenn Sie viele Einzelaktien haben, aber wenig Spaß am Börsenteil der Zeitung, dann sind die Aktien nicht das richtige für Sie. Wenn Sie dagegen die Welt der Börse mögen, sollte Ihr Aktienanteil ruhig einen größeren Raum einnehmen.

• Wie passt meine Vermögensaufteilung zu meinen Werten?

Schauen Sie, wo Ihr Geld hingeht. Wenn Sie Pazifist sind, aber aus dem väterlichen Erbe noch Aktien an Rüstungsbetrieben halten, dann werden Sie sich kaum wohlfühlen mit Ihrem Depot. Zeit, dies zu ändern!

Inzwischen denken Sie vielleicht längst nicht mehr nur über Ihr Geld nach. Das ist gut so! Das Geld ist eben, wie schon festgestellt, kein Selbstzweck. Sondern es steht immer im Zusammenhang mit dem Leben selbst. Viele Mandanten von mir ordnen gleichzeitig mit ihren Finanzen auch andere Bereiche ihres Lebens. Sie bringen ihr Haus in Ordnung, machen ein Testament, sie klären offene Fragen mit ihren Eltern, sie trennen sich von Ballast. Manchmal ist eine Lebenskrise wie die Trennung vom Partner der Auslöser dafür, auch die Finanzen in Ordnung zu bringen. Schließen Sie jetzt nicht daraus, dass Ihnen das alles viel zu weit geht. Sehen Sie es lieber positiv. Es ist eine Herausforderung, aber Sie werden neue Möglichkeiten für sich und ihr Leben entdecken. Eine meiner Mandantinnen sagte einmal zu mir: „Frau Kühn, ich dachte, mit Ihnen spare ich Zeit. Aber in Wirklichkeit widme ich mich jetzt viel intensiver dem Thema Finanzen als je zuvor, bei mir hat ein richtiger Bewusstseinswandel eingesetzt.“ Denken Sie immer daran, dass Sie jetzt Ihren Zielen so nahe kommen, wie vielleicht nie zuvor in Ihrem Leben.

KAPITEL 6

FLEISSIG ODER SCHLAU? – MEHR GELD DURCH MEHR EINKÜNFTE

Manche von Ihnen stehen nach der Bilanzierung ihres Vermögens vielleicht besser da, als sie dachten. Andere haben möglicherweise unangenehmen Wahrheiten ins Auge geblickt. Für Sie alle stellt sich nun als nächste Aufgabe, in mehreren Schritten nach Möglichkeiten zu suchen, wie Sie Ihre Einnahmen und Ausgaben optimieren können. In diesem Kapitel geht es vor allem um die Einnahmenseite und damit um die Möglichkeiten, jeden Monat und Jahr für Jahr einfach mehr Geld zu bekommen. Oft sind es kleine Änderungen, die viel bewirken. Es gibt manchmal Wege, das Einkommen zu erhöhen, die man auf den ersten Blick gar nicht erkennt. Denn entweder braucht man etwas Fantasie oder die Maßnahmen sind so simpel, dass man sie leicht übersieht. Auf den folgenden Seiten werden Sie einige Anregungen finden, wie Sie Ihre Lebensgewohnheiten so verändern können, dass Sie mehr finanziellen Spielraum gewinnen. Dabei geht es nicht um harten Verzicht, um eisernes Sparen. Davon – aber auch nicht nur davon – handelt das nächste Kapitel. Was Sie hier lesen werden, bedeutet aber keineswegs, dass Sie sich bequem zurücklehnen können. Im Gegenteil, Sie sollten ganz genau auf Ihr Geld und Ihr Leben schauen und alle Möglichkeiten, Ihre Einkünfte zu verbessern, einer gründlichen Prüfung unterziehen.

Optimieren Sie Ihr Erwerbseinkommen

Wenn Sie Ihr Einkommen optimieren wollen, gibt es im Wesentlichen drei Wege:

- Sie können versuchen, sich besser für Ihre Arbeit bezahlen zu lassen.

- Sie können mehr und anders arbeiten.
- Sie können Ihre Effizienz und Effektivität erhöhen, also mit vergleichbarem Einsatz mehr Werte schaffen.

Wenn Sie als Angestellter Ihr Einkommen optimieren möchten, können Sie natürlich gleich morgen zu Ihrem Arbeitgeber gehen und um eine Gehaltserhöhung bitten. Wenn Sie Erfolg haben, gratuliere ich Ihnen. Oftmals müssen Sie bei Gehaltserhöhungen etwas langfristiger planen. Sätze wie „Alles ist so teuer geworden – die Kinder ..." lieben Chefs nicht besonders. Es hat sich bewährt, mit dem Nutzen zu argumentieren, den Sie für das Unternehmen bringen. Das gilt auch für Selbständige – argumentieren Sie nur über den Nutzen. Ich höre da einige schon klagen: „Das ist in meiner Branche nicht durchsetzbar." Sie werden sehen, was alles durchsetzbar ist, wenn Sie wirklich gut sind. Ja, vielleicht müssen Sie dazu noch mehr Fachwissen haben oder Ihr Geschäftsmodell verändern. Ich habe Ihnen ja nicht versprochen, dass es leicht wird. Arbeiten Sie, ob angestellt oder selbständig, mit Jahresplänen und Mehrjahresplänen.
Was möchten Sie beruflich erreichen? Was benötigen Sie dafür noch? Möglicherweise ist Ihr Ziel der Expertenstatus, den Sie in Ihrer Firma aber nur bekommen, wenn Sie eine bestimmte Zusatzausbildung absolviert haben. Ihr erster Schritt wäre die Anmeldung, die Klärung der Unterstützung dafür durch das Unternehmen und dann die Fortbildung selbst. Nach dem Abschluss lässt sich dadurch wunderbar ein Gehaltsgespräch mit Argumenten unterfüttern, warum es nun eben mehr sein sollte. Eine Aktion in meiner Heimatstadt zur Innenstadtbelebung hieß, wie ich fand, sehr treffend: „Runter vom Sofa". Ich weiß,

ORIGINAL KÜHN-STRATEGIE

Gehen Sie kühn in die Offensive!

Formulieren Sie Ihren Nutzen für Kunden oder Chef, um mehr Honorar oder mehr Gehalt zu erzielen. Bewegen Sie sich in jeder Hinsicht „runter vom Sofa".

dass ich an dieser Stelle immer etwas sarkastisch wirke – sehen Sie es mir nach.

Um Ihre Lebensgewohnheiten hin zu mehr Aktivität und damit letztlich mehr Einkommen zu verändern, brauchen Sie weniger Sachkenntnis als vor allem Mut und Entschlossenheit. Dabei geht es nämlich darum, eingefahrene Vorstellungen infrage zu stellen. Bringen Sie den Mut auf, den lieb gewonnenen Trott zu verlassen! Hier ein paar Anregungen dazu.

• Viel Arbeit ist ganz natürlich – arbeiten Sie genug?

Der Mensch ist ein ausgesprochen aktives Wesen, und zwar durch die gesamte Geschichte der Evolution. Die „Freizeitgesellschaft" ist dagegen ein ganz junges Phänomen und es ist fraglich, wie lange sich dieses Leitbild noch halten wird. Immer mehr Menschen stürzt es in die Sinnkrise, nur auf den nächsten Urlaub hin zu leben. Kein Wunder, denn der Mensch hat sich so entwickelt, seine Kräfte immer voll entfalten zu wollen. Fragen Sie sich also ruhig einmal, ob Sie eigentlich genug arbeiten. Sicher, es gibt Angestelltenverhältnisse, die strengen tarifvertraglichen Bestimmungen unterliegen. Aber das ist immer weniger die Norm. Sprechen Sie doch einmal mit Ihrem Arbeitgeber darüber, ob Sie nicht mehr Aufgaben übernehmen – und dafür mehr verdienen – können. Und wenn Sie selbstständig sind, dann hinterfragen Sie kritisch, ob Sie wirklich genug Aufträge akquirieren oder der Wunsch nach möglichst viel Freizeit Sie nicht manchmal weniger aktiv sein lässt, als Sie es sein könnten.

• Denken Sie einmal über einen Nebenjob nach

Ich weiß, Nebenjobs haben immer noch einem schlechten Ruf. Das klingt so nach Geldnot, als ob jemand anders kaum über die Runden käme. Außerdem ist es angeblich ungesund. Doch solange Ihr Familienleben nicht zusammenbricht und Sie noch ausreichend zum Schlafen kommen, sollten Sie nicht nur über Ihre Arbeitszeit nachdenken, sondern auch über Ihr Einkommen. Wenn Sie ein Ziel vor Augen haben, das Sie unbedingt erreichen möchten, dann machen Sie noch einen zweiten, vielleicht kleineren Job! Auch die Familienverträglichkeit lässt sich oft besser gestalten als zunächst gedacht. Ohnehin verändert sich das Arbeitsleben hin zu projektbezogener Arbeit, bei der Menschen im Laufe ihres Berufslebens mehr unterschiedliche Dinge tun als früher. Die meisten Menschen haben aber auch mehr als ein Talent – deshalb kann ein Nebenjob auch eine große Bereicherung und innerlich sehr befriedigend sein. So habe ich etwa von einem Musiker gehört, der nebenbei Internetseiten programmiert, und kenne einen Autor, der früher in der öffentlichen Verwaltung gearbeitet und nebenbei Bücher übersetzt hat. Aber auch ganz einfache Tätigkeiten an der frischen Luft, wie etwa Gartenpflege, können ein guter und gesunder Ausgleich für einen hohe Konzentration erfordernden Bürojob sein.

• Zu zweit doppelt verdienen

Wirtschaftlich gesehen ist es eigentlich immer unsinnig, wenn ein gut ausgebildeter erwachsener Mensch nicht arbeiten geht. Normalerweise erweitert sich der finanzielle Spielraum ganz enorm, wenn Mann und Frau beide einen Job haben. In Deutschland müssen wir das leicht einschränken, denn tatsächlich sind an manchen Orten die Kinderbetreuungskosten so horrend, dass sie ein Teilzeitgehalt schnell übersteigen. Vor allem, wenn die Kinder noch zu klein für den Kindergarten sind und von einer Tagesmutter betreut werden müssen. Allerdings wäre es kurzsichtig, deshalb vor einem Wiedereinstieg in den Beruf zurückzuschrecken! Blicken Sie doch über diese aktuelle Phase hinaus, wenn Sie sich Gedanken machen. Es sind nur wenige Jahre, in denen die Kosten so hoch sind. Wenn die Kinder in den Kindergarten gehen, reduzieren sich die Kosten in der Regel wieder.

Viele Frauen übersehen, dass sie nach der Kinderphase noch viele Jahre vor sich haben, in denen sie gut arbeiten könnten, aber weniger verdienen werden, wenn die Kinderpause zu lange gedauert hat. Wer jahrelang aus dem Job aussteigt, hat es anschließend schwer, wieder eine gute Stelle zu finden. Rechnen Sie doch mal über fünf oder zehn Jahre hoch, was Sie an Vermögen haben, wenn Sie zu Hause bleiben und die Kinderbetreuung sparen, oder was Sie aufbauen können, wenn Sie arbeiten gehen und am Anfang die hohen Betreuungskosten in Kauf nehmen.

• Zu Hause arbeiten

Wenn Sie gerne mehr arbeiten würden, aber wegen der Kinder oder eines pflegebedürftigen Angehörigen nicht den ganzen Tag

außer Haus sein können, dann könnte ein Home Office weiterhelfen. Viele Unternehmen richten ihren Angestellten ein Büro zu Hause ein. Dafür genügen meistens ein PC oder ein Laptop mit der entsprechenden Firmensoftware sowie ein Telefonanschluss und eine Internetleitung für die Firmenverbindungen. An Ihnen selbst liegt es natürlich, den entsprechenden Raum zur Verfügung zu stellen. Welche Formen die Arbeit im Home Office annimmt, ist unterschiedlich. Manche Unternehmen lassen ihre Beschäftigten komplett von zu Hause aus arbeiten und sparen sich so den Arbeitsplatz in der Firma ein. Allerdings bringt das oft Schwierigkeiten für die Arbeitsmotivation mit sich. Aus Sicht vieler Beschäftigter ist es besser, sowohl im Betrieb vor Ort zu sein und Kontakt zu den Kollegen zu haben, als auch von zu Hause aus arbeiten zu können. Das Unternehmen profitiert von größerer Erreichbarkeit und der neuen zeitlichen Flexibilität der Arbeitnehmer. Mehrere meiner Bekannten kommen ganz hervorragend mit diesem Modell klar – ein oder zwei Tage im Büro vor Ort und die restlichen Vormittage vom Home Office aus.
Fragen Sie also nach, ob ein Home Office möglich ist. Viele Unternehmen sind flexibler, als man erwarten würde. Aber auch wenn Sie selbständig sind, können Sie Ihre Arbeitseffizienz deutlich erhöhen, wenn Sie zwischen angemietetem Büro, Home Office und gegebenenfalls beim Kunden verbrachter Zeit die richtige Mischung finden, um Arbeit, Familie und Freizeit perfekt miteinander zu verbinden.

• Auch als Rentner können Sie noch arbeiten

Die heutigen Rentner sind fit und interessiert und haben noch eine Lebenserwartung von ungefähr 20 Jahren. Was also spricht dagegen, auch im Rentenalter noch einen 400-Euro-Job anzunehmen, wenn es die Gesundheit zulässt? Oder freiberuflich zu arbeiten? Nichts. Die letzten Jahre im Ruhestand zu verbringen, ist ein Klischee! Das stammt aus Zeiten, als Menschen nach jahrzehntelanger „Maloche" in den Fabriken einfach körperlich ausgezehrt waren. Wir müssen uns darauf einstellen, mehr Abwechslung und fließende Übergänge im Berufsleben zu haben. Nach neuesten statistischen Erhebungen war der arbeitende Anteil der Bevölkerung noch nie so hoch wie heute – und die Möglichkeiten zu arbeiten werden immer vielfältiger. So arbeiten beispielsweise immer mehr Ingenieure oder Manager, die sich noch vor 20 Jahren mit 60 in ihr Haus am Tegernsee zurückgezogen hätten, bis weit über 70 als Berater oder Mentoren. Ich kenne einen pensionierten Manager eines deutschen DAX-Konzerns, der mittelständische Unternehmen berät und mit 70 noch genauso aktiv Aufträge akquiriert wie ein Existenzgründer. Machen Sie es doch ähnlich, egal aus welchem beruflichen Umfeld Sie stammen – vielleicht hält es Sie umso fitter, verjüngt Ihre Kontakte und macht Ihnen eine Riesenfreude.

• Seien Sie kreativ

Jobs sind in Ihrer Wohngegend vielleicht rar, mancher, der gerne mehr arbeiten würde, findet nicht so leicht die passende Tätigkeit. Vielleicht kommen Sie weiter, wenn Sie ein bisschen Fantasie entwickeln. Überlegen Sie, was Sie jenseits Ihres Berufs gerne machen. Wenn Ihr Hobby mit Sport zu tun hat, könnten Sie einen Übungsleiterschein machen und andere Menschen in der Bewegung anleiten. Wenn Sie gerne und gut musizieren, könnten Sie Musikunterricht erteilen. Wenn Sie sich mit dem Internet gut auskennen, können Sie ältere Menschen beim Umgang damit schulen. Vielleicht können Sie aber auch eine Tätigkeit, die Sie angestellt ausüben, nebenbei auch noch freiberuflich anbieten. Lassen Sie Ihrer Kreativität freien Lauf, halten Sie Augen und Ohren offen. Sie werden sehen, früher oder später bietet sich eine Gelegenheit, Ihr Einkommen aufzubessern.

• Intelligent outsourcen – in der Zeit mehr verdienen

Warum kümmern sich Menschen, die einen guten Stundensatz erzielen können, noch selbst um ihren Haushalt? Das frage ich mich immer wieder. Es ist eindeutig effektiver, jemand anderen für den Haushalt zu bezahlen und in der gewonnenen Zeit Geld in seiner Kernkompetenz zu verdienen. Viel mehr Geld als eine Haushaltshilfe kostet. Tatsächlich machen das auch viele Menschen so.
Aber Sie können diesen Faden noch viel weiter spinnen. Zum Beispiel können Sie einen Hundesitter engagieren, der Ihnen einen Teil der Spaziergänge mit dem Vierbeiner abnimmt. Sie können auch einen Mitarbeiter oder eine Aushilfe beschäftigen, die Ihre einfacheren Büroarbeiten erledigt. Merken Sie, worauf das hinausläuft? Richtig: Es geht darum, einfache Tätigkeiten auszulagern, kleinere Dienstleistungen in Anspruch zu nehmen. Rechnen Sie mal nach, was Sie dadurch an Zeit gewinnen, wenn Sie einen Telefonservice mit der Annahme Ihrer Anrufe beauftragen und sich in der Zeit mehr Ihrer eigentlichen Arbeit widmen können.
Ein Bekannter von mir, der als freiberuflicher Journalist arbeitet, hat ein schmackhaftes Hobby: Er backt für sein Leben gerne Kuchen. Das Problem war lange Zeit, jemanden zu finden, der all diese Kuchen aß. Nun hat er sich mit einer benachbarten Buchhandlung zusammengetan. Jeden Tag backt er Kuchen und liefert ihn dort im Laden ab. Der Buchhändler verkauft ihn zusammen mit

ORIGINAL KÜHN-STRATEGIE

Geht nicht, gibt es nicht!

Verharren Sie nicht in vorgefertigten Meinungen, kleben Sie nicht an irgendwelchen Vorurteilen. Stellen Sie vorbehaltlos Ihre Gewohnheiten infrage!

Kaffee an die Kunden. Die freuen sich, der Buchhändler auch, und mein Bekannter kann nicht nur sein Hobby ausleben, sondern verdient nebenbei noch mehr als 50 Euro am Tag.
Auf solche Ideen kommen Sie nur, wenn Sie sich erlauben, die eingefahrenen Gleise zu verlassen. Lösen Sie sich aus Ihrem Alltagstrott. Stellen Sie radikal ihre bisherigen Annahmen über das, was geht oder nicht geht, infrage. Und wenn Sie neue Ideen haben, nehmen Sie sie ernst. Informieren Sie sich, probieren Sie sie aus. Es geht schließlich um niemand anderen als um Sie selbst. Nehmen Sie Ihre Bedürfnisse und Ihre Ideen ernst. Das sind Sie sich schuldig!

Interview

Interview mit Bruno Baumann

Vor einiger Zeit hat mich ein Freund zu einer Veranstaltung mit dem Abenteurer, Filmemacher und Buchautor Bruno Baumann eingeladen. Ich machte mich ein wenig schlau und fand heraus, dass Baumann gewissermaßen der Reinhold Messner der Wüsten und alten Karawanenwege ist. 1989 bewältigte er die Takla Makan zu

Fuß, 1994 folgte die Alashan in der Wüste Gobi. Weitere Expeditionen unternahm er in Tibet und im Tibesti-Gebirge. Ich kenne mich auf dem Gebiet nur wenig aus, dachte mir aber schon, dass der Vortrag sicher ganz interessant würde. Tatsächlich wurde es superspannend – und mit den faszinierenden Fotos wehte ein Hauch von Wüstenerfahrung zu uns herüber. Was Bruno Baumann über Unabhängigkeit, Lebensmaximen und Selbstverantwortung erzählte, traf genau die Einstellung, die mein Mann und ich auch haben und unseren Kindern vorleben. Spontan fragte ich ihn nach seinem Vortrag, ob er für mein nächstes Buch als Interviewpartner zur Verfügung stünde. Genauso spontan sagte er Ja. Und schenkte uns noch sein Buch „Karawane ohne Wiederkehr. Das Drama in der Wüste Takla Makan".

Stefanie Kühn: Herr Baumann, Sie haben sich entschieden, nicht den gewöhnlichen Weg zu gehen – erst der Job, dann Träume verwirklichen –, sondern unmittelbar einen Weg zu suchen, von dem Sie glaubten, dass dieser zu Ihnen passt. Wie hat Ihr Umfeld darauf reagiert?

Bruno Baumann: Das Reisen wurde mir nicht in die Wiege gelegt – jedoch war die dörfliche Enge, in der ich aufgewachsen bin, sicherlich der Grund, warum ich über den Tellerrand geschaut habe. Dort habe ich keine Gleichgesinnten getroffen und so bin ich alleine losgezogen. Sehr schnell hatte ich dann meinen Traum entwickelt, Arbeit und Freizeit miteinander zu verbinden. Ich war mir sicher, dass der „normale" Weg nicht funktioniert, denn mit 20 erlebt man die Dinge anders als mit 50. Und wenn man spät anfängt, seine Träume zu verwirklichen, bestehen vielleicht schon so viele Abhängigkeiten, dass es schlicht nicht mehr geht.

Vor meinen Eltern habe ich meine Pläne zunächst geheim gehalten. Ich habe studiert – das hat mir viel Freiheit erlaubt. Meine Eltern haben erst verstanden, dass es mit einem konventionellen Weg wohl nichts wird, als ich begonnen hatte, mit meinen Erfahrungen schon Geld zu verdienen. Zunächst hielt ich Vorträge in Schulen, dann vor Erwachsenen. Meine Eltern fanden das zunächst überhaupt nicht gut, dass ich keinen konventionellen Weg gehen würde. Sie haben erst mit dem Erfolg – auch dem materiellen Erfolg – angefangen, ihre Einstellung zu verändern. Später kam auch das Gefühl des Stolzes dazu.

Stefanie Kühn: Welche finanziellen Konsequenzen hat Ihr Weg für Sie bedeutet? Haben Sie sich jemals Sorgen über Geld gemacht?

Bruno Baumann: In den ersten Jahren habe ich in dem einen Teil der Semesterferien gejobbt, um mir das Geld für die Reisen zu verdienen. Ich habe am Fließband in einer Buchdruckerei gestanden, Akkordarbeit verrichtet – eben das gemacht, womit sich am meisten Mittel generieren ließen. Mir war aber schnell klar, dass ich noch anders Geld verdienen müsste. So habe ich die Skilehrer-Prüfung in Österreich gemacht und konnte so schon auf eine mir angenehmere Art Geld verdienen. Ich konnte dann auch Reisen mit Job verbinden – beispielsweise war ich in Australien als Skilehrer und habe auf diesem Weg in Fernost Touren unternommen. Aber ich wollte ja mit dem Reisen Geld verdienen, also begann ich zu publizieren, Bilder zu vermarkten, Pressearbeit zu betreiben und so weiter. Mir war es immer wichtig, mehrere Standbeine zu haben – besonders auch Einkommensquellen, die auch in meiner Abwesenheit Erträge brachten. Geld war also besonders am Anfang eine existenzielle Frage. Ich musste alles daransetzen, meine Freiheit abzusichern. Das hat bei mir einen Leistungsdruck bewirkt und ich war und bin hoch motiviert, Bücher zu schreiben und Vorträge zu halten.

Stefanie Kühn: So, wie Sie Ihre Erfahrungen aus der Wüste in Management-Trainings und Vorträgen in das tägliche Leben übertragen – gibt es Aspekte, die Sie auf das Thema Geld übertragen können?

Bruno Baumann: Zum einen das Thema Selbstverantwortung und Selbstvertrauen. Ich habe in der Wüste gelernt, meiner Intuition zu vertrauen. Das tue ich auch in Bezug auf den Einsatz meiner finanziellen Mittel. Für mich ist eine exzellente Krankenversicherung beispielsweise sehr wichtig, weil ich so viel unterwegs bin. Da gibt es keine Kompromisse. Also setze ich das auch um. Ich habe aus den Erfahrungen dort auch sehr viel für meine eigene „Ich-AG" gelernt, zum Beispiel auch, dass ich eine Sache nicht bis zum Letzten ausbeute, weil sie gerade gut läuft, sondern wie ich gezielt in Qualität investiere, um auch zukünftig gute Erträge zu erzielen. Und natürlich wie ich mit minimalem Einsatz den maximalen Ertrag erziele.

Stefanie Kühn: Was bedeutet für Sie finanzielle Unabhängigkeit?

Bruno Baumann: Finanzielle Unabhängigkeit bedeutet für mich, immer die Mittel zur Verfügung zu haben, um meine Ideen umzusetzen.

Stefanie Kühn: Vielen Dank für diese Einblicke und weiterhin alles Gute auf Ihren Reisen!

Worauf ich Sie jetzt noch aufmerksam machen möchte, sind die vielen Möglichkeiten, Ihr Einkommen zu optimieren, ohne dass Sie große Schritte gehen müssen. Gerade als Angestellter gibt es einige Möglichkeiten, die auch für Ihre Chefs im Vergleich mit einer herkömmlichen Gehaltserhöhung vorteilhaft sind. Nun denken Sie vielleicht, Ihr Arbeitgeber wüsste über alles Bescheid und würde Ihnen schon mitteilen, wenn sich eine Möglichkeit ergäbe. Das ist aber meiner Erkenntnis nach meistens falsch. Viele Menschen überschätzen ihre Arbeitgeber diesbezüglich völlig. Gerade in kleineren und mittleren Betrieben herrscht Unkenntnis über geldwerte Alternativen zur Gehaltserhöhung.

• Vermögenswirksame Leistungen

Ein Standardinstrument, von dem Sie profitieren, sind die vermögenswirksamen Leistungen. Darum müssen Sie weder bitten, noch müssen Sie darüber verhandeln. Das haben längst andere für Sie erledigt. Die vermögenswirksamen Leistungen sind in Tarifverträgen ausgehandelt worden und stehen als Anspruch entweder dort oder direkt in Ihrem Arbeitsvertrag. Trotzdem zahlen viele Arbeitgeber nicht von sich aus, sondern erst, wenn ihre Angestellten danach fragen.

Sie schließen einen VL-Vertrag ab, auf den anschließend Ihr Arbeitgeber jeden Monat etwas einzahlt. Diese Zahlungen bewegen sich zwischen 6,45 Euro und 40 Euro. Wenn Ihr Arbeitgeber nicht die volle Summe von 40 Euro bezahlt, können Sie den Betrag bis dahin aufstocken. Der Vertrag läuft über insgesamt sieben Jahre. Sie können zwischen einer Lebensversicherung, einem Banksparplan, einem Bausparvertrag oder einem Fondssparplan wählen. Bei den letzten beiden erhalten Sie, wenn Sie bestimmte Einkommensgrenzen nicht übersteigen, noch eine Zulage vom Staat. Es besteht auch die Möglichkeit, mit den VL-Leistungen die betriebliche Altersvorsorge zu bedienen. Welche Anlageform zu Ihnen passt, das werden Sie nach dem Lesen dieses Buches sicherlich gut einschätzen können. Pauschale Aussagen dazu gibt es keine!

• Tankgutscheine

Sie können auch mit Ihrem Arbeitgeber besprechen, ob er Ihnen Tankgutscheine ausstellt. Allerdings lohnt sich das nur in größeren Unternehmen, denn das Prozedere ist leider etwas bürokratisch, und außerdem nehmen viele Tankstellen noch eine Gebühr für die Gutscheinausgabe und -annahme. Wenn es klappt, bekommen Sie einen Gutschein über eine Spritmenge im Wert von bis zu 44 Euro, der für Sie steuerfrei ist und den der Arbeitgeber als Betriebsausgabe abziehen kann. Damit das Finanzamt zufrieden ist, darf jedoch nur die Literzahl auf dem Gutschein stehen – nicht aber die Summe. Steigt der Benzinpreis, müssen Sie hier justieren – sonst fällt plötzlich steuerpflichtiger Lohn an.

• Selbständig mehr Geld haben

Wenn Sie selbständig sind und besser wirtschaften wollen, können und sollten Sie natürlich versuchen, mehr Umsatz und Gewinn zu erwirtschaften. Das können Sie schaffen, indem Sie mehr Aufträge generieren oder bessere Aufträge an Land ziehen oder indem Sie Ihre Preise erhöhen. Was Sie konkret tun und wie Sie dabei vorgehen, hängt natürlich von Ihrem Geschäft und Ihrer Branche ab. Die Nutzenargumentation – ob in der Pressearbeit, bei den Auftragsgestaltungen oder bei der Vorstellung bei Netzwerkabenden spielt für den Erfolg sicherlich eine tragende Rolle. Wichtig ist hier Ihre Grundeinstellung – mit dem Status quo einfach nie zufrieden zu sein, sich zu keinem Zeitpunkt zurückzulehnen, sondern immer nach Möglichkeiten zu suchen, Ihre Geschäftstätigkeit auszudehnen.

Lassen Sie sich keine Vorteile entgehen

Schön, wenn Sie mehr arbeiten und dadurch mehr Geld auf Ihr Girokonto fließt. Fast genauso schön ist, Vorteile in Anspruch zu nehmen, damit Sie mehr von Ihrem Geld behalten können. Dazu zwei Beispiele:

- **Die Welt der Rabatte**

Unternehmen können die eigenen Produkte oder Dienstleistungen mit Rabatt an Ihre Mitarbeiter abgeben. Der Kostenvorteil ist bis zu 1.080 Euro im Jahr steuerfrei. Natürlich profitieren Sie davon nicht in jedem Fall. Wenn Ihr Arbeitgeber ein Zulieferer der metallverarbeitenden Industrie ist und Zahnräder herstellt, werden Sie kaum davon profitieren, dass Sie Zahnräder billiger beziehen können – was sollen Sie mit Zahnrädern?

Aber bei Unternehmen, die Produkte für Endverbraucher herstellen, lohnt sich der Mitarbeiterrabatt für die Beschäftigten durchaus. Zum Beispiel können Banken ihren Angestellten die Kontoführungsgebühren erlassen. Das kann mehr als 100 Euro Ersparnis im Jahr bedeuten. Manche Buchhandlungen bieten ihren Mitarbeitern Rabatte auf Bücher. Sehr beneidet werden immer wieder Angestellte von Reiseveranstaltern oder Fluggesellschaften, die deutlich günstiger fliegen oder Urlaub machen können. Meine Cousine beispielsweise ist so immer wieder auf den Kreuzfahrtrouten dieser Welt unterwegs. Auch Angestellte anderer Verkehrsunternehmen können verbilligte Mitarbeitertickets bekommen.

Viele Unternehmen schließen mit anderen Firmen Vereinbarungen ab, die beinhalten, dass ihre Mitarbeiter die Produkte oder Dienstleistungen des Partnerunternehmens verbilligt in Anspruch nehmen können. Manchmal gibt es auch Gutscheine, zum Beispiel für Restaurants in der Umgebung des Firmenstandortes, in denen die Mitarbeiter vergünstigt Mittagessen können.

Solche Listen hängen allerdings nicht in jedem Unternehmen offen aus, sondern müssen manchmal erst erfragt werden. Sie sollten davor keine Scheu haben. Auch das Intranet bietet diese Informationen häufig. Rabatte sind kein bisschen exotisch, sondern ganz normal. Es ist deswegen auch keinesfalls unverschämt, wenn Sie eine entsprechende Aktion anstoßen, falls Ihr Arbeitgeber so etwas tatsächlich noch nicht anbietet. Oft hat er sich nicht bewusst dagegen entschieden, sondern ist einfach noch nicht auf die Idee gekommen, sich darum zu kümmern.

Egal ob Sie angestellt sind oder selbständig: Durchforsten Sie mal die Angebote der Verbände und Vereine, in denen Sie Mitglied sind. Viele Berufsverbände und Gewerkschaften kooperieren mit Dienstleistern wie Reisegesellschaften, Autovermietern oder der Deutschen Bahn und können ihren Mitgliedern so attraktive Rabatte anbieten. Auch Vereine wie beispielsweise Mietervereine haben solche Angebote. Sie finden sie oft auf deren Homepage im Internet. Andernfalls rufen Sie an und fragen sie direkt nach. Auch hier gilt: Keine falsche Scheu, es ist nicht ehrenrührig, solche Rabatte in Anspruch zu nehmen, sondern im Gegenteil eine weitverbreitete Serviceeinrichtung in vielen Organisationen.

• Kinderbetreuungskosten steuerlich absetzen

Seit 2006 können Sie die Kosten für die Betreuung Ihrer Kinder voll von der Steuer absetzen, vom ersten Euro an. Vorher gab es diese Möglichkeit nur, wenn die Kosten eine bestimmte Summe überschritten. Jetzt erkennt das Finanzamt zwei Drittel der Betreuungskosten an, wenn Sie alleinerziehend und erwerbstätig sind oder wenn Sie als Paar beide arbeiten oder einer von Ihnen oder Sie beide krank, behindert oder in Ausbildung sind. Das gilt für Eltern mit Kindern bis zum Alter von 14 Jahren. Angestellte setzen die Kosten wie Werbungskosten ab; sie werden nicht auf den Arbeitnehmer-Pauschbetrag angerechnet. Maximal werden 4.000 Euro pro Jahr anerkannt. Bei Paaren, bei denen ein Elternteil nicht arbeitet, sowie bei Alleinerziehenden, die nicht berufstätig sind, sieht die Sache etwas anders aus. Sie können die Kinderbetreuungskosten nur zu zwei Dritteln absetzen, wenn das Kind zwischen drei und sechs Jahren alt ist. Für jüngere und ältere Kinder können sie die Betreuung als haushaltsnahe Dienstleistung von der Steuerschuld abziehen. Anerkannt werden zwischen 10 und 20 Prozent der Kosten, je nachdem, ob die Betreuung per Minijob in ihrem Privathaushalt oder in einer Einrichtung stattfindet. Dafür gibt es auch unterschiedliche Obergrenzen.

Wenn Sie die Kosten geltend machen und ausrechnen wollen, wie viel Steuern Sie sparen werden, beachten Sie noch die Details. Anerkannt werden nämlich nur die reinen Betreuungskosten. Nicht abgesetzt werden können Kosten für Verpflegung, Nachhilfestunden, Musikunterricht oder Sporttraining. Unser Finanzamt lässt sich alles immer ganz genau vorlegen – auch wenn sich weder Betreuungseinrichtung noch Kinderanzahl geändert hat. Eine saubere Dokumentation der Belege lohnt sich.

Die gewinnbringende Organisation Ihrer Geldanlagen

Sie wissen schon aus den vorangegangenen Kapiteln, dass Ihre Geldanlagen ganz unterschiedlich sind, je nachdem, bei welcher Bank Sie Ihre Wertpapiere deponieren und Ihre Konten führen. Es gibt bei gleichen Produkten große Unterschiede in Zinssatz und Rendite. Sie können also durch eine geschickte Auswahl Ihrer Bankverbindung und Ihrer Geldanlagen Ihr Einkommen erhöhen.

• Schieben Sie Ihr Geld auf Tagesgeldkonten

Sie wissen bereits, dass es sinnvoll ist, Geld auf dem Tagesgeldkonto zu parken, wenn Sie eine gewisse Summe zu Ihrer Verfügung haben wollen. Auf dem Girokonto werden meist keine Zinsen gezahlt und das Geld verliert durch die Inflation an Wert. Bei Tagesgeldkonten sind die Gebühren meist kein großes Problem. Hier sollten Sie vergleichen, ob Sie genug Zinsen bekommen. Die Unterschiede auf dem Markt können beträchtlich sein. Da Sie über das Tagesgeldkonto keine weiteren Zahlungsbeziehungen aufbauen, können Sie es leicht wechseln. Wenn Sie Lust haben und sicher sind, dass Sie am Ball bleiben, üben Sie sich ruhig ein wenig im Konto-Hopping.

Lesen Sie sich aber unbedingt immer das Kleingedruckte durch, wenn Sie ein attraktives Angebot sehen. Viele Banken locken mit hohen Zinsen, knüpfen aber bestimmte Bedingungen daran. Meistens sind die Angebote befristet und danach unterliegt Ihr Geld einem durchschnittlichen Zinssatz. Manchmal gelten die hohen Zinsen nur für eine Summe von 5.000 oder 10.000 Euro und jeder Euro darüber wird viel niedriger verzinst. Gerade bei befristeten Angeboten müssen Sie am Ball bleiben, um rechtzeitig zu kündigen und Ihr Geld wieder auf ein neues, ertragreicheres Konto zu transferieren.

• Festgelder prüfen

Kontrollieren Sie auch regelmäßig, ob die Zinskonditionen für Ihre Festgeldkonten dem entsprechen, was der Markt bietet. Im Internet finden Sie viele Vergleichsrechner dafür, zum Beispiel auf www.handelsblatt.de. Wenn Sie merken, dass Sie andernorts mehr bekommen für Ihr Geld, wechseln Sie.

• Sparbücher kündigen

Viele von uns sind noch mit Sparbüchern groß geworden, haben als Kind eins geschenkt bekommen und dort auch fleißig eingezahlt. Ein Sparbuch gehörte einfach zum Leben dazu. Doch die Zeiten haben sich geändert. Vor allem die Zinsen, die weit unterhalb der Inflationsrate liegen. Denn damit ist das mit so vielen Erinnerungen an den Weltspartag verknüpfte Sparbuch inzwischen zur schlechtesten Geldanlage am Markt herabgesunken. Wenn Sie also eines bei sich finden, nehmen Sie es, gehen Sie zu Ihrer Bank und lösen es auf. Oder überweisen Sie wenigstens den größten Teil des Guthabens auf ein Tagesgeldkonto, falls Sie das Sparbuch aus nostalgischen Gründen noch behalten wollen. Für Kinder jedoch ist es wegen des schon erwähnten Weltspartags vielleicht doch sinnvoll. Denn Kinder müssen an Geld herangeführt werden und ein Konto im Nirwana ist nicht so plastisch, wie ein Sparbuch zum Anfassen. Aber natürlich sollten Beträge jenseits der 20 Euro besser verzinst angelegt werden!

• Sparverträge prüfen

Vor allem beim Bausparen stelle ich fest: Viele Baupsparverträge sind einfach unsinnig. Die Bausparsumme wurde so hoch gewählt, dass der Sparer mit der momentanen Sparrate 20 Jahre bräuchte, um ein Bauspardarlehen in Anspruch zu nehmen. Die Provision für den Vermittler hängt bei Bausparverträgen immer von der vereinbarten Bausparsumme ab – jetzt wissen Sie, warum die hohen Bausparsummen so oft zu finden sind. Wenn Sie einen Bausparvertrag haben, prüfen Sie, was Sie für eine Verzinsung haben und welche Gebühren anfallen. Es ist tatsächlich möglich, dass Sie besser dastehen, wenn Sie den Vertrag kündigen und das rückerstattete Geld auf einem Tagesgeldkonto anlegen, als wenn Sie den Vertrag weiterlaufen lassen. Sie müssen das einmal durchrechnen und vergleichen: Welche Summe bekämen Sie zurück, wenn Sie kündigen würden? Die Abschlussgebühr für den Vertrag ist meistens schon bezahlt. Setzen Sie also an, wie hoch die restlichen Beiträge sind und kalkulieren Sie, was Sie beim üblichen Tages- oder Festgeldzinssatz dafür bekämen. Stichtag für Ihre Kalkulation ist der Tag, an dem die Bausparsumme fällig würde. Rechnen Sie nun auch aus, was Sie bekommen, wenn Sie den Vertrag weiterlaufen lassen. Falls Sie eine staatliche Prämie erwarten, kann es sein, dass sich der Bausparvertrag lohnt. Sie können auch Überlegungen hinsichtlich des durch den Bausparvertrags gesicherten Zinssatzes anstellen. Überlegen Sie, welchen Zinssatz Sie vermutlich bekommen, wenn der Bausparvertrag zuteilungsreif wird. Wenn dieser Zeitpunkt schon näher als drei Jahre ist, könnten Sie sich alternativ bereits die Konditionen von heute gegen einen kleinen Aufschlag durch ein sogenanntes Forward-Darlehen sichern.

Übrigens: Den größten Vorteil, den ich je für einen Mandanten über einen Zeitraum von zehn Jahren herausgeholt habe, war bei einer komplizierten Kopplung von einem endfälligen Darlehen und mehreren Bausparverträgen, die parallel angespart wurden. Die Summe, die in den nächsten zehn Jahren eingespart wird, liegt bei 30.000 Euro. Sie verstehen, warum ich bei Bausparverträgen so skeptisch bin.

• Gewinnsparen ist Nepp

Verträge, die Sparen und Lotterieglück koppeln, kündigen Sie bitte gleich und schließen Sie nie wieder ab. Sie erzielen eine bessere Rendite, wenn Sie das Geld in einen richtigen Sparvertrag oder auf ein Tages- oder Festgeldkonto einzahlen. Wenn Sie nebenbei noch ein bisschen mit dem Glück spielen möchten, kaufen Sie ein Lotterielos.

• Augen auf beim Bonussparen

Bonussparen kann ich leider niemandem empfehlen. Den viel gepriesenen und oft zweistelligen Bonus bekommen Sie nämlich nur auf die Summe, die Sie im jeweiligen Jahr angespart haben. Im ersten Jahr ist das die gesamte Summe. In den folgenden Jahren wird nur honoriert, was Sie zu der Gesamtsumme hinzu gespart haben. Der Rest wird nur sehr niedrig verzinst, sodass Sie insgesamt auf eine unterdurchschnittliche Verzinsung kommen und sich die ganze Sache überhaupt nicht lohnt. Kündigen Sie solche Verträge und fangen Sie etwas Besseres mit Ihrem Geld an.

In diesem Kapitel haben Sie eines gesehen: Ihr gegenwärtiges Einkommen ist keine schicksalhafte Größe. Es gibt fast immer eine Vielzahl von Möglichkeiten, Ihre Einkommenssituation zu verbessern. Entscheidend ist, über den Tellerrand zu schauen, Gewohnheiten infrage zu stellen und sich ab und zu mal ein wenig zu überwinden. Das gilt auch für die Kehrseite der Medaille, die zahllosen Einsparmöglichkeiten, von denen im nächsten Kapitel die Rede sein wird.

KAPITEL 7

HART ODER LEHRREICH? –
MEHR GELD DURCH VERZICHT

„Das Geld fließt mir einfach durch die Finger“, ist eine Klage, die ich immer wieder höre. Da hat man sein Konto verlegt, hat Kredite umgeschichtet und fährt jetzt mit dem Jobticket ins Büro. Trotzdem bleibt am Ende des Monats nicht die Geldsumme übrig, die man sich erhofft hat. Immer wieder ist das Konto schon am 25. des Monats leer. Also überweist man sich 500 Euro vom Tagesgeldkonto und nimmt sich vor, sie nächsten Monat ganz bestimmt zurückzuüberweisen. Aber im nächsten Monat sieht es nicht besser aus. Das Geld fließt und fließt. Aber wohin bloß?

Bevor ich meinen Mandanten zu diesem Problem irgendeinen Rat erteile, frage ich sie immer, ob sie eigentlich wissen, wie viel Geld sie im Monat verbrauchen. Und das frage ich Sie jetzt auch: Wie hoch sind Ihre monatlichen Ausgaben?

Etliche unter Ihnen beantworten diese Frage vermutlich so wie manche meiner Mandanten: Sie wissen es nicht. Sie können eine sehr grobe Schätzung abgeben, wenn sie ein regelmäßiges Gehalt bekommen und am Kontostand sehen, ob das jeden Monat aufgebraucht wird oder nicht. Viele wissen natürlich auch auswendig, was sie jeden Monat an Miete bezahlen oder wie hoch ihr Telefontarif ist. Aber schon wenn ich frage, wie hoch die Kosten fürs Wohnen insgesamt sind, heben sie die Schultern: Den Schritt, mal Miete, Strom, Wasser und Versicherungen zusammenzurechnen, haben sie nie getan. Dann fehlt ihnen natürlich der Überblick darüber, wo das Geld hingeht. Was ist schuld daran, dass nie etwas übrig bleibt? Sind es irgendwelche Sonderausgaben fürs Auto oder zu teure Geschenke? Oder kauft das Fräulein Tochter zu oft Schuhe? Völlig im Dunkeln bleibt dann, wo man noch sparen könnte. Der erste Schritt, um weiteres Sparpotenzial aufzuspüren, ist also, dass Sie herausfinden, wo Ihr Geld eigentlich bleibt.

Hausaufgabe 1: Rechnen Sie Ihre fixen Ausgaben zusammen

Wenn Sie schon zusammengerechnet haben, welche Fixkosten Sie im Monat haben, dann schauen Sie bei dieser Gelegenheit mal nach, ob Sie Ihre Aufstellung jederzeit griffbereit haben und ob sie überhaupt noch aktuell ist. Ansonsten können Sie diesen Schritt überspringen, denn er hat genau das zum Ziel: eine jederzeit griffbereite und übersichtliche Aufstellung Ihrer Kosten.
Am einfachsten ist es, wenn Sie sich Ihre Kontoauszüge vom letzten Jahr vornehmen und heraussuchen, was regelmäßig abgebucht wird. Monatlich dürften das Miete und Darlehen sein, Sparverträge, Stromkosten, Telefongebühren, Abonnements und Versicherungen. Schreiben Sie alle Kosten auf, bei denen immer die gleiche Summe abgebucht wird. Wichtig ist, dass Sie die Auszüge eines kompletten Jahres, also von zwölf Monaten durchschauen, denn manche Kosten zahlen Sie nur einmal pro Jahr als Jahresbeitrag. Die Haftpflichtversicherung zum Beispiel, die Hausratversicherung, die Autoversicherung, Mitgliedsbeiträge für Vereine oder auch das Jahresticket im öffentlichen Nahverkehr. Da kommen noch beträchtliche Summen zusammen, die Sie nicht unterschlagen dürfen, wenn Sie Ihre Kosten realitätsgetreu ermitteln wollen.
Diese Fixkosten können Sie nun als Gesamtsumme pro Jahr zusammenzählen und durch zwölf teilen. Auf jeden Fall sollten Sie am Ende wissen, wie hoch Ihre Fixkosten jeden Monat sind und wofür Sie sie ausgeben. Vielleicht unterteilen Sie sie in Sparten wie Wohnen, Auto, Sparen/Vorsorge, Beruf, Freizeit, Kinder. Das variiert natürlich, je nachdem, wie Sie leben und welche Kosten bei Ihnen anfallen.

Im nächsten Schritt ermitteln Sie Ihre variablen Kosten. Dafür brauchen Sie mehr Zeit.

Hausaufgabe 2: Legen Sie ein Haushaltsbuch an

Die variablen Kosten sind alle Ausgaben, die Sie unregelmäßig tätigen. Ihre Lebensmitteleinkäufe gehören dazu, Bücher, Kleidung, Schuhe, Restaurantbesuche, Kino, Theater, Benzin, die neue Waschmaschine, das neue Handy, Autoreparaturen, der Schneider, das Eis im Sommer, der Capuccino an der Tankstelle und so weiter. Diesen Ausgaben kommen Sie am besten mit einem Haushaltsbuch auf die Schliche. Darin notieren Sie alles, was Sie ausgeben. Am besten lassen Sie sich für alles, was Sie bezahlen, einen Kassenbeleg geben, den Sie zu Hause zur Abrechnung verwenden. Dann übersehen Sie nichts.

Haushaltsbücher können Sie in Schreibwarenläden kaufen. Sie können auch eine Tabelle in Ihrem PC anlegen oder auf einem Blatt Papier. Es gibt auch PC-Programme für die Haushaltsführung. Sie finden sie, wenn Sie im Internet nach „Haushaltsbuch" suchen.

Sorgen Sie auf jeden Fall dafür, dass Sie Ihre Ausgaben in übersichtliche Sparten unterteilen. Schreiben Sie in einer Spalte auf, was Sie für Lebensmittel ausgeben, und in der nächsten Spalte notieren Sie Ihre Ausgaben für Kleidung und Schuhe. Weitere Spalten könnten für Apotheke und Arzt sein, für Restaurantbesuche, für Fahrtkosten, für kulturelle Aktivitäten, für Snacks unterwegs, für Spielzeug für die Kinder. Ihnen fallen sicherlich noch weitere Sparten ein. Wenn Ihnen die Sortierung schwerfällt, können Sie auch am Anfang erst mal alle Ausgaben durcheinander aufschrei-

ben und sie später ordnen, wenn Sie etwas genauer sehen, welche Sparten zu Ihren Ausgaben passen.
Sie werden feststellen, dass diese Ausgaben von Woche zu Woche und von Monat zu Monat schwanken. Deshalb sollten Sie das Haushaltsbuch mindestens drei Monate lang führen, um verlässliche Zahlen zu bekommen. Vielleicht gewöhnen Sie sich sogar daran und führen Ihr Haushaltsbuch gerne. Andernfalls werten Sie es nach drei Monaten aus, ändern Sie Ihr Kaufverhalten, wenn Sie zu dem Schluss kommen, dass das nötig ist, und kontrollieren Sie danach nur noch jene Ausgaben, die Sie reduzieren wollen. Wenn das klappt, müssen Sie nichts mehr aufschreiben. Sobald Sie wieder mehr ausgeben, als Sie möchten, sollten Sie Ihre Ausgaben wieder notieren.
Vielleicht fallen Ihnen schon in der ersten Woche Ausgaben auf, an die Sie gar nicht gedacht hatten, als Sie rätselten, wo jeden Monat Ihr Geld bleibt. Führen Sie Ihr Haushaltsbuch trotzdem drei Monate lang weiter, damit Sie sicher sein können, wirklich allen Ausgabefallen auf die Spur zu kommen.
Wenn Sie das geschafft haben, können Sie sich an die umfassende Analyse machen. Das Vorgehen ist vom Prinzip ganz einfach: Sie identifizieren große Ausgaben und überprüfen, ob diese Ausgaben wirklich nötig sind oder ob Sie ganz oder teilweise auf sie verzichten können (und wollen). Die Sparmöglichkeiten, um die es dabei geht, lassen sich in vier Gruppen einteilen:

1. Einfach und schmerzlos sparen
2. Clever und smart – optimieren Sie Ihr Finanzmanagement
3. Etwas Spaß muss weg: Identifizieren Sie Ihre Cash-Fresser
4. Harte Einschnitte

1. Einfach und schmerzlos sparen

Hier durchforsten Sie vor allem Ihre fixen Ausgaben.

• Versicherungen

Fast für alle Versicherungen gibt es Vergleichsrechner im Internet. Jagen Sie Ihre Daten da mal durch. Sie werden teilweise erhebliche Unterschiede feststellen! Wenn es keinen Vergleichsrechner gibt, können Sie auch mal nach Testergebnissen suchen und dann beim Testsieger ein unverbindliches Angebot anfordern.
Wenn Sie feststellen, dass Sie andernorts besser fahren, sollten Sie vor einem Wechsel allerdings noch prüfen, ob es eine Rolle spielt, wie lange Sie schon bei Ihrem Versicherer sind. Berufsunfähigkeitsversicherungen, Rechtsschutz, Wohngebäudeversicherungen und private Krankenversicherungen sollten Sie nicht vorschnell kündigen. Da profitieren Sie in der Regel von einer längeren Mitgliedschaft. Letzte Gewissheit erhalten Sie hier nur durch ein persönliches, auf Sie zugeschnittenes Angebot. Wenn die Leistungen gleich sind, gibt es nur einen Rat: Wechseln Sie!
Es sei denn, Sie haben sehr gute Erfahrungen mit der Schadensregulierung und dem Berater Ihrer alten Versicherung gemacht. Eine unkomplizierte und kulante Abwicklung im Schadensfall wiegt kleinere Kostennachteile durchaus auf. Es ist also eine Frage der Abwägung, ob Sie in so einem Fall wechseln.

• Kreditkarten

Was haben Sie eigentlich für eine Kreditkarte und was zahlen Sie dafür im Jahr? Inzwischen ist es eigentlich kein Problem mehr, kostenlose Kreditkarten zu bekommen, an denen Sie auch keinen Haken befürchten müssen. Die Gebühren für die Karten zahlen nämlich die Händler, wenn Sie etwas damit kaufen. Luxuskarten für 140 Euro pro Jahr lohnen sich in der Regel nicht. Die Gebühren werden durch Zusatzangebote wie Versicherungen gerechtfertigt. Sollte Sie das locken, überprüfen Sie bitte, ob Sie diese Versicherungen wirklich brauchen und ob Sie diese separat woanders nicht günstiger bekämen.

• Handy

Der Markt für Mobilfunktarife ist derartig in Bewegung, dass es aus Verbrauchersicht schon ein Ärgernis ist. Allerdings darf man sich auch nicht verrückt machen lassen. Sie sollten in regelmäßigen Abständen überprüfen, ob Sie mit Ihrem Tarif noch in der günstigeren Klasse liegen. Oft gibt es ohnehin Vertragsbindungen über ein oder zwei Jahre. Wenn dann aber die Frist abgelaufen ist, lohnt es sich, die Konditionen zu vergleichen. Zugegeben, das ist mühsam, weil sich die Konditionen oft stark unterscheiden. Aber es kann sich doch lohnen; die Tarife unterscheiden sich teilweise so stark, dass Sie durch einen Wechsel leicht zweistellige Summen einsparen können.

• Telefon

Auch auf dem Markt für Festnetztelefonie tut sich viel. Am günstigsten sind zur Zeit Pakettarife mit Telefon- und Internetflatrate, auch Call-and-Surf-Flatrate genannt. Da können Sie für eine feste Summe im Monat telefonieren und surfen, soviel Sie möchten. Doch aufgepasst: Prüfen Sie, ob Sie wirklich so viel telefonieren und ob Sie oft genug von zu Hause aus ins Internet gehen möchten. Vielleicht kommen Sie doch mit einem einfachen Telefontarif aus? Sie müssen außerdem damit rechnen, dass Ihnen Zusatzkosten entstehen, zum Beispiel für ein DSL-Modem, falls Sie so eine Call-and-Surf-Flatrate haben möchten. Und es decken nicht alle Tarife alle Kosten ab. Zum Beispiel kostet es meistens extra, wenn Sie Handys oder Sondernummern anrufen. Es gibt eine wirklich herausfordernde Vielzahl von Tarifen und ein Wechsel ist mühsam. Einen Aspekt möchte ich hier aber nicht vergessen. Bei allen technischen Installationen gilt bei mir der Grundsatz: „Never touch a running system.“ Zu Deutsch: Was läuft, das läuft – und diese Zuverlässigkeit ist mir zehn Euro Aufpreis im Monat wert. Wer wie ich einen Zeitraum von neun Monaten mit einem analogen Internetanschluss vom Küchentisch aus überbrücken musste und in dieser Zeit auch noch schwanger bis hochschwanger war, kommt niemals mehr auf die Idee, den Anbieter zu wechseln.

• Heizölkauf

Es sieht leider ganz so aus, als ob Sie für Öl mit stark schwankenden Preisen rechnen müssen. Hier hilft nur: Vergleichen Sie die Preise der Anbieter genau, bevor Sie bestellen. Für Ihre Engergiekosten finden Sie aber noch an späterer Stelle – vielleicht für Sie ganz neue – Ideen.

• Mitgliedschaften überprüfen

Sind Sie wirklich überall aktiv, wo Sie Mitglied sind? Wir kennen das alle: Man tritt in einen Sportverein ein, turnt ein Jahr lang mit und hat dann keine Zeit mehr. Aber um auszutreten, wäre ein Brief aufzusetzen, dann gibt es noch Fristen, und wer weiß, vielleicht möchte man doch irgendwann wieder aktiv werden ... Es spricht nichts dagegen, Vereine durch passive Mitgliedschaft zu unterstützen. Wenn Sie aber Einsparmöglichkeiten für Ihr Budget suchen, dann sollten Sie Karteileichen-Existenzen beenden.

• Zeitungs- und Zeitschriftenabos

Lesen Sie Ihre Zeitschriften wirklich? Oder finden sich bei Ihnen diese Stapel ungelesener Hefte, die Sie irgendwann mal durchgehen wollen, wenn Sie viel Zeit haben, und die Sie dann doch ungelesen und veraltet entsorgen? Dann bestellen Sie das Abo ab. Und wenn Sie doch mal Zeit haben zum Lesen, dann gehen Sie zum nächsten Kiosk und kaufen sich ein Einzelheft. Oder Sie machen es sich in Ihrer örtlichen Stadtbücherei gemütlich. Falls Sie dort noch nie gewesen sind, sollten Sie sich mal umschauen. Sie werden staunen, wie viele Zeitschriftentitel Sie dort vorfinden.

• Verbrauchertests lesen

Eine lohnenswerte Investition kann ein Jahresabo der Zeitschrift *Finanztest* sein. Das ist die Zeitschrift, in der die Stiftung Warentest ihre Finanzinformationen und -checks veröffentlicht. Hier bekommen Sie wirklich viele wertvolle Hinweise für Ihre Geldgeschäfte. Gerade wenn Sie jetzt eine Einarbeitungsphase vor sich haben, kann Ihnen *Finanztest* helfen, in das Thema hineinzuwachsen. Wenn die Kosten für das Abo nicht in Ihr Budget passen, können Sie auch diese Zeitschrift in der Bücherei lesen. Oder Sie schauen sich mal das Internetangebot an. Dort können Sie nämlich Artikel und Dossiers zu einzelnen Themen gesondert und für kleines Geld herunterladen.

2. Clever und smart – optimieren Sie Ihr Finanzmanagement

Vermutlich hat jeder Mensch einen gewissen Spieltrieb. Bei Existenzgründern äußert er sich so, dass sie sich erst mal mit allen möglichen Requisiten eindecken, wenn sie ihr Geschäft eröffnen. Ich kann das gut verstehen. Schließlich kauft man sich auch was Hübsches für die neue Wohnung. Existenzgründer schlagen gerne bei ihrer technischen Ausstattung zu. Wer von zu Hause aus arbeitet, möchte sich verständlicherweise nicht mehr analog ins Internet einloggen. Und man braucht einen Rechner, einen Laptop, ein Fax, einen Drucker, einen Kopierer, einen Scanner, einen elektronischen Kalender, ein internetfähiges Mobiltelefon, ein Firmenlogo, Briefpapier, schicke Visitenkarten, einen ledernen Schreibtischsessel, und und und …
Wenn Sie auch selbstständig sind, dann schauen Sie sich mal an, was Sie für eine Ausstattung haben. Vieles braucht man wirklich! Ich halte nichts davon, an der falschen Stelle zu sparen. Aber ich beobachte auch, dass manche Anschaffungen mehr dem Spieltrieb dienen als dem Geschäft. Ich kenne zum Beispiel einen Selbständigen, der im Vertrieb arbeitet und sich für sein Home Office fünf DSL-Anschlüsse hat legen lassen. Auf meine Nachfrage, warum es so viele sein müssen, konnte er keine klare Antwort geben. Er hatte zwar im Hinterkopf, irgendwann einmal, wenn das Geschäft besser laufen würde, stundenweise den einen oder anderen freien Mitarbeiter in sein Büro zu holen. Aber bis dahin war es eigentlich noch eine Weile hin. Die logische Gegenfrage lautet also: Warum wartet er nicht mit den Anschlüssen, bis es so weit ist?

Prüfen Sie also, ob Sie wirklich alles brauchen, was Sie haben. Auch wenn Sie die Telefonkosten von der Steuer absetzen können: Noch besser ist es, von vornherein gar nicht so hohe Rechnungen zu haben.

• Statutssymbole abschaffen

Unterziehen Sie Ihre Statussymbole einer besonders strengen Prüfung. Brauchen Sie wirklich so ein teures Handy? Wer beobachtet Sie denn beim Telefonieren? Und was wäre schlimm, wenn Sie mit einem einfacheren Modell aufkreuzten? Meiner Erfahrung nach messen viele Menschen den Statussymbolen viel zu viel Bedeutung bei. Ich hatte Ihnen schon berichtet, dass ich auch zu Veranstaltungen, zu denen ich in meiner Eigenschaft als Finanzberaterin geladen bin, mit einem Auto mit ein paar Beulen vorfahre. Bisher hat mir das nicht geschadet. Ich bin fest davon überzeugt, dass es mehr darauf ankommt, was Sie tun und wie kompetent Sie sind, als auf die Preisklasse Ihres Handys oder Ihres Autos. Konzentrieren Sie Ihre Energien also lieber auf Ihr Geschäft, anstatt sich Ausgaben ans Bein zu binden, die Ihnen nur Stress bereiten.

• Steuerersparnis richtig einschätzen

Ich besuchte einmal eine kleine Firma, die gleich zwei sündhaft teure Espressomaschinen hatte. Eine sei eine private Anschaffung, wurde mir erklärt. Die andere habe man nachgekauft, für das Geschäft. Man brauche sie natürlich nicht wirklich, selbstverständlich sei eine Kaffeemaschine ausreichend. Aber man könne die zweite ja von der Steuer absetzen.
Hier verbirgt sich ein gefährlicher Rechenfehler. Eine Steuerersparnis ist natürlich schön, aber sie darf nicht zum Selbstzweck werden. Manche Menschen scheinen tatsächlich zu vergessen, dass sie das,

was sie von der Steuer absetzen wollen, vorher erst mal bezahlen müssen. Die Steuerersparnis bringt höchstens rund 50 Prozent, den Rest muss man immer noch aus eigener Tasche zahlen! Ihr oberstes Ziel ist, nur ein Minimum an Steuern zu zahlen. Dafür erhöhen sie ihre Betriebsausgaben auch an Stellen, an denen es wirklich nicht nötig wäre. Rechnen Sie einfach selbst mal nach: Wie viel Steuern sparen Sie, wenn sie eine Kaffeemaschine absetzen, und ist das genauso viel, wie die Kaffeemaschine gekostet hat? Wohl kaum. Kaufen Sie für Ihr Geschäft nur das, was Sie wirklich brauchen. Schauen Sie erst nach dieser Entscheidung auf die Steuern. Vielleicht tätigen Sie eine Ausgabe noch schnell im Dezember, wenn Sie einen guten Umsatz haben, oder Sie beziehen steuerliche Aspekte in die Wahl eines Finanzierungsmodells ein. Aber das ist immer nachgelagert. An oberster Stelle steht immer die Frage: Brauche ich das überhaupt?

• Prozesse analysieren

Viele Kleinunternehmer handeln, wie sie handeln, weil es schon immer so gemacht wurde. Sie analysieren ihre Prozesse nicht. Und natürlich kostet es auch Kraft, wenn man gut zu tun hat, auch noch über die Arbeitsorganisation nachzudenken. Oft lässt sich aber mit ein paar einfachen Kniffen und Regeln mehr aus einem Arbeitstag herausholen. Mir fällt zum Beispiel auf, dass manche Kleinunternehmer ihre Rechnungen nicht effektiv schreiben. Sie fahren zum Beispiel extra nach einem Außentermin noch ins Büro, kramen dort die Unterlagen heraus, werfen den Computer an und schreiben eine einzige Rechnung. Viel effektiver wäre es, einen Tag in der Woche oder im Monat für die Rechnungen, Zahlungserinnerungen und Mahnungen einzuplanen.

Andersherum sollten Sie auch regelmäßig überprüfen, ob Sie dringende Angelegenheiten auch dringlich genug behandeln. Schreiben Sie zum Beispiel Angebote schnell genug? Das wäre für mich ein Grund, nach dem Außentermin noch ins Büro zu fahren. Wer Anfragen nicht schnell genug beantwortet, rückt sich beim Auftraggeber nicht ins beste Licht. Er riskiert, den Auftrag zu verlieren. Wir versuchten beispielsweise kürzlich einen Installateur für eine kleine Reparatur zu bekommen. Unser bisheriger Installateur meldete sich drei Wochen nicht und in der dann vereinbarten Woche erschien er nicht. Mein Mann rief diverse andere Installateure an. Die kämen auch frühestens in drei Wochen – es sei ja kein Notfall. Tja, wir haben da aber im nächsten Jahr noch zwei Bäder zu renovieren. Schade für die nicht erschienenen Installateure …

• Prüfen Sie die Gebühren für Ihr Girokonto

Die Unterschiede bei den Kosten für ein Girokonto sind beträchtlich, egal ob für Selbstständige oder Arbeitnehmer. Manche Konten gibt es gratis, manche verlangen eine zweistellige Summe als regelmäßigen Geldeingang im Monat, wieder andere sind nur dann kostenlos, wenn Sie Ihre Bankgeschäfte ausschließlich im Internet erledigen und den Damen und Herren in den Filialen keine Arbeit machen. (Um Anlageprodukte zu kaufen, dürfen Sie dann natürlich gerne kommen.) Andere Anbieter berechnen Gebühren für Überweisungen, Daueraufträge und Kontoauszüge. Hinzukommen die EC- oder Kreditkarten. Sie können in den Kontoführungsgebühren enthalten sein oder extra kosten, und es gibt auch verschiedene Konditionen für die Geldausgabe am Bankautomaten.

Sie müssen also überlegen, was Sie brauchen, und dann die Angebote der Banken vergleichen. Es kann ja sein, dass ein eigentlich tolles Angebot sich für Sie gar nicht rechnet, weil Sie die darin enthaltene Kreditkarte nicht brauchen. Oder Sie nehmen das grundsätzlich gebührenfreie Konto, das aber Überweisungen berechnet, weil Sie nur wenige Überweisungen tätigen und es deshalb unter dem Strich das günstige Angebot für Ihre Zwecke ist.
Leider ändern die Banken immer wieder ihre Konditionen. Entweder müssen Sie sich dann auf neue Bedingungen für Ihr Konto einstellen oder es gibt plötzlich bessere Angebote auf dem Markt. Wenn Sie insgesamt ein günstiges Konto haben, das gut zu Ihnen passt, müssen Sie nicht bei jeder Kleinigkeit die Bank wechseln. Ein Girokonto zu wechseln ist immer ein großer Aufwand: Sie müssen Ihren Arbeitgeber, Ihren Vermieter, Ihre Stromgesellschaft und viele andere darüber informieren. Behalten Sie also den Markt im Auge. Wenn Sie merken, dass Sie wirklich zu viel bezahlen, lohnt sich der Wechsel.

• Verhandeln Sie!

Eine Bank ist kein Basar, aber handeln können Sie trotzdem. Versuchen Sie es wenigstens. Wenn Sie zum Beispiel feststellen, dass Ihre Konditionen im Vergleich mit dem Wettbewerb nicht mehr attraktiv sind, sprechen Sie das doch einfach mal an, bevor Sie sich die Mühe machen, die Bank zu wechseln und alles umzumelden. Öfter als Sie vielleicht denken, reagieren Banken auf solche Probleme mit Angeboten. Sie müssen bloß nachfragen. Auch hier gilt wieder, dass die Initiative Ihre Sache ist. Die Bank hängt nur die Standardangebote aus. Wie sagte eine Bankberaterin einmal zu einem Bekannten von mir: „Wenn ich Ihnen die Konditionen nenne, die wir draußen hängen haben, gehen Sie gleich wieder raus." Also bleiben Sie und verhandeln Sie!

• Wertpapierdepot optimieren

Wenn Sie ein Depot mit Anleihen und Einzelaktien verwalten, können Sie viel Geld sparen, indem Sie die Sache selbst in die Hand nehmen und zu einer Direktbank wechseln. Wenn Sie ohnehin gerne selbst entscheiden, was Sie kaufen oder verkaufen wollen, müssen Sie sich nur noch mit den Modalitäten für die Transaktion vertraut machen. Das ist zu schaffen! Wenn Sie bei Ihren Kaufentscheidungen bisher auf Ihren Bankberater vertraut haben, ist der Wechsel zur Direktbank ein größerer Schritt, weil Sie lernen müssen, Anlagen selbst einzuschätzen. Das sollten Sie allerdings sowieso können, wenn Sie mit Anleihen und Aktien handeln. Oder Sie lassen es. Es spricht letztlich also alles dafür zu wechseln. Wenn Sie diesen Schritt als groß empfinden, nehmen Sie sich Zeit dafür. Sie müssen nicht hektisch agieren. Informieren Sie sich, wie Direktbanken funktionieren und was Sie dort tun müssen. Ob Sie eine paar Monate früher oder später wechseln, ist nicht entscheidend – nur vor sich herschieben sollten Sie die Sache nicht. Sie können nämlich leicht bis zu 1.000 Euro im Jahr an Depotgebühren sparen. Und bei jeder zukünftigen Transaktion sparen Sie bis zu einem Prozent!

• Aktienfonds günstig über die Börse kaufen

Wenn Sie in Aktienfonds investieren, können Sie Gebühren sparen, indem Sie sie direkt über die Börse kaufen. Die Gebühren für den Kauf sind dort wirklich viel niedriger, als es selbst der halbierte Ausgabeaufschlag ist. Bei einer Direktbank sparen Sie am meisten, jedoch können Sie den Kauf über die Börse auch über Ihre Hausbank abwickeln. Die gesparten Gebühren können Sie dann gewinnbringend investieren. Sie sparen beim Handel über eine Direktbank auch bei den Depotgebühren – aber das wissen Sie ja schon.

• Darlehen prüfen

Wenn Sie Darlehen laufen haben, sollten Sie immer wissen, wie lange die Zinsbindung noch dauert. Rechtzeitig, bevor sie ausläuft, prüfen Sie, wie hoch die Zinsen für das Verlängerungsangebot und die niedrigsten Konditionen am Markt sind. Wenn Ihre Bank kein attraktives Angebot hat, scheuen Sie sich nicht, einen neuen Darlehensgeber zu suchen. Die Gebühren halten sich in Grenzen und sind den Zinsvorteil oft wert. Manchmal reicht aber auch schon eine Drohung und die Hausbank bessert ihr Angebot noch mal nach. Wichtig für Ihre persönliche Sicherheit ist, dass Sie nie über 100 Prozent verschuldet sind.

ORIGINAL KÜHN-STRATEGIE

Finanzieren Sie niemals einen Kauf zu 100 Prozent über Kredite!

Sie riskieren, dass Sie für Ihr Darlehen keinen Gegenwert mehr haben, falls beispielsweise der Verkehrswert Ihrer Immobilie aus irgendeinem Grund sinkt. Wenn Sie Ihr Darlehen nicht mehr bedienen können, haben Sie keine Sicherheit und stecken in der Schuldenfalle fest.

Angenommen Sie haben für 100.000 Euro eine vermietete Eigentumswohnung gekauft und die komplette Summe mit einem Kredit finanziert. Nur die Nebenkosten wie Notar und Grundsteuer haben Sie seinerzeit aus eigenen Mitteln bezahlt. Jetzt sinkt der Wert Ihrer Immobilie auf 80.000 Euro. Dann haben Sie jetzt mehr Schulden als Ihre Immobilie wert ist. Das ist ein Risiko, das keine Steuerersparnis der Welt aufwiegt. Versuchen Sie, diese Schulden so schnell wie möglich zu senken. Vielleicht können Sie, wenn die nächste Zinsbindung ausläuft, eine Sondertilgung machen oder Sie haben sowieso ein Sondertilgungsrecht vereinbart.

• Erhöhen Sie Ihre Eigenkapitalquote

Für private Finanzierungen gilt immer: so viel Eigenkapital wie möglich und so viel Fremdkapital wie nötig. Denn Sie zahlen für Kredite höhere Zinsen, als Sie für Eigenkapital bekommen. Wenn Sie also Ihr Eigenkapital anlegen, bekommen Sie zwar Zinsen, aber für den Kredit müssen Sie umso mehr zahlen. Also können Sie das Eigenkapital auch gleich in die Finanzierung mit einfließen lassen. So lange Sie Schulden haben, lohnt es sich nicht, Geld andernorts anzulegen. Verwenden Sie es lieber dazu, die Schulden schnellstmöglich zu tilgen. Ihre ausreichend bemessene Notfallreserve bleibt natürlich außen vor.

Nur bei vermieteten Immobilien kann ein anderes Modell sinnvoll sein. Das sollten Sie dann mit Ihrem Steuerberater klären. Letztlich müssen Sie hier genau ausrechnen, wie viel Vermögen Sie in dem Fall mit hoher und mit niedriger Fremdfinanzierung nach einem Zeitraum x aufgebaut haben. Die Variante, bei der Sie besser stehen, sollten Sie wählen. Überraschend oft spricht das auch bei vermieteten Wohnungen für den Einsatz von Eigenkapital – zumindest, wenn Sie dieses sowieso haben.

• Beteiligungen genau anschauen

Wenn Sie Beteiligungen erworben haben, egal welcher Art, beobachten Sie diese genau. Wenn Sie sich länger nicht darum gekümmert haben, lesen Sie zum Beispiel die Geschäftsberichte der Vorjahre noch einmal. In kleinen Nebensätzen finden sich manchmal schon Hinweise auf Probleme. Hier gilt auch wieder der Leitsatz: Kaufen Sie nur, was Sie verstehen. Wenn Sie in einen geschlossenen Immobilienfonds einsteigen wollen, dann machen Sie sich schlau über seine Erfolgsaussichten, checken Sie den Anbieter, die Lage der Immobilie, den potenziellen Mieter – alles!

Falls Sie feststellen, dass so ein Fonds nicht gut läuft, und Sie befürchten, dass er auf die Insolvenz zusteuert, dann können Sie ihn nämlich nicht so einfach verkaufen wie einen x-beliebigen offenen Fonds. Für den Handel mit geschlossenen Immobilienfonds gibt es inzwischen mehrere sogenannte Zweitmarktplattformen im Internet. Ich hatte schon die Adresse www.zweitmarkt.de erwähnt. Über die Börse Hamburg können Sie dort Ihre Beteiligung anbieten. Von der Unterlageneinsendung bis zu einem Verkauf können aber Monate vergehen! Der ganze Handel funktioniert ungefähr so, als ob Sie ein Inserat in die Zeitung setzen. Sie können sich unter dem Stichwort Zweitmarkt im Internet vorher schon umsehen, zu welchen Preisen vergleichbare Beteiligungen oder sogar genau Ihre bereits gehandelt wurden.

• Verluste abschreiben

Wenn sich ein Produkt als echter Flop erweist, fassen Sie sich ein Herz und trennen Sie sich davon. Ein Mandant von mir hat so eine Erfahrung mit einem Fonds eines großen deutschen Fondshauses gemacht. 5.000 Euro habe er verloren, klagte er mir am Telefon und fragte, ob ich glaube, dass das richtig gewesen sei, dass er verkauft habe? Ich sagte aus echter Überzeugung Ja. Denn es hat manchmal einfach keinen Sinn, ein schlechtes Produkt noch ewig mit sich herumzuschleppen. Es gibt Fonds, die sind seit dem Internet-Hype Ende des Jahrtausends einfach nicht mehr auf die Beine gekommen – sie haben Zusätze wie Dynamik, Telemedien oder Internet. Viele dieser Fonds sind nach dieser Zeit sehr klein geworden, dass bei mir manchmal das Gefühl aufkam, da kann auch einfach nicht mit gearbeitet werden und die Gebühren schlagen zu sehr zu Buche. Manchmal hilft da nur ein Ende mit Schrecken – jedoch immer noch besser, als ein Schrecken ohne Ende.
Deshalb rate ich in solchen Fällen: Realisieren Sie den Verlust, ziehen Sie einen Schlussstrich und lernen Sie für die Zukunft aus dem Schaden.

• Lebens- und Rentenversicherungen prüfen

Kapitallebensversicherungen sind seit Jahren arg in Verruf geraten. Zu Recht, denn sie sind vergleichsweise unrentabel. Ich bin kein Fan dieser Verträge. Trotzdem rate ich Ihnen jetzt nicht blind, einfach alle Verträge zu kündigen. Es gibt nämlich Verträge, die zu kündigen gar nicht so schlau ist. Das sind diejenigen, die bis zum 31. Dezember 2004 abgeschlossen wurden. Bei diesen Verträgen ist nämlich die Auszahlung am Ende steuerfrei. Sie können und sollten sich die Rendite berechnen lassen und dann bedenken, dass Sie

diese Rendite nach Steuern bekommen. Keine Abgeltungsteuer, kein Solidaritätszuschlag, keine Kirchensteuer. Für beispielsweise vier Prozent nach Steuern müssen Sie heute eine Rendite von 5,55 Prozent vor Steuern am Markt erzielen – in einer vergleichsweise sicheren Anlage, denn die haben Sie ja jetzt mit Ihrer Lebensversicherung auch. Bedenken Sie auch, dass Sie die Vertriebskosten ja in den ersten Jahren bezahlt haben – die sind sowieso weg.
Mein Rat ist deshalb, alte Versicherungen im Zweifelsfall fortzuführen oder lieber beitragsfrei zu stellen, als zu kündigen. Bei neueren Verträgen müssen Sie genau schauen, wofür Sie sie abgeschlossen haben, welche Rendite prognostiziert wurde. In diesen Fällen ist der Ausstieg oft eine sinnvolle Alternative.

• Den Zahlungsrhythmus optimieren

Eine kleine, feine Art, Ihre Ausgaben zu minimieren, ist, Versicherungen in möglichst großen Zahlungsabständen zu bedienen. Prüfen Sie bei allen Ihren Versicherungen, also auch bei der Haftpflicht und bei der Autoversicherung, welchen Unterschied es ausmacht, ob Sie monatlich, halbjährlich oder jährlich Ihren Beitrag zahlen. Jährlich zu zahlen kann den Beitrag um bis zu fünf Prozent senken. Natürlich müssen Sie die Jahresrate rechtzeitig einplanen. Sparen Sie das Geld am besten auf dem Tagesgeldkonto an.

3. Etwas Spaß muss weg: Identifizieren Sie Ihre Cash-Fresser

Wenn ein Mandant seine variablen Ausgaben analysiert und mir dann erzählt, dass er 200 bis 300 Euro im Monat für Restaurantbesuche ausgibt, dann würde ich mir nie anmaßen, das zu kommentieren. Auch wenn mir jemand erzählt, dass er viermal im Jahr einen neuen Anzug kauft, bewerte ich das nicht. Jeder Mensch hat seine eigenen Bedürfnisse und Prioritäten. Vielleicht stehen häufige Restaurantbesuche bei manchen Leuten sogar auf dem Zielpuzzle? Bei meinem Vater jedenfalls hätten sie dort gestanden, wenn er ein solches Zielpuzzle aufgemalt hätte. Ich kann also Menschen sehr gut verstehen, die Restaurants lieben. Wenn Sie auch dazugehören – bleiben Sie dabei.

Wenn Sie allerdings ein anderes Zielpuzzle verfolgen und händeringend nach Einsparmöglichkeiten suchen, dann können Sie bei solchen Ausgaben natürlich einiges herausholen. Es gibt ein paar typische Bereiche, in denen das Geld schnell aus der Tasche fließt und sich die Ausgaben ebenso schnell summieren. Diese Kosten entstehen praktisch im Vorbeigehen. Jede einzelne Ausgabe ist nur eine Kleinigkeit, die den Alltag mal etwas erleichtert. Wenn Sie aber dann den ganzen Monat hochrechnen, haben Sie plötzlich eine satte dreistellige Summe.

Diese Art von Ausgaben sind die sogenannten Cash-Fresser. Sie fressen das Geld, das Sie bar im Portemonnaie haben. Sehen Sie die Sache positiv: Hier geht möglicherweise auch bei Ihnen viel mehr Geld raus, als Ihnen lieb ist. Im Umkehrschluss dürfen Sie dafür feststellen, wo Sie noch – teilweise erheblichen – Spielraum zum Sparen haben! Also: Vorhang auf für die zehn größten Cash-Fresser! Gehen Sie sie der Reihe nach durch und finden Sie heraus, welche davon auch bei Ihnen eine Rolle spielen.

• Restaurantbesuche

Wenn Sie dreimal pro Woche für 15 Euro im Restaurant essen gehen, geben Sie etwa 180 Euro im Monat aus, wenn Sie nur allein essen. Denken Sie jedes Mal daran, wenn Sie „Bitte zahlen!" sagen? Deutlich mehr werden es, wenn Sie zu zweit sind oder gar die Kinder mitnehmen. Die meisten Menschen merken gar nicht, wie viel Geld sie im Restaurant lassen, weil jeder einzelne Besuch ja keine so große Summe verschlingt. Und wer zählt schon mit, wie oft im Monat er essen geht? Restaurantbesuche sind schön, aber eigentlich reiner Luxus. Entscheiden Sie, wie viel davon Sie sich gönnen wollen und wie viel Sie einsparen möchten.

• Das Auto

Ein Auto braucht eigentlich nur vier Räder, einen Motor und ein Lenkrad, um zu fahren. Doch wenn es um die Erfindung teurer Extras geht, scheinen der Fantasie keine Grenzen gesetzt zu sein. Schauen Sie nur mal, wie viele unterschiedliche Felgen es gibt. Horrende Summen können Sie für Leichtmetallräder ausgeben. Auch sonst ist das Auto mit seinen Extras ein Cash-Fresser. Glasschiebedach, Edelholzleisten, Sitzheizung, Lederausstattung, Speziallackierung – Tausende Euro können Sie dafür ausgeben, ohne dass Sie in den Funktionen einen entsprechenden Mehrwert bekommen. Wenn man vom Spaßfaktor absieht.

• Urlaub

Alle Menschen brauchen Urlaub. Keine Sorge, das stelle ich nicht infrage. Ausruhen ist lebenswichtig. Wer über Jahre hinweg nie eine Auszeit nimmt, riskiert seine Gesundheit. Finanziell gesehen stellt sich allerdings die Frage, was man in dieser Auszeit tut. Traurig aber wahr, Urlaub kann sehr, sehr teuer sein. Flugreisen in Ferienzeiten mit der Familie kosten Tausende Euro. Überseeurlaube im Luxusresort auch. Wenn Sie sparen wollen, gehen Sie an den Urlaub ran. Überlegen Sie, ob die zwei Wochen am Strand wirklich 4.000 Euro wert sind. Je nachdem, wie viel Sie einsparen wollen, müssen Sie nicht ganz auf Urlaub verzichten. Kalkulieren Sie selbst: Vielleicht reicht es schon, wenn Sie auf Flugreisen verzichten oder auf dem Campingplatz wohnen. Oder Sie fahren nur noch jedes zweite Jahr weg und entdecken mal, was ein Urlaub zu Hause Ihnen zu bieten hätte.

• Kaffeepausen zwischendurch

Der Cappuccino an der Tankstelle, das Baguette an der U-Bahn, der Latte Macchiato im Café: Das sind nach meiner Beobachtung die am meisten unterschätzten Cash-Fresser überhaupt. Kein Wunder. Schließlich kostet der Cappuccino am morgen nur 2,50 Euro, der Latte am Nachmittag nur drei Euro, das Baguette für die U-Bahn nur 3,20 Euro. Wer möchte schon über solche Kleinigkeiten nachdenken, die das Leben so angenehm machen? Rechnen Sie aber hoch: Nur diese drei – Cappuccino, Latte, Baguette – kosten zusammen 8,70 Euro. Wenn Sie sie an 20 Arbeitstagen im Monat konsumieren, kommen Sie auf rund 175 Euro pro Monat. Das ist eine Summe, die sich schon anzulegen lohnen würde. Sie müssten bloß den Kaffee im Büro oder zu Hause trinken und sich die Mühe machen, Ihr Baguette selber zu belegen.

• Mitnahmeartikel

Wieder mal sind Sie in Eile zur U-Bahn gehetzt, stehen am Bahnhof, haben eine halbstündige Fahrt vor sich und nichts zu lesen dabei. Also kaufen Sie schnell eine Zeitschrift. Sind ja nur vier Euro. Neulich hatten Sie Ihren Schirm vergessen, da haben Sie sich schnell einen im Kaufhaus geholt. An der Kasse gab es auch noch Schlüsselanhänger, sehr hübsch. Das haben Sie hoffentlich alles in Ihrem Haushaltsbuch notiert! Artikel, die man im Vorbeigehen mitnimmt, können ungeahnte Löcher ins Budget fressen. Man bemerkt sie normalerweise gar nicht, weil man sie so spontan mitnimmt, und sie so geringfügig erscheinen, dass man sie anschließend gleich wieder vergisst.

• Spielzeug für die Kinder

Kindern macht man gerne eine Freude. Hier ein paar Aufkleber, dort ein Spielzeugauto, ein Buch, eine Puppe. Schon die Mitbringsel können, wenn sie zur Gewohnheit werden, ins Geld gehen. Hinzukommt, dass vor allem die elektronischen Spielzeuge ziemlich teuer sind. Locker lassen Sie 50 Euro im Laden, wenn Sie ein neues Spiel für die Spielkonsole kaufen. Sind Sie immer sicher, dass das Spiel die Ausgabe rechtfertigt? Wie viele Spiele liegen nach dreimaligem Gebrauch in der Ecke? Und was bringen all diese Spielsachen den Kindern wirklich? Die meisten Kinderzimmer hierzulande quellen über vor Spielsachen. Wir alle kaufen viel zu viel. Wenn Sie hier sparen wollen, tun sie es. Ihren Kindern wird es nicht schaden. Ich vermute im Gegenteil, es gilt der Satz: Weniger ist mehr.

• Spielzeug für die Erwachsenen

Haben Sie ein elektronisches Notizbuch? Haben Sie einen iPod? Kann Ihr Handy fotografieren? Die Werbeindustrie bombardiert uns mit solchen Fragen und wer nicht aufpasst, schämt sich, wenn sein Handy nicht fotografieren kann. Wenn Sie über die Anschaffung solcher elektronischer Geräte nachdenken, dann fragen Sie sich bitte, welche Funktionen Sie tatsächlich brauchen und ob es eine Nummer kleiner geht. Sie können Hunderte Euro ausgeben oder einsparen, je nachdem, wie funktional Sie an diese Geräte herangehen. Zugegeben, es gibt einen enormen Spaßfaktor bei der Elektronik. Ich habe selbst schon im Laden gestanden und über die gestochen scharfen Bilder auf den neusten Flachbildschirmen gestaunt. Aber auch über die Preise. Eine Nummer kleiner tut es in der Regel auch! Und wenn Sie nicht wirklich viele Termine zu koordinieren haben, brauchen Sie dann wirklich einen elektronischen Kalender?

• Kosmetik

50 Milliliter Creme für 50 Euro: Sind Augenfalten wirklich so gefährlich? Nun, das muss jede Kundin und jeder Kunde selbst entscheiden. Fest steht aber, dass es bei Kosmetikprodukten riesige Preisunterschiede gibt. Verbrauchertests ergeben immer wieder, dass diese Unterschiede nur selten gerechtfertigt sind. Meistens sind in den teuren Produkten die gleichen Inhaltsstoffe wie in den billigen. Okay, Kosmetika machen vielen Menschen einfach Spaß. Aber dieser Spaß kann ganz schön teuer sein.

• Kleidung

Immer wieder höre ich von Kleiderschränken, die aus allen Nähten platzen, und Kleidungsstücken, die seit fünf Jahren nicht mehr getragen wurden. Daraus schlussfolgere ich, dass der Besitzer dieser Schränke und Kleidungsstücke mehr Kleidung gekauft hat als nötig. Nun will ich ja nicht päpstlicher sein als der Papst und Ihnen den ganzen Spaß am Klamotten-Shoppen verderben. Der Tatsache, dass sich auch hier erhebliche Summen sparen ließen, müssen Sie trotzdem ins Auge blicken.

• Schnickschnack

„Schöööön“ rufen Sie, wenn die Freundin mal wieder eine Vase erstanden hat. Und die Freundin findet dafür Ihren Serviettenspender im Stile eines Toasters aus den 50er-Jahren „sooo süüüüß“. Und den Tischläufer von neulich auch. Und die neuen Tassen. Und den Zimmerspringbrunnen erst! Ganz zu schweigen von den handgeflochtenen Körben, die im Bad die Gästehandtücher beherbergen.

Ich gebe zu, es klingt sehr lieblos, wenn ich das als Schnickschnack bezeichne. Ich will Ihnen auch nicht die Freude an schönen Dingen verderben. Aber denken Sie daran: Es geht um Cash-Fresser. Und da gehören die schönen Sachen (leider) dazu.

Mussten Sie bei der Lektüre schlucken, weil Sie den einen oder anderen Cash-Fresser bei sich entdecken? Bereitet Ihnen der Gedanke, Urlaub oder Restaurantbesuche zu streichen, seelische Schmerzen? Keine Sorge, das ist völlig okay. Die Analyse der Cash-Fresser soll nicht darauf hinauslaufen, dass Sie künftig ein puritanisches, spaßfreies Dasein führen. Betrachten Sie vielmehr die Cash-Fresser als Chance für Sie, Spielräume zum Sparen auszuschöpfen.

Legen Sie, wenn Sie Ihre Cash-Fresser identifiziert haben, Ihr Zielpuzzle aus Kapitel 4 vor sich auf den Tisch. Angenommen da finden Sie das Ziel, in zehn Jahren in einer Eigentumswohnung zu leben. Jetzt fragen Sie sich: Lohnt es sich, dafür in den kommenden Jahren weniger Urlaub zu machen oder die Restaurantbesuche zu streichen? Das ist keine rhetorische Frage. Entscheiden Sie das bitte ganz unvoreingenommen. Vielleicht sind Sie mit der Eigentumswohnung vor Augen motiviert, künftig immer zu Hause zu kochen. Aber Sie können auch zu dem Schluss kommen, dass Ihnen die Eigentumswohnung doch nicht so wichtig ist und Sie einen entspannten Lebensstil vorziehen. Vielleicht hatten Sie sowieso noch ein anderes Puzzleteil, auf dem das Ziel stand, dass Sie jede Woche essen gehen möchten?

Sortieren Sie Ihre Gedanken und Ihre Ziele. Verschieben Sie ruhig noch einmal etwas. Eine Mandantin von mir fand es zum Beispiel immer sehr wichtig, eine ausreichend große Wohnung zu haben und akzeptierte deshalb eine relativ teure Miete. Nach ein paar Jahren beschloss sie, sich ein Auto zu kaufen. Das sprengte definitiv ihr Budget. Sie konnte aber von dem Wunsch nach dem Auto nicht lassen. Sie hatte im Job viele Außentermine an zum Teil entlegenen Orten und war es leid, an Bushaltestellen und Bahnhöfen herumzustehen.
Weil das Geld nicht reichte, musste sie sich fragen, auf was sie denn verzichten könnte. Und da fiel ihr auf, dass sich ihr Wunsch nach einer großen Wohnung anders anfühlte als früher. Sie konnte sich plötzlich vorstellen, mit einem Raum weniger auszukommen. Vielleicht hatte sich auch ihr Leben ein wenig verändert? Sie war mehr nach außen gerichtet, zog sich seltener zurück. Das Ergebnis war jedenfalls, dass sie eine kleinere Wohnung suchte, 250 Euro pro Monat sparte und davon das Auto finanzierte.
Lernen Sie bitte daraus: Es ist besser, Sie nehmen eine durchdachte Änderung vor, als dass Sie halbherzig an einem Ziel festhalten, für das Sie nicht bereit sind, die nötigen Opfer zu bringen.

4. Harte Einschnitte

Schauen Sie sich noch einmal Ihr Zielpuzzle an. Einige von Ihnen atmen jetzt vielleicht schon auf, weil Sie Sparpotenzial entdeckt haben und allmählich sehen, wie Sie Ihre Ziele erreichen werden. Aber sicherlich sind einige unter Ihnen, die sich noch immer fragen, wo sie das Geld für die Altersversorgung und die

Weltreisen hernehmen sollen oder wovon sie leben sollen, wenn sie weniger arbeiten.
Für Sie ist es wichtig, sich jetzt noch einmal mit den Zielen aus Ihrem Puzzle auseinanderzusetzen. Denn es kann sein, dass es wirklich sehr schwer wird, sie zu verwirklichen. Sie werden harte Einschnitte akzeptieren müssen. Zum Beispiel so:

• Das Auto abschaffen

Sie fahren schon ein kleines Auto und Sie haben dafür die günstigste Versicherung abgeschlossen, die Sie finden konnten. Es ist immer noch zu teuer. Dann bleibt Ihnen nichts anderes übrig, als das Auto abzuschaffen und auf die öffentlichen Verkehrsmittel und das Fahrrad umzusteigen. Vielleicht lohnt es sich auch, ein Carsharing-Angebot zu nutzen. Hier sind in den letzten Jahren innovative, attraktive Produkte entwickelt worden, zum Beispiel von der Deutschen Bahn oder dem Autovermieter Sixt. Noch sind sie allerdings in der Regel auf die Großstädte beschränkt.

• Urlaub streichen

Sie haben dieses Jahr zum ersten Mal Urlaub auf dem Campingplatz gemacht. Das war schon viel billiger als der Pauschalurlaub vom letzten Jahr. Trotzdem bleibt noch immer nicht die Summe übrig, die Sie monatlich zurücklegen wollten. Dann hilft nur noch eins: Streichen Sie Ihren Urlaub, bis Sie Ihr Ziel erreicht haben.

• Eine kleinere Wohnung suchen

Die Dachterrasse Ihrer Maisonette-Wohnung ist schön, die beiden Balkone in der unteren Etage auch. Doch wenn Sie dort nur sitzen und sich Sorgen machen, können Sie den Luxus kaum genießen.

Also fassen Sie sich ein Herz: Wenn Ihre Wohnung zu teuer ist, verkleinern Sie sich. Oder verzichten Sie auf die gute Lage. Wer zur Miete wohnt, bläst das Geld quasi durch den Schornstein. Zahlen Sie lieber weniger Miete und sparen Sie das Geld für ein Ziel aus Ihrem Puzzle.
Klingt das brutal? Mag sein. Aber solche Einschnitte sind nichts, das Ihnen jemand aufzwingen will. Sondern Sie gehören zu den Möglichkeiten, die Sie haben, um finanziell unabhängig zu werden. Sie haben die Freiheit, den Verzicht zu wählen, um ein Ziel zu erreichen. Sie können es aber auch lassen! Sie sind der Boss. Wenn Sie viel Arbeit auf sich nehmen oder sich von lieb gewonnenen Gewohnheiten trennen, sollte Ihnen immer klar sein: Sie tun das für niemand anderen als für sich selbst. Es ist Ihr Projekt, für das Sie kämpfen.

Kultivieren Sie Ihre Vorfreude

Wer viel arbeitet und sich weniger gönnt, wird unweigerlich immer wieder Durststrecken haben, in denen er sich fragt, wozu das alles? In solchen Momenten ist es wichtig, dass Sie eine Vorfreude auf Ihr Ziel entwickeln.
Angenommen Sie wollen in fünf Jahren ein Haus kaufen. Bis dahin haben Sie sich jeden Urlaub gestrichen, machen einen großen Bogen um alle Restaurants und fahren bei Wind und Wetter mit dem Fahrrad, weil Sie auch Ihr Auto abgeschafft haben. Spätestens, wenn Sie mal wieder völlig durchnässt durch einen Novemberregen geradelt sind, machen Ihnen heftigste Motivationskrisen zu schaffen. In solchen Momenten hilft nur, den Bauch zu aktivieren. Betrachten Sie Architekturmagazine,

in denen schöne Häuser abgebildet sind. Malen Sie sich aus, wie Ihr Garten aussehen wird. Denken Sie sich aus, wie Sie ihn bepflanzen werden. Blättern Sie Möbelkataloge durch und stellen Sie sich vor, auf welchem Sofa Sie bald sitzen werden. Knuddeln Sie Ihr Kind und denken Sie daran, dass es bald in allen Räumen nach Herzenslust toben darf, ohne dass es irgendwelche Nachbarn stört.

Wenn Sie „nur" sparen, um Ihren Lebensstandard im Alter zu sichern, dann machen Sie sich klar, was das konkret bedeutet. Zum Beispiel werden Sie Zeit und Geld haben, um am schönsten Platz in Ihrer Stadt Kaffee zu trinken. Schlendern Sie doch dort mal vorbei. Gucken Sie sich ein Café aus, in dem Sie später Ihre Zeit genießen werden. Schlendern Sie ein bisschen weiter. Vielleicht entdecken Sie noch neue Orte, auf die Sie sich freuen können!

Das geht gar nicht: Konsumschulden

Auch auf die Gefahr hin, dass Sie jetzt denken: „Schon wieder das Thema Konsumschulden" – es ist mir ein extrem wichtiges Thema. Manche meiner Mandanten versuchen, den Verzicht zu umgehen, indem sie Konsumschulden machen. Sie sehen natürlich, dass sie das Geld für die Waschmaschine oder das neue Auto nicht übrig haben. Aber da gibt es ja diese tollen Ratenzahlungen mit den supergünstigen Konditionen. Was spricht denn dagegen, eine Finanzierung abzuschließen mit null Prozent Zinsen?

Finanztechnisch nichts. Wenn Sie die Gesamtsumme hätten, könnten Sie das Geld in der Zwischenzeit auf dem Tagesgeldkonto parken, wo es Ihnen Zinsen brächte. Sie würden unter dem Strich Gewinn machen.

Warum rate ich Ihnen trotzdem davon ab? Weil ich so oft beobachte, wie solche Finanzierungen außer Kontrolle geraten. Wenn meine Mandanten Schwierigkeiten mit Krediten haben, dann sind es immer genau diese Ratenzahlungen, die dazu führen, dass sie den Überblick verlieren. Es ist einfach zu verlockend. 30 Euro im Monat für die neue Waschmaschine, das ist doch nicht so viel. Und 130 für den Wagen, das ist auch zu schaffen, oder? Eben nicht. Die Ausgaben summieren sich. Sie können heutzutage alles per Ratenkauf finanzieren. Sofas, Autos, Rennräder, Haushaltsgeräte, Fernseher, Notebooks ... Hier ein paar Euro, dort ein paar Euro. Und dann? Dann plötzlich stellen Sie wieder fest: Das Geld reicht nicht. Überlegen Sie mal, ob Sie wirklich Lust haben, jeden Monat auf Ihrem Kontoauszug eine Abbuchung von 16,60 Euro zu sehen, mit der Sie die Spülmaschine abzahlen. Der Liquiditätsgewinn daraus ist nicht der Rede wert. Muss das wirklich sein?

Ich finde nicht. Besonders warnen muss ich Sie vor den Lockangeboten, die zuweilen bei Kreditkarten gemacht werden. Da bucht man Ihnen ratenweise jeweils nur 20 Prozent der Kaufsumme ab. Aber das ändert nichts daran, dass Sie die Gesamtsummer schuldig sind. Und zwar mit 16 oder 17 Prozent effektivem Jahreszins! Aber das spüren Sie erst, wenn es schon zu spät ist.

Ich bin lieber „uncool" und zahle alle Rechnungen gleich, auch wenn das dem Zeitgeist nicht entspricht. Insgesamt gebe ich so allen Liquiditätsgewinnen zum Trotz weniger Geld aus. Erstens, weil ich mich bei einer Kaufentscheidung immer mit der Gesamtsumme auseinandersetze. Zweitens kann ich über einen Preis noch verhandeln, wenn ich ihn als Ganzes thematisiere. Bei einer Ratenzahlung geht das nicht, da zahle ich immer den vollen Preis. Wenn Sie ein Auto kaufen, können Sie nach Einschätzung der Stiftung Warentest als Barzahler fünf

bis acht Prozent Rabatt heraushandeln. Das lohnt sich doch, oder? Konsumschulden sind eine Frage der inneren Haltung. Die Finanzierungsangebote suggerieren Ihnen, dass Sie alles haben könnten. Was Sie auch sehen, können Sie mitnehmen. Hinterher erst merken Sie, was Sie sich alles aufgebürdet haben. Macht es Ihnen wirklich nichts aus, ständig noch irgendetwas abzahlen zu müssen? Mir schon. Mir macht es sogar sehr viel aus. Ich hatte bis letztes Jahr noch Steuernachzahlungen aufgrund steuersparender Ansparabschreibungen aus den Jahren 2004 und 2005 am Hals. Das ist einfach furchtbar lästig. Ich fühlte mich beschwert. Nicht einmal ich als durchaus zahlenaffine Finanzberaterin habe Lust, mich ständig mit meinen Zahlungsverpflichtungen auseinanderzusetzen und deshalb dauernd meine Kontoauszüge zu kontrollieren.
Eine Vielzahl von Zahlungsverpflichtungen ist nämlich das genaue Gegenteil jenes Lebensgefühls, das ich eigentlich anstrebe: finanzielle Unabhängigkeit.
Wenn Sie sich das Auto nicht leisten können, dann lassen Sie es beim Händler stehen. Auch wenn die Ratenfinanzierung so aussieht: Es wird Ihnen nichts geschenkt. Sie können eben nicht alles

ORIGINAL KÜHN-STRATEGIE

Treffen Sie klare Entscheidungen!

Lassen Sie sich nicht auf irgendwelche Finanzierungskompromisse ein, sondern richten Sie sich danach, was Sie sich wirklich leisten können und was nicht.

haben. Ersparen Sie sich das Gefühl, vielfach verpflichtet und verschuldet zu sein. Zahlen Sie immer sofort. Dann können Sie den Kauf sauber abhaken und müssen nicht noch jahrelang daran denken, was Sie alles zu zahlen haben.

Auch wenn es im ersten Moment wehtut, sich einen Wunsch abzuschminken: Ein sauberer Verzicht, mag er noch so hart sein, ist letztlich die schmerzfreiere Lösung. Ob Sie auf einen Restaurantbesuch oder eine Weltreise oder ein Eigenheim verzichten, ist Ihre eigene Entscheidung. Lassen Sie sich dabei von niemandem reinreden. Wichtig ist, dass Sie Ihre eigenen Entscheidungen treffen und bereit sind, die Konsequenzen zu tragen.

KAPITEL 8

EINFACH ODER SCHWIERIG? – MEHR GELD DURCH ERBE UND SCHENKUNG

Ein Todesfall ist immer traurig. Denn selten ist der Erblasser ein entfernter Verwandter aus Amerika, meist ist es doch ein geliebter Mensch, den man vermisst. Auf der anderen Seite bringt ein solches Ereignis oft ein üppiges Erbe mit sich. Ein Haufen Geld, der dem Betreffenden einfach so in den Schoß fällt. So manches finanzielle Problem könnte sich nun in Luft auflösen. Sechs- bis siebenstellige Summen als Erbe sind in Deutschland keine Seltenheit. Bei aller Trauer um den mit einem Erbe verbundenen Verlust, hilft das Geld oft genug, den Kredit für das Eigenheim abzulösen oder ein Polster für das Alter anzulegen. Es ermöglicht Anschaffungen oder eine Sicherheit, die der Begünstigte alleine nicht hätte erwirtschaften können.

Doch nicht nur ein Erbe kann zu einem unverhofften Reichtum führen, auch zu Lebzeiten zeigen sich ältere Menschen oft sehr generös ihren jüngeren Verwandten gegenüber. Der Erbschaftssteuer wegen überschreiben sie ihnen vorzeitig Teile ihres Besitzes. Oder sie helfen, wenn ihre erwachsenen Kinder oder Enkelkinder ein Haus bauen oder eine berufliche Investition tätigen. Vorweggenommene Erbfolge nennt sich das im Fachjargon – Schenkung ist aber der Begriff, der meistens benutzt wird. Und da es Geschenke sind, besteht eigentlich nichts anderes als ein Grund zur Freude!

Wenn aber alles so wunderbar ist, wieso enthält dieses Buch dann ein ganzes Kapitel über das Thema Erbe und Schenkung? Nun, weil es auf den zweiten Blick keineswegs so einfach ist mit dem ererbten Geld. Viele Menschen haben Schwierigkeiten, mit Geld umzugehen, dass sie sich nicht selbst erarbeitet haben, sondern ohne eigene Leistung erben oder geschenkt bekommen.

Meine Mandanten erzählen mir eigentlich immer bereitwillig, wie viel Geld sie gespart und wo sie etwas angelegt haben. 10.000 Euro auf dem Festgeldkonto, eine fünfstellige Summe im Depot, Sparverträge, Fondsanteile. Sie zählen brav und vollständig alles auf. Und wenn sie fertig sind und ich schon Atem hole, um zum nächsten Punkt der Beratung überzugehen, dann kommt plötzlich ein Satz wie dieser: „Ach, und da sind auch noch die 100.000 Euro, die ich von meiner Tante geerbt habe."

Geerbtes – oder geschenktes – Geld ist anscheinend häufig ein Fremdkörper für diejenigen, denen es zufällt. Sie legen es separat an und parken es auf einem eigenen Konto. Sie ändern oft gar nicht ihren Lebensstil. Das Erbe ist für sie Extra-Geld. Und manche Menschen entwickeln, gerade wenn es sich um eine größere Summe handelt, überhaupt keinen inneren Bezug dazu.

Genau diese Unsicherheit ist es, die den Umgang mit ererbtem Geld zum Problem macht. Ob Sie es anlegen oder ausgeben, spielt dabei keine Rolle. Aus finanztechnischer Sicht gelten für ererbtes Geld die gleichen Regeln wie für jedes andere Einkommen auch. Woher das Geld stammt, ist eigentlich egal. Ihr Vermögen soll ja in seiner Gesamtheit zu Ihren Zielen passen. Doch einen Betrag, der so gar nicht zu dem restlichen Vermögen dazuzugehören scheint, betrachte ich immer mit besonderer Aufmerksamkeit. Manche Menschen erben ein Haus, andere ein wohl sortiertes Depot. Wieder anderen fallen 20 Sparbücher zu. Oder Schmuck. Es hängt von Ihnen und Ihren Lebenszielen ab, was Sie damit anfangen.

Aber so unbefangen und selbstverständlich gehen eben längst nicht alle Erben mit ihrem Geld um. Wer erbt oder eine Schenkung erhält, hat ganz plötzlich einen mehr oder weniger großen Batzen Geld zur Verfügung. Ich habe in meiner Beratung meistens mit Erbschaften ab 50.000 bis 500.000 Euro zu tun. Hinzukommen oft noch Immobilien. Wer solche Summen erbt, kann sich jetzt vielleicht Dinge kaufen, an die er vorher gar nicht zu denken gewagt hätte. Es fällt ihm eine Summe in den Schoß, die gar nichts mit seinem bisherigen Einkommen und seinen Ausgaben zu tun hat. Lediglich das Glück, dass ein Verwandter oder Freund viel erwirtschaftet und ihm hinterlassen hat, ermöglicht ihm nun, sich seine Wünsche zu erfüllen. Das wirft einige Schwierigkeiten auf. Und die sind nicht finanztechnischer, sondern psychischer Art.

Erben kann einsam machen

Stellen Sie sich vor, Sie haben plötzlich 300.000 Euro zur Verfügung. Einfach so. An diesen Gedanken müssen nicht nur Sie selbst sich erst mal gewöhnen. Auch in Ihrer Partnerschaft und in Ihrem sozialen Umfeld können Probleme entstehen. Freunde, die weiterhin jeden Euro zweimal umdrehen, bevor sie ihn ausgeben, werden schlucken müssen, wenn Sie plötzlich kaufen, was Ihnen gefällt und beispielsweise mit einem dicken Auto vorfahren. Dafür sitzen Sie umgekehrt allein im Luxusresort auf den Seychellen, während Ihre alten Freunde wie immer an der Ostsee zelten. Wenn das Erbe so groß ist, dass es den Lebensstandard ändert, zerbrechen manchmal sogar langjährige Freundschaften daran. Das passiert natürlich auch, wenn jemand auf andere Weise sein Einkommen steigert. Gerade bei jüngeren Menschen entwickeln sich Lebenswege auseinander, wenn einer eine große Karriere macht und der andere finanziell bescheidener lebt. Der Unterschied zum Erbe ist, dass sich eine Karriere schrittweise entwickelt. Das Erbe dagegen verändert das Leben fast von einem auf den anderen Tag.
Besonders schwierig ist es für Paare mit getrennter Kasse, mit so einem plötzlichen Vermögensunterschied umzugehen. Wenn sich

ein Partner plötzlich eine große Wohnung leisten kann und möchte, der andere das aber einfach nicht finanzieren kann, dann frisst sich das Geld tief in die Beziehung der beiden hinein. Entweder zahlt der erbende Partner die teurere Wohnung. Dann gerät der mitziehende Partner in eine Abhängigkeit, die er vielleicht nicht gewollt hat. Oder der erbende Partner verzichtet auf die große Wohnung, muss aber dann mit diesem Verzicht seinen Frieden machen. Auch Paare, bei denen bisher der Mann als Alleinverdiener das Geld heranschaffte, stehen vor einer Herausforderung, wenn die Frau plötzlich eine große Summe erbt. Vielleicht sind sie sich einig, das ganze Geld in ein Haus zu stecken und alles ist wunderbar. Vielleicht haben sie aber auch unterschiedliche Vorstellungen. Und dann stellen sie fest, dass sich die Gewichte in ihrer Waagschale verschoben haben. Jetzt bringt nicht mehr nur einer das Geld mit, sondern beide. Manche Paare geraten in so einer Situation in eine ernsthafte Krise.

Ich beobachte auch, dass manchem Erben simpler Neid die Freude über das Geld vermiest. Da machen die Freunde gehässige Bemerkungen, wenn er am Stammtisch nicht für alle zahlt, obwohl er doch jetzt das große Geld hat. Er sei sowieso arrogant und hochnäsig geworden, heißt es, weil er jetzt immer mit dem Auto statt mit dem Bus zur Arbeit kommt. Die Kollegen gönnen ihm nicht, dass er seine Arbeitszeiten reduziert, was er sich ja „nur" wegen des Erbes leisten kann. Es ist schwer, sich gegen solche Angriffe zu verteidigen! Denn man kann ja nicht sagen, man hätte das Geld verdient. Es ist reines Glück. Jemand anders hat das ganze Geld herbeigeschafft. Es gibt überhaupt keine Rechtfertigung dafür. In meinen Augen benötigen Sie auch keine Rechtfertigung, aber Sie müssen einen Weg finden, mit Ihrem Erbe Frieden zu schließen.

Vor so einem Hintergrund ist es verständlich, dass manche Erben ihr Erbe einfach verheimlichen. Sie leben weiter wie bisher, als wäre nichts passiert. Viele Menschen sind ja auch ganz zufrieden mit ihrem Lebensstandard. Manchmal ist es eine echte Grundsatzentscheidung: Nehme ich das Geld, gebe ich es auch aus und verlasse ich damit die Kreise, in denen ich bisher verkehrt habe? Oder lege ich das Geld irgendwo an und teile weiterhin den Lebensstil meiner Freunde, auch wenn ich mir eigentlich Saus und Braus leisten könnte?

Geld ist eben nicht gleich Geld

Wenn Sie es merkwürdig finden, Geld auszugeben, das Sie nicht selbst verdient haben, ist der erste Schritt, sich mit diesem Gefühl auseinanderzusetzen. Für viele Menschen widerspricht ererbtes Geld den Ansprüchen, die sie an sich selbst stellen. Erben ist keine eigene Leistung, es scheint fast peinlich zu sein. Menschen, die ihr Geld selbst erarbeiten, entwickeln langsam einen natürlichen Umgang damit. Sie gewöhnen sich an ihr Einkommen und richten sich mit einem entsprechenden Lebensstandard ein. Sie müssen sich vor niemandem rechtfertigen. Schließlich ernten sie die Früchte ihrer eigenen Arbeit. Wenn sie dagegen die Früchte fremder Arbeit ernten, reagieren sie manchmal merkwürdig. Als wollten sie sich aus einer unangenehmen Situation befreien, scheinen viele es darauf anzulegen, das Geld möglichst schnell loszuwerden. Sie verpulvern es. Es ist ja nicht ihres! Also raus damit: Sie kaufen riesige Plasma-Fernseher, Rennräder, HiFi-Anlagen. Oder Antiquitäten, Gemälde und Schmuck. Dinge, die sie gar nicht wirklich brauchen. Sie kaufen ohnehin so viel davon, dass sie es kaum schaffen können, sie zu benutzen. Andere Menschen fühlen sich verpflichtet, etwas Besonderes mit dem fremden Geld zu tun. Sie greifen Künstlern oder wohltätigen Vereinen unter die Arme, auch wenn ihnen die Sachkenntnis fehlt zu beurteilen, ob ihr Geld wirklich sinnvoll eingesetzt wird. Oder sie schämen sich, mit all dem Geld einen 08-15-Job auszuüben und wagen eine berufliche Selbständigkeit, deren Erfolgsaussichten ziemlich gering sind.

Vielleicht versuchen diese Menschen unbewusst, ihr Erbe wieder loszuwerden? Vielleicht könnte man ihr Verhalten auch so interpretieren, dass sie einen Extra-Bereich in ihrem Leben für das fremde Geld einrichten. Sie integrieren es nicht in ihre bisherige finanzielle Strategie, sondern sie fangen etwas Neues, bisher ganz Ungewohntes damit an.

Diese Art mit ererbtem – oder geschenktem – Geld umzugehen, ist kontraproduktiv für die finanzielle Unabhängigkeit. Entweder, man verschwendet das Geld für unnötige Käufe, oder man bindet sich ein überzogenes Projekt ans Bein, bei dem am Ende sogar noch Geld verloren gehen kann. Das Problem dabei ist nicht der Fehlkauf an sich oder die gescheiterte Investition. Die Schwierigkeit liegt darin, dass der Beschenkte oder Erbe das Geld nicht innerlich angenommen hat. Und ohne eine innerliche Annahme wird es nicht in die finanzielle Strategie eingepasst. Das Zielpuzzle fällt dadurch vielleicht sogar auseinander, weil neue Ziele hinzukommen und diese andere – manchmal auch unbewusst – torpedieren. Ein Beispiel für eine – oft voreilige – Zielverschiebung ist Folgendes: Wenn das Zielpuzzleteil „Altersvorsorge“ durch einen Wiedereinstieg in den Job zu sichern war und Sie plötzlich Ihr Altersvorsorgekapital geerbt haben, verzichten Sie möglicherweise auf die Jobsuche. Vielleicht verzichten Sie aber damit auf noch andere Bausteine,

ORIGINAL KÜHN-STRATEGIE

Entwickeln Sie einen rationalen Umgang mit ererbtem oder geschenktem Geld!

Geben Sie es erst aus, wenn Sie mit sich darüber im Reinen sind, dass es in Ordnung ist, das Geld zu haben, auch wenn Sie es sich nicht selbst erarbeitet haben.

die Ihren Monopteros im Gleichgewicht halten würden – etwa auf berufliche Anerkennung und persönliche Weiterentwicklungsmöglichkeiten. Deshalb ist es wichtig, dass Sie sich in Ruhe damit auseinandersetzen, was das geerbte oder geschenkte Geld für Sie bedeutet – und wie Sie es sinnvoll in Ihre Strategie einpassen können. Und zwar bevor Sie entscheiden, wofür Sie das Geld verwenden.

Tatsächlich dauert es manchmal eine Weile, einen rationalen Zugang zum neuen Vermögen zu finden. Erben ist zwar nichts Besonderes; die meisten Menschen erben irgendwann in ihrem Leben etwas. Und niemand findet etwas schlimm daran. Trotzdem ist dieses Geld etwas Besonderes.

Sie erben die Geschichte immer mit

Ein Erbe oder eine Schenkung kommt in der Regel nicht aus einer anonymen Quelle wie etwa ein Lotteriegewinn. Sondern Sie kannten oder kennen den Menschen, der Ihnen sein Eigentum überlassen hat. Die Zuwendung ist sehr persönlich gemeint. Bei einem Erbe gibt es noch mehr Beteiligte. Weitere Erben oder Familienmitglieder, die verärgert sind, weil sie nichts geerbt haben. Dazu noch die restliche Verwandtschaft, die möglicherweise mit Argusaugen verfolgt, was Sie mit dem Geld anfangen. An geerbtem Geld hängen Lebensgeschichten, Beziehungen und Gefühle. Der Zeitpunkt, an dem man es bekommt, ist mit Trauer um einen menschlichen Verlust verbunden. Freude über das Geld verbietet sich. Oft verursacht das Erbe auch Konflikte mit weiteren Erben. Es beschäftigt das Gewissen. Es enthält eine unterschwellige Botschaft oder der Erbe fühlt sich verpflichtet. Das alles macht es sehr schwer, einen rationalen Umgang mit diesem Geld zu entwickeln.

Eines der größten Probleme steht gleich am Anfang, wenn der Erbfall eintritt: Das ist der Streit unter den Erben, wenn mehrere Personen bedacht sind. Mein Mann, der Rechtsanwalt, sagt seinen Mandanten immer: „Versuchen Sie unter allen Umständen, eine Erbengemeinschaft zu vermeiden – das bringt so oft Streit.“ Schließlich vererbt der Verstorbene nur selten eine glatte Summe, die sich problemlos durch die Anzahl der Erben dividieren lässt. Oft ist noch eine Immobilie mit im Spiel. Sie muss erst verkauft werden, damit die Erben den Erlös aufteilen können. Das wollen aber nicht immer alle Erben. Einer würde das Elternhaus vielleicht lieber behalten. Dann geht der Streit um die Frage los, welche Summe man sich gegenseitig auszahlt. Oder wer denn das Haus nun bekommt, wenn es mehrere Erben gibt, die es gerne hätten. Gleichermaßen kann man sich auch um Schmuck, Teppiche, Silberbesteck oder sonstige persönliche Andenken streiten. In so einer Situation das Erbe erst mal nicht anrühren zu wollen, ist durchaus verständlich und auch sinnvoll.

Übrigens sind diese Konflikte nicht nur für die Erbengemeinschaft selbst belastend. In einem meiner Workshops lernte ich vor einiger Zeit eine Dame kennen, die ein hübsches Vermögen besaß. Ihr Mann war früh gestorben und sie selbst war noch nicht alt. Sie hatte eigentlich noch viele Jahre vor sich. Trotzdem dachte sie bereits darüber nach, wie und wem sie ihr Geld hinterlassen wollte. Sie hatte keine eigenen Kinder, sodass ihr Erbe an ihre Geschwister fallen würde. Und das, sah sie voraus, würde zu riesigen Konflikten führen, wenn sie nicht frühzeitig selbst festlegte, wer was bekommen sollte.
Es gibt natürlich auch ganz gegensätzliche Fälle. Kürzlich beriet ich einen jungen Mann, der von seinem Onkel ein schuldenfreies Haus geerbt hatte. Auch hier hingen viele Gefühle am neuen Eigentum. Allerdings waren sie positiv. Der junge Mann freute sich sehr. Nicht nur über das Vermögen an sich, sondern auch darüber, dass der Onkel gerade ihm das Haus vererbte. Er hatte ihn als Kind dort oft besucht und diese Besuche in seinem Haus gehörten zu seinen schönsten Erinnerungen. Das hatte der Onkel offenbar wahrgenommen, als er entschied, ihm das Haus zu vermachen. Seinen anderen Nichten und Neffen hatte er nämlich Geld hinterlassen. Der junge Mann sprach ganz liebevoll von seinem Onkel und dem Haus. Er war voller Dankbarkeit.

Treffen Sie eigene Entscheidungen

Freude, Trauer oder Streit beeinflussen die Haltung zum Erbe vor allem am Anfang eines Erbfalls. Langfristig allerdings noch bestimmender ist nach meiner Beobachtung die Auseinandersetzung mit ausgesprochenen oder vermuteten Erwartungen des Erblassers, was der Erbe mit dem Geld anzufangen habe. Diese Erwartungen schleppen viele Erben mit sich herum. Sie ähneln den Gefühlen, mit denen manche Menschen an ihre Eltern denken, wenn sie größere Summen ausgeben. Oft läuft das unbewusst ab: Sie könnten sich jetzt ein neues Notebook kaufen oder das Geld einfach für eine Reise ausgeben. Aber irgendetwas hindert sie daran. Irgendwie fühlen sie sich nicht frei, das Geld einfach so auszugeben. Statt dessen haben sie das Gefühl, sie müssten etwas „Vernünftiges" mit dem Geld anfangen. Und dann kaufen sie sich eine überteuerte Brockhaus-Ausgabe, die sie gar nicht brauchen, statt des Plasma-Fernsehers. Was da in ihrem Innern wirkt, ist der erhobene Zeigefinger der Erbtante, die über jeden Spaßkauf den Kopf schüttelte und mahnte, Geld immer für bleibende Werte auszugeben. Wie bleibend ein Brockhaus in Zeiten von Wikipedia ist, betrachten wir hier mal nicht weiter.

Wenn Sie Ihr ererbtes Geld in Ihre Strategie auf dem Weg zur finanziellen Unabhängigkeit einbauen möchten, müssen Sie sich von solchen Verpflichtungen befreien. Geld, das Sie im Sinne Ihrer Erbtante ausgeben, ist nicht ihr eigenes. Den Brockhaus kaufen Sie

ORIGINAL KÜHN-STRATEGIE

Bestimmen Sie selbst über das Erbe – trotz des Letzten Willens!

Nehmen Sie sich die Freiheit und bilden Sie sich Ihre eigene Meinung darüber, wie Sie das geerbte Geld verwenden.

nicht für sich, sondern für die Tante. Irgendwie unsinnig, oder? Schließlich hat die Tante nichts mehr davon. Es ist Ihr Geld und Sie sollten selbst überlegen, was Sie damit anfangen.

Manchmal teilt der Erblasser sein Erbe so unter seinen Erben auf, dass diese ganz unglücklich damit sind. In einem Fall, den ich kenne, steckte sogar Absicht dahinter. Die Verstorbene vererbte von ihrem Schmuck den gesamten Goldschmuck an ihre Tochter und den Weißgoldschmuck an ihre ungeliebte Schwiegertochter. Ein letzter böser Gruß sozusagen. Die Tochter der Verstorbenen beschloss, dass ihr das gute Verhältnis zu ihrem Bruder und ihrer Schwägerin wichtiger war, als die Seitenhiebe ihrer Mutter auf die Schwägerin sogar über deren Tod hinaus noch mit anzusehen. Sie entschied, den Schmuck mit ihrem Bruder und der Schwägerin so aufzuteilen, wie sie es für richtig hielt.

Es liegt an Ihnen, ob Sie solche Spielchen auch nach dem Tod des Betreffenden akzeptieren. Natürlich sollte sich niemand leichtfertig über den Letzten Willen eines Verstorbenen hinwegsetzen. Es muss sich aber auch niemand sklavisch daran halten. Schließlich ist es auch erlaubt, ein Erbe komplett auszuschlagen. Wenn es Ihnen also freisteht, das Erbe anzutreten, dann steht es Ihnen auch frei, das Geld weiterzuverteilen.

Ein Erbe ist Ihr Geld. Daran müssen Sie sich gewöhnen. Sie können es nehmen oder nicht, Sie können es behalten oder verschenken. Viele Menschen entscheiden sich, trotz aller Konflikte mit dem Verstorbenen, das Erbe anzunehmen und zu behalten. Sie geben es aber nicht aus, sondern legen es an, um es selbst einmal ihren Kindern zu vererben. Oder sie geben es direkt an die Kinder weiter, wenn diese schon alt genug sind. Was auch immer Sie tun: Die Hauptsache ist, dass Sie eine bewusste Entscheidung fällen.

Informieren Sie sich rechtzeitig

Einer meiner Mandanten bekam jahrelang von seinem Vater zu hören: „Mach dir keine Sorgen, du erbst ja später mein Geld. Ich habe genug!“ Mein Mandant verließ sich auf diese Worte und traf keine eigenen Maßnahmen zur Vermögensbildung. Das böse Erwachen kam, als sein Vater starb: Es war keineswegs genug Geld da, sondern nur eine relativ kleine Summe, die meinem Mandanten bei Weitem nicht zur Absicherung irgendwelcher Risiken reichen konnte. Mein Mandant sah seinen Vater nun mit anderen Augen: Offenbar hatte sich dieser so sehr gewünscht, seinen Sohn abzusichern, dass er selbst schon daran glaubte. Sicherlich ein zutiefst menschlicher Fehler, doch er hatte für den Sohn verhängnisvolle Folgen. Er war nämlich bereits selbst fast im Rentenalter, als sein Vater starb, und hatte nicht mehr die Chance, ein ausreichendes Vermögen aufzubauen.

Ich schlussfolgere aus dieser Erfahrung, dass Sie sich unbedingt genau informieren müssen und nicht allein auf Worte bauen dürfen. Meiner Meinung nach trifft auch den Sohn einen Teil der Schuld. Wieso hat er nicht einmal nachgefragt, wie viel Geld genau vorhanden ist? Wieso hat er sich nie nach der konkreten Summe erkundigt? Wahrscheinlich erschien es ihm pietätlos. Das können Sie sicherlich nachvollziehen. Es ist für viele Menschen schwierig, über den Tod zu sprechen. Noch schwerer fällt es ihnen nachzufragen, wie viel Geld sie dann zu erwarten haben.

Daraus lassen sich nun zwei Schlüsse ziehen: Entweder Sie fragen nicht nach und bauen aber auch nicht auf irgendwelche irgendwann in der Zukunft fließende Geldströme oder Sie überwinden Ihre Scheu und fragen doch.

Nicht über das zu erwartende Erbe zu sprechen kann viele Gründe haben. Vielleicht weigern sich Ihre Eltern, mit Ihnen über Geld zu sprechen. Dann können Sie sie natürlich nicht zwingen. Vielleicht ist Ihr Verhältnis einfach zu angespannt, um das Thema anzusprechen. Oder Ihre Eltern haben sich einfach noch nicht entscheiden können, ob sie ihr Vermögen Ihnen hinterlassen wollen, oder auch einen Teil an gemeinnützige Einrichtungen vererben möchten. Ohnehin fühlen sich ältere Menschen in manchen Fällen von ihren Erben beobachtet, nach dem Motto: Was, du unternimmst schon wieder eine Reise? Bleibt denn dann überhaupt noch genug Geld für uns übrig? Hier kann ich auch die Elterngeneration sehr gut verstehen. Die eigene Absicherung ihres Ruhestandes und auch eines eventuellen Pflegefalles steht immer im Vordergrund. Und sich vorrechnen zu lassen, was man mit seinem selbst verdienten Geld zu machen hat – das würde ich auch nicht wollen.
Mich suchte einmal ein älterer Herr ohne Terminvereinbarung auf – das ist bei mir ungewöhnlich. Er stand ziemlich aufgebracht vor der Tür und sagte, er hätte heute meine Kolumne im *Münchner Merkur* zum Thema Absicherung im Pflegefall gelesen und müsse mich da mal was fragen. Da er so aufgebracht war, sprudelte es nur so aus ihm heraus, dass seine Kinder ihn ständig bedrängten, das Haus auf sie zu überschreiben. Aber er hätte doch sonst gar nicht viel. Und was denn werden solle, falls er und seine Frau mal Geld bräuchten, um sich im schönen neuen Seniorenheim eine Mehrzimmerwohnung zu kaufen. Für mich gab es hier nur einen einzigen Rat – natürlich ohne Berechnung: Das Haus dieses älteren Ehepaares musste nur ihnen vorbehalten bleiben – der eigene Ruhestand geht immer vor.

ORIGINAL KÜHN-STRATEGIE

Planen Sie nur ein, worüber Sie genau Bescheid wissen.

Ein Erbe ist immer ein Geschenk. Die Höhe steht niemals vorher genau fest. Planen Sie ein Erbe nur ein, wenn Sie sehr sicher sind, dass Sie eine bestimmte Höhe auch erben werden. Organisieren Sie Ihre Vorsorge lieber eigenständig.

Ich frage in meinen Beratungsgesprächen immer mit ab, ob meine Mandanten noch ein Erbe erwarten. Viele Mandanten bejahen diese Frage, sagen aber dazu, dass ihre Eltern noch jung seien. Sie schätzen vorsichtig und realistisch. Und das ist sehr gut so. Noch besser finde ich allerdings, wenn meine Mandanten sich ein Herz fassen und das Thema Erbe mit ihren Eltern oder anderen Erblassern besprechen.

Meistens ist sowieso allen Beteiligten klar, dass etwas vererbt werden wird. Ein offenes Gespräch kann für beide Seiten befreiend wirken. Gerade wenn Eltern sich beobachtet fühlen und glauben, sich für jede Ausgabe rechtfertigen zu müssen, ist das offene Wort hilfreich. Schließlich sollen sie nicht den Eindruck haben, auf etwas verzichten zu müssen, weil die Kinder möglichst viel erben wollen. Doch diese Angst können Sie ihnen nur nehmen, wenn Sie das Problem offen ansprechen. Auch zwischen den übrigen Familienmitgliedern können sich die Beziehungen erheblich entspannen, wenn klar ist, wer welchen Teil bekommen wird.

Beim Thema Pflege dürfen Sie Auskunft fordern

Wenn Ihre Eltern sich weigern, mit Ihnen über ihre Vermögensverhältnisse zu sprechen, ist das zwar schade und eigentlich auch unsinnig. Aber natürlich müssen Sie es akzeptieren. Es gibt allerdings einen Fall, den Sie unbedingt versuchen müssen, mit Ihren Eltern zu klären. Und das ist die Absicherung Ihrer Eltern im Pflegefall. Da möchte ich Sie wirklich ermutigen, sich durchzusetzen. Und lassen Sie sich bloß nicht einreden, es sei pietätlos, wenn Sie auf der Auskunft bestehen. Im Gegensatz zu einer Erbschaft oder einer Schenkung, bei der es natürlich gut ist, wenn Sie wissen, welche Summen Sie irgendwann einmal Ihr Eigen nennen dürfen, geht es bei der Pflege um Ihr selbst erarbeitetes Geld. Wenn Ihre Eltern für ihre Pflege nämlich nicht vorgesorgt haben, dann stehen Sie in der Zahlungspflicht. Sie müssen sich in diesem Fall Ihrem Einkommen entsprechend an den Pflegekosten Ihrer Eltern beteiligen. Und glauben Sie mir, das Sozialamt wird später jede erforderliche Auskunft über Ihre Eltern und Sie einholen. Um den Papierkram dürfen Sie sich dann natürlich auch kümmern.

Viele Menschen machen sich darüber kaum Gedanken und sind erschreckend schlecht informiert. Sie schrecken einerseits vor dem Konflikt mit den Eltern zurück. Andererseits unterschätzen sie vollkommen, welche Summen die Pflege verschlingen kann. Wissen Sie Bescheid? Nun, es dürfte noch Jahrzehnte dauern, bis sie selber mit diesem Thema konfrontiert sein werden, nicht wahr? Aber informieren Sie sich mal, was es kostet, wenn jemand bettlägerig ist und rund um die Uhr gepflegt werden muss. Und zwar jahrelang. Und dann schauen Sie mal, was die Pflegeversicherung zahlt und welche Riesenlücke da klafft. Ist Ihnen klar, dass sich der Staat genau dieses Geld bei Ihnen holt, wenn die Rente Ihrer Eltern nicht ausreicht? Möglicherweise fällt diese Phase genau mit der Zeit zusammen, in der Ihre Kinder Sie auch brauchen, weil sie in der Ausbildung stecken oder eine Familie gründen. In Zeitschriften finden Sie hier öfters den Begriff „Sandwich-Generation": Die Angehörigen dieser Jahrgänge sorgen sowohl für ihre Kinder als auch für ihre Eltern. Wenn Sie auch dazugehören: Können Sie das wirklich alles stemmen? Und: Wollen Sie das alles stemmen?

Ihre Eltern müssen sich selbst absichern für den Pflegefall. Genau wie Sie. Sie dürfen das fordern und Sie dürfen sich verlässliche Auskünfte darüber einholen. Wenn Ihre Eltern nicht gerne über das Thema sprechen, kann das auch daran liegen, dass sie überfordert sind. Vielleicht wissen sie selbst nicht richtig Bescheid oder stecken einfach den Kopf in den Sand, weil es schwierig ist, eine gute Lösung zu finden. Wenn Sie so etwas spüren, sollten Sie erst recht auf ein Gespräch insistieren. Strecken Sie die Hand aus. Bieten Sie Ihren Eltern an, ihnen bei der Suche nach einer guten Absicherung zu helfen.

Vielleicht hilft Ihnen die Maxime, die ich aus vielen Gesprächen mit meinen Mandanten und meinen eigenen Erfahrungen entwickelt habe. Sie lautet: „Ich erhebe keine Ansprüche an meine Eltern, unbedingt etwas zu erben. Aber ich will auch nicht draufzahlen."

Sie können die gegenseitigen Rechte so abstecken, dass Sie respektieren, falls Ihre Eltern sich in puncto Vermögen lieber bedeckt halten. Dafür fordern Sie umgekehrt, dass Sie keine bösen Überraschungen für den Pflegefall zu erwarten haben. Machen Sie sich klar: Im Ernstfall geht es hier um erhebliche Summen Ihres

Vermögens. Rechnen Sie Ihren Eltern einmal vor, was ein achtjähriger Aufenthalt in einem Pflegeheim kostet. Lassen Sie sich versichern, dass das durch eigene Renten und Vermögen abgedeckt ist. Oftmals werden Sie dann zu hören bekommen, dass das Geld dafür eben nicht reicht. Sie können Ihren Eltern daraus gar keinen Vorwurf machen – die Absicherungsmöglichkeiten gegen den Pflegefall sind erst im letzten Jahrzehnt wirklich gewachsen. Bieten Sie nun Ihre Hilfe an auszurechnen, was möglich wäre und ob es überhaupt noch eine Absicherungsmöglichkeit gibt. Einige von Ihnen werden an dieser Stelle mit dem Risiko leben müssen, für den Fall der Fälle für die Eltern einzuspringen. So wie das Erbe gesetzlich geregelt ist, ist auch geregelt, dass Kinder für Ihre Eltern aufkommen müssen. Sie haben in diesem Fall keine Wahl. Bauen Sie diesen Punkt in Ihr Zielpuzzle ein. Sie hoffen damit ja nicht auf einen Pflegefall, aber Sie haben den Risiken bereits ins Auge gesehen – vielleicht konnten Sie sogar das Risiko mit einer Summe beziffern.

Schenken erfordert klare Absprache

Viele ältere Menschen sind gerne bereit, in den Jahren vor ihrem Tod bereits ihren Kindern oder Nichten und Neffen einen Teil ihres Vermögens zu schenken. Das hat einerseits etwas damit zu tun, dass sie Erbschaftssteuer sparen möchten. Andererseits sehen sie, dass sie selbst nicht mehr so viel Geld brauchen, die nachfolgende Generation aber gerade mit Hausbau und Familiengründung in der Aufbauphase steckt, in der sie finanziell alle Kräfte anspannen müssen.

Wenn Sie zu dieser nachfolgenden Generation gehören, können Sie solch eine Finanzspritze sicherlich gut gebrauchen. Allerdings gelten hier die gleichen Regeln wie beim Erben: Es ist fremdes Geld, das Sie bekommen. Sie haben Gefühle für den Schenkenden, fühlen sich vielleicht verpflichtet und tatsächlich kann es sein, dass der Schenkende die Schenkung mit Erwartungen verknüpft. Ich muss bei Schenkungen immer an ein junges Paar denken, das von den Eltern einen üppigen Zuschuss für sein Eigenheim bekam. Wenige Tage später kaufte der junge Mann einen Mercedes. Darauf bekamen die Eltern einen Tobsuchtsanfall. Sie hatten gedacht, die jungen Leute würden das Geld benutzen, um die Schulden schneller abzutragen. Dass sie es sich gutgehen lassen wollten – oder, wie die Eltern es formulierten, „in Saus und Braus lebten" – davon war nicht die Rede gewesen.

Auf welche Seite auch immer Sie sich in dieser Auseinandersetzung geschlagen hätten, lernen Sie bitte eines daraus: Der ganze Ärger hätte vermieden werden können, wenn beide Seiten vorher offen besprochen hätten, was mit dem Geld geschehen sollte. Das junge Paar hätte von dem Mercedes erzählt, die Eltern hätten ihre Erwartung an die Sparanstrengungen formulieren können. Möglicherweise wäre man sich nicht einig geworden. Vielleicht hätte das junge Paar besser auf das Geld verzichtet, als sich in seine Ausgaben reinreden zu lassen. Vielleicht hätten die Eltern beschlossen, das Geld lieber zu behalten, weil die Not doch nicht so groß war, wie sie dachten. Und vielleicht hätte es keinen so großen Krach gegeben. Fragen Sie sich also, wenn Sie eine Schenkung annehmen:

- Was erwartet man von mir?
- Kann und will ich diese Erwartungen erfüllen?
- Wie abhängig werde ich?

Informieren Sie Ihre Erben

Je nachdem, wie alt Sie sind, müssen Sie sich heute schon die Gegenfrage gefallen lassen: Wie werden Sie sich verhalten, wenn Sie Geld verschenken oder vererben? Früher oder später kommt diese Frage auf jeden zu. Und Sie sollten dann ebenso offen sein, wie Sie es sich früher selbst von Ihren Eltern oder Verwandten gewünscht hätten.

Ihnen werden aber viele Fragen und Sorgen durch den Kopf gehen. Vielleicht befürchten Sie, dass Ihre Kinder sich selbst nicht mehr gut um ihre Absicherung kümmern, wenn Sie ihnen verraten, was Sie vererben können. Vielleicht fürchten Sie, dass Ihre Kinder sich miteinander streiten. Vielleicht möchten Sie noch selbst ein Haus auf dem Land kaufen und bewohnen und haben nun Angst, dass Ihre Kinder Ihnen das übel nehmen, weil sie auch bauen und Ihre Unterstützung brauchen könnten.

Gegen diese Sorgen hilft nach meiner Erfahrung am besten Offenheit. Sie müssen niemandem etwas überschreiben, wenn Sie nicht wollen, und Sie dürfen das offen sagen und dazu stehen. Genau wie Ihre Eltern haben auch Sie das Recht, Auskunft über Ihr Vermögen zu verweigern. Der einzige Punkt, über den Sie zumindest moralisch Rechenschaft schulden, ist der Fall, dass Sie pflegedürftig werden. Dafür sollten Sie vorsorgen und darüber sollten Sie Ihre Kinder auch korrekt informieren.

Wer ein Testament verfassen will, merkt schnell: Wenn es um juristische Fragen geht, wird es knifflig. Nicht nur deshalb schätze ich mich sehr glücklich, einen Mann an meiner Seite zu haben, der Rechtsanwalt ist. Ihm gebe ich nun für die folgenden Seiten das Wort. Markus, jetzt bist du an der Reihe.

Machen Sie ein Testament!

Ein Beitrag von Rechtsanwalt Markus Kühn

Zu den häufigsten Irrtümern gehört der Glaube, man brauche kein Testament. Zwar tritt ohne Testament die gesetzliche Erbfolge ein, doch diese wirkt sich oftmals anders aus, als landläufig vermutet.

1. Warum Sie ein Testament machen sollten

In den folgenden Fällen kann sich das Fehlen eines Testamentes besonders drastisch auswirken:

Ehepartner ohne Kinder

Ehepaare verkennen oft, dass nicht der andere Ehepartner alles erbt, wenn ein Ehegatte stirbt. Leben noch die Eltern oder – falls nicht – gibt es noch Geschwister oder deren Abkömmlinge oder Großeltern des verstorbenen Ehegatten, so erbt der überlebende Ehegatte abhängig vom Güterstand nur die Hälfte beziehungsweise drei Viertel des Vermögens. Der überlebende Ehegatte und sonstige Erben bilden dann eine Erbengemeinschaft. Sehr häufig kommt es zu heftigen Streitigkeiten. Denn dem verwitweten Partner stehen lediglich zum Haushalt gehörende Gegenstände als sogenanntes Ehegatten-Voraus allein zu. Bargeld und Vermögen werden entsprechend der Erbanteile aufgeteilt. Immobilien gehören den Erben gemeinsam. Der verwitwete Ehegatte muss also möglicherweise den Miterben Miete zahlen, wenn er weiter in dem Haus wohnen bleibt, das ihm und seinem Partner gehört hatte. Oder er bezahlt die Miterben aus – wenn er das kann. Schlimmstenfalls kann das Haus gegen seinen Willen von den anderen Miterben zur Teilungsversteigerung freigegeben werden. Soll dem überlebenden Ehegatten dies alles erspart werden, er also Alleinerbe sein, ist dies nur mittels Regelung in einem Testament möglich.

Ehepartner mit Kindern

Hatte der verstorbene Ehegatte Kinder, erbt der überlebende Ehepartner je nach Güterstand und Kinderanzahl nur zwischen einem Drittel und der Hälfte des Vermögens. Der überlebende Ehegatte und die Kinder bilden auch hier eine Erbengemeinschaft. Konflikte sind fast vorprogrammiert, wenn der Verstorbene mehrfach verheiratet war, da sich dann neben der Ehefrau noch Kinder aus verschiedenen Ehen in der Erbengemeinschaft wiederfinden. Auch hier kann es für den überlebenden Ehepartner sehr unangenehm werden, wenn Kinder ihren Anteil an Immobilien oder einem Unternehmen des Verstorbenen fordern und der Ehegatte nicht genug Geld hat, um sie auszuzahlen. Wenn minderjährige Kinder der Ehegatten vorhanden sind, ist darüber hinaus bei manchen wichtigen Entscheidungen noch das Vormundschaftsgericht hinzuzuziehen. Auch hier kann nur ein Testament vorsorgen.

Nichtverheiratete Lebenspartner

Noch viel wichtiger ist ein Testament für Menschen, die unverheiratet zusammenleben. Im Todesfall eines Lebenspartners geht nämlich bei gesetzlicher Erbfolge der andere leer aus. Und eine Schenkung des gesamten Vermögens kurz vor dem Tod an den anderen Lebenspartner kann oft vom gesetzlichen Erben zurückgefordert werden.

2. Wie Sie Ihren Nachlass regeln

Sofern Sie Ihr Testament selbst verfassen, müssen Sie nur wenige formale Regeln beachten, damit es wirksam ist und die gesetzliche Erbfolge ausschließt. Ein Testament muss eigenhändig und handschriftlich verfasst und unterschrieben sein. Ein am Computer verfasster und ausgedruckter Text stellt, auch wenn er unterschrieben ist, also kein wirksames Testament dar. Darüber hinaus sollte der Ort und das Datum der Niederschrift vermerkt werden. Nur Ehegatten und eingetragene Lebenspartner können ein gemeinschaftliches Testament verfassen, bei dem der eine Partner das Testament handschriftlich aufsetzt und beide es unterschreiben. Inhaltlich haben Sie weitreichende Gestaltungsmöglichkeiten. Wenn Sie Ihren Erben den Streit über die Aufteilung Ihres Nachlasses ersparen wollen, haben Sie folgende Möglichkeiten:

Vermächtnis

Wenn Sie einer Person einen bestimmten Teil Ihres Vermögens hinterlassen möchten, können Sie ein Vermächtnis aufsetzen. Wenn Sie diese Person in Ihrem Testament nicht auch als Erbe einsetzen, wird sie auch nicht Mitglied einer Erbengemeinschaft. Sie hat dann (nur) einen Anspruch gegen den bzw. die Erben, die ihr den im Vermächtnis genannten Gegenstand überlassen müssen. Wenn Sie also vermeiden wollen, dass einzelne Personen Mitglied einer Erbengemeinschaft werden, können Sie diesen ein Vermächtnis zuwenden.

Teilungsanordnung

Haben Sie mehrere Personen als Erben eingesetzt, können Sie mittels einer Teilungsanordnung anordnen, wie der Nachlass aufgeteilt werden soll. Wenn sich die Erben einig sind, können diese aber eine abweichende Aufteilung des Vermögens vornehmen. Beachten Sie: Eine Teilungsanordnung führt nicht dazu, dass sich die wertmäßige Aufteilung verschiebt. Angenommen Sie vererben ein Haus, ein Wertpapierdepot und ein Grundstück, die unterschiedlich wertvoll sind. Nun ordnen Sie an, dass Ihre ältere Tochter das Haus, die jüngere das Depot und Ihr Sohn das Grundstück bekommen. Dann müssen die drei untereinander die Wertunterschiede ausgleichen, wenn Sie Ihre Töchter und den Sohn zu je einem Drittel als erbberechtigt eingesetzt haben.

Testamentsvollstreckung

Der Testamentsvollstrecker verteilt den Nachlass entsprechend dem Willen des Erblassers. Er kann auch zur Verwaltung des Vermögens oder einzelner Vermögenswerte (beispielsweise Kapitalvermögen, Immobilien) eingesetzt werden. So können Sie sicherstellen, dass Ihr Letzter Wille auch vollzogen wird.

Das Berliner Testament

Wenn Ehegatten, die gemeinsame Kinder haben, ein Testament aufsetzen, tun sie dies in der Praxis meist in der Form des sogenannten Berliner Testaments. Damit wird der länger lebende Ehepartner zunächst Alleinerbe. Erst nach seinem Tod erben die Kinder das Vermögen.

Eine übliche Klausel zur Formulierung dieses Ziels ist: „Wir setzen uns jeweils gegenseitig zu alleinigen Vollerben unseres Vermögens ein. Schlusserben nach dem Versterben des Längstlebenden von uns sollen unsere beiden Kinder zu jeweils gleichen Teilen sein.“ Diese Regelung hat allerdings einige Nachteile:

- Freibeträge der Erbschaftsteuer, zugunsten jedes Erben werden verschenkt. Denn zuerst versteuert der Ehegatte das gesamte Erbe. Nach seinem Tod zahlen die Kinder noch einmal Steuern.

- Die Kinder werden durch das Berliner Testament beim Tod des ersten Elternteils enterbt. Falls der länger lebende Elternteil das Vermögen ausgibt, gehen sie leer aus. Allerdings können sie vom überlebenden Elternteil ihren Pflichtteil verlangen. Das wiederum kann den überlebenden Elternteil in Bedrängnis bringen, wenn das Erbe hauptsächlich aus einer Immobilie bestand und ihm die Mittel für die Auszahlung fehlen. Beim Tod des überlebenden Ehegatten werden die Kinder, die den Pflichtteil beim Tod des ersten Ehepartners geltend gemacht haben, dennoch Erben. Der überlebende Ehepartner kann nach dem Tod des Erstversterbenden das Testament grundsätzlich nicht mehr ändern.

- Der überlebende Ehepartner könnte noch einmal heiraten. Dadurch hat der neue Partner Anspruch auf einen Pflichtteil und gegebenenfalls aus der neuen Ehe hervorgehende Kinder ebenfalls. Dann schmälert sich das Vermögen des Erstverstorbenen zulasten der Kinder aus der ersten Ehe.

Je nachdem, was die Ehegatten regeln wollen, gibt es alternative Gestaltungsmöglichkeiten zum einfachen Berliner Testament. Zum Beispiel:

- Sie können per Trennungslösung den überlebenden Ehepartner als Vorerben und die Kinder der Ehegatten aus früheren Ehen als Nacherben einsetzen. Sie sorgen so dafür, dass der überlebende Ehepartner hinsichtlich des ererbten Vermögens gebunden wird oder dass Kinder aus vorangegangenen Ehen nicht am Nachlass des jeweils anderen Ehegatten partizipieren.

- Sie können durch sogenannte Wiederverheiratungsklauseln dafür sorgen, dass Ihre Kinder nach dem Tod des zuerst sterbenden Ehepartners das Erbe später nicht mit Kindern aus einer weiteren Ehen des überlebenden Partners teilen müssen.

- Sie können versuchen, Ihre Kinder davon abzuhalten, den Pflichtteil zu fordern, wenn Sie eine sogenannte Pflichtteilsstrafklausel einsetzen. Sie besagt, dass derjenige, der seinen Pflichtteil fordert, auch später nur noch einen Pflichtteil bekommt, wenn nach dem Tod des zweiten Ehepartners das gesamte Vermögen vererbt wird.

Fünf goldene Regeln

Vielen Dank Markus. Sie sehen, liebe Leser, Erben ist komplizierter, als man denkt. Sie haben das vielleicht schon an Ihren eigenen unsortierten Gefühlen gemerkt und ich hoffe, dieses Kapitel hat Ihnen geholfen, diese Gefühle anzunehmen und als Herausforderung zu betrachten. Ein rationaler Umgang mit ererbtem Geld stellt sich nicht immer von allein her, sondern muss manchmal richtig erarbeitet werden.

Wenn Sie ein Erbe antreten und Ihre Gefühle Achterbahn fahren, geht Ihnen viel durch den Kopf. Sie haben schon gelernt, dass das gut ist. Lassen Sie Ihre Gedanken ruhig viele Kreise ziehen. Aber irgendwann wollen und sollen Sie natürlich zu Entscheidungen kommen und handlungsfähig werden. Dabei werden Ihnen die folgenden fünf goldenen Regeln helfen, die nach meiner Erfahrung mit meinen Mandanten besonders nützlich sind für ein rationales Schenken und Erben.

1. Machen Sie sich unabhängig vom Willen des Erblassers

Wenn Sie erben, gehört Ihnen das Geld. Sie übernehmen die Verantwortung dafür, was Sie damit tun. Treffen Sie deshalb eigene Entscheidungen.

2. Planen Sie ein Erbe nicht vorab ein

Manchmal haben Sie nicht die richtige Information. Manchmal schmilzt ein Vermögen noch mächtig zusammen, bis der Erbfall eintritt. Verlassen Sie sich lieber auf sich selbst.

3. Lassen Sie sich Zeit zu entscheiden, was Sie mit dem Erbe machen möchten

Vielleicht brauchen Sie erst eine Weile, um den Verlust eines geliebten Menschen zu verarbeiten. Vielleicht müssen Sie sich erst klar werden, was das geerbte Geld Ihnen bedeutet. Übereilte Entscheidungen sind immer riskant. Parken Sie das Geld lieber eine Weile irgendwo und eignen Sie es sich in Ruhe an.

4. Regeln Sie erst die Pflege, bevor Sie an Schenken und Erben denken

Ob Sie mit Ihren Eltern sprechen oder selbst in der Situation sind: Pflege kann sehr teuer sein. Erst wenn klar ist, wie sie finanziert wird, lohnt es sich, überhaupt über das Erbe nachzudenken.

5. Regeln Sie Ihr eigenes Erbe

Sich über die Eltern und Großeltern aufzuregen, ist leicht, aber wenn er selbst an der Reihe ist, verhält sich mancher genauso irrational wie seine Ahnen. Wenn Sie Ihr Geld persönlich verteilen möchten, dann machen Sie ein Testament. Und besprechen Sie mit Ihren Erben, was nötig ist.

Akzeptieren Sie, dass es kompliziert sein kann, etwas zu erben oder eine Schenkung zu erhalten. Nur dann haben Sie die Chance, Ihr Erbe so anzutreten, dass es Sie auf dem Weg zur finanziellen Unabhängigkeit nicht verwirrt, sondern Ihnen nützt.

KAPITEL 9

EIN AIRBAG FÜR DIE FINANZEN – IHR PERSÖNLICHES SICHERHEITSKONZEPT

Für den Fall, dass Ihnen eine Party mal zu wild zu werden droht und Sie Ihre Gäste loswerden wollen, habe ich einen heißen Tipp für Sie: Fangen Sie ein Gespräch über Versicherungen an. Sie werden staunen, wie schnell sich Ihre gute Stube leert. Fluchtartig werden sich Ihre Gäste von Ihnen verabschieden. Wer eben noch ansetzte, das Tanzbein zu schwingen, wird plötzlich von bleierner Müdigkeit zu Boden gedrückt und schlurft mit letzter Kraft aus Ihrer Tür.
Über Versicherungen unterhält sich niemand gerne. Es ist ein sehr negativ besetztes Thema. Einerseits haftet ihm etwas Bürokratisches an. Umständliche Antragsformulare, verklausulierte Vertragsbedingungen, Streitigkeiten, wenn der Versicherungsfall eintritt: Das schreckt viele Menschen ab. Andererseits rücken Themen wie Krankheit, Tod und wirtschaftlicher Verlust ins Blickfeld, wenn es um Versicherungen geht, denn es sind immer diese traurigen oder ärgerlichen Fälle im Leben, die Gegenstand einer Versicherung sind. Und wer denkt schon gerne über das Unglück nach?
Doch es hilft nichts: Wenn Sie finanziell unabhängig sein wollen, müssen Sie sich mit Ihren Lebensrisiken auseinandersetzen. Es gibt keine solide Finanzplanung, ohne dass die grundlegenden Risiken abgesichert sind. Es gibt auch keine Alternative dazu vorzusorgen. Sicher, Sie können Extremsportarten meiden, um Ihr Unfallrisiko zu senken. Sie können sich gesund ernähren, um Zivilisationskrankheiten vorzubeugen. Aber damit schließen Sie das Risiko niemals komplett aus, dass Sie doch krank werden oder dass Sie einen Unfall erleiden. Sie können bei aller Vorsicht nicht verhindern, dass ein betrunkener Autofahrer Sie anfährt oder dass Sie auf einem nassen Küchenboden ausrutschen und sich einen komplizierten Bruch zuziehen. Das Leben birgt nun einmal Gefahren, die sich nicht wegorganisieren lassen.

Ich bestehe deshalb bei meinen Mandanten darauf, dass Sie sich zuerst um ihre Absicherung kümmern, bevor wir über ihre Geldanlagestrategie sprechen. Wenn jemand zu mir kommt und eigentlich über sein Depot sprechen möchte, hake ich nach, wenn ich in seinen Unterlagen gar nichts über Versicherungen finde. Manchmal habe ich ziemlich viel Überzeugungsarbeit zu leisten. Und glauben Sie mir, ich bin kein Fan von Überversicherungen. Mehr Menschen, als ich früher gedacht hätte, setzen sich nur unzureichend mit Versicherungen auseinander. Aber das rächt sich – bedauerlicherweise – wiederum öfter, als die Betroffenen gedacht hätten.

Herr Müller ist doch gesund

Nehmen wir als typisches Beispiel Herrn Müller. Er ist eine fiktive Person, die ich modelliert habe, um Ihnen vor Augen zu führen, warum es wichtig ist, sich zu versichern, und in welchen Irrtümern sich manche Menschen befinden.

Herr Müller kommt also in meine Beratung, um dort über sein Depot zu sprechen. Das ist mittelgroß und er hat ein paar nette Fonds darin. Ich frage ihn, ob er regelmäßig neue dazukauft oder ob er eine Sparrate hat. „Nein", sagt er, „keins von beiden." Das sei nicht drin. Dafür bleibe einfach nicht genügend Geld übrig. Herr Müller ist 37 Jahre alt, Projektleiter im Personalmanagement eines mittelgroßen Unternehmens und er hat eine Frau und zwei Kinder, die er allein ernährt. Klar, dass da nicht viel Geld übrig bleibt. Andererseits hat er kein schlechtes Gehalt und feste Bezüge. Eine monatliche Sparrate ließe sich schon organisieren, wenn Herr Müller wollte.

Ich fahnde also weiter nach Kostenfaktoren und setze an einem Punkt an, der bei vielen Menschen erhebliche Beträge verschlingt: Versicherungen. „Haben Sie so viele Versicherungen?" frage ich. Und lande auf dem Irrweg, denn Herr Müller schüttelt den Kopf. „Nein!", sagt er. „Versicherungen sowieso nicht!" Lediglich eine Haftpflichtversicherung hat er abgeschlossen. Und er geht ganz selbstverständlich davon aus, dass ich zufrieden nicke und diesen Punkt abhake, denn man hört es ja immer, wie übertrieben es sei, sich gegen alles und jedes zu versichern, und wie viel geschickter eine schlanke Linie sei bei Versicherungen.

Aber nun irrt Herr Müller. Stefanie Kühn denkt gar nicht daran, wohlwollend zu nicken. Sondern sie hakt nach: „Sie sind Alleinverdiener, ernähren sich und drei weitere Menschen und haben nichts außer einer Haftpflichtversicherung?" frage ich. „Was machen Sie, wenn Ihnen etwas passiert?" „Aber ich bin doch gesund", sagt Herr Müller. Das sagen wirklich viele Mandanten zu mir.

Ich muss dann immer an einen jungen Mann denken, der einen Schreinerbetrieb übernommen hat. Zuerst hatte er einen Unfall und konnte ein halbes Jahr lang nicht arbeiten. Dann, kaum hatte er wieder losgelegt, stellte sich heraus, dass er eine Krebserkrankung hatte. „Ich bin doch noch nicht mal 30", sagte er zu seinem Arzt. Zum Glück hatte seine Mutter ihn erfolgreich gedrängt, für Krankheit und Unfall vorzusorgen, sodass er diese Prüfungen finanziell weitgehend unbeschadet überstand. Und gesundheitlich inzwischen glücklicherweise auch.

Sie können sich nun sicher vorstellen, was sich in meinem Kopf abspielt, wenn ich in meiner Beratung auf Leute treffe, die Mitte 30 sind und gar nichts abgesichert haben. Wie Herr Müller. Und sich für zu jung halten, um über Krankheiten nachzudenken. Dabei sind sie schon mittendrin in dem Alter, wo so mancher wochenlang lahm liegt mit einem Bandscheibenvorfall. Und Krankheiten wie Krebs treffen Menschen in allen Altersklassen. Auch wenn sie nicht immer tödlich verlaufen, sind sie oft mit monatelanger Arbeitsunfähigkeit verbunden. Haben Sie sich schon mal klargemacht, was das finanziell für Sie bedeutet? Wenn drei Leute von Ihnen abhängen und Sie vielleicht noch ein Haus abzahlen?

Wenn ich meinen Mandanten von solchen Fällen erzähle, fallen ihnen selbst meist ähnliche Geschichten aus ihrem Umfeld ein. Und manchmal hat es fast eine wohltuende Wirkung, diese Themen mal auf den Tisch zu packen. Denn viele Menschen tragen schon lange ein ungutes Gefühl mit sich herum, weil sie sich nicht kümmern.

Wer sich nicht um die Absicherung seiner Risiken kümmert, hat meistens Angst, das ist meine Beobachtung. Angst vor dem Gedanken, dass etwas passieren könnte. Das einzige, was hilft, ist Konfrontation. Sie müssen ehrlich zu sich sein. Wenn Sie ein erhöhtes Krankheitsrisiko in der Familie haben, hilft es nicht wegzuschauen. In Ihrem Unterbewusstsein schleppen Sie die Sorge mit sich herum. Wenn Sie viel mit dem Auto unterwegs sind, erhöht sich natürlich die Gefahr, dass Sie einen Unfall

ORIGINAL KÜHN-STRATEGIE

Befassen Sie sich mit Ihren Lebensrisiken!

Schauen Sie den Gefahren ins Auge und kümmern Sie sich darum. Nähren Sie nicht länger Ihre Ängste, indem Sie die Risiken verdrängen.

erleiden. Und haben Sie schon mal darüber nachgedacht, was für Kosten entstehen können, wenn eine Hausfrau und Mutter von drei Kindern eine lange Krankheit durchmacht und arbeitsunfähig ist? Es gleicht einem Blindflug, sich nicht mit diesen Risiken auseinanderzusetzen.
Ich frage also Herrn Müller, ob im Notfall seine Frau die Familie ernähren kann, nachdem sie fünf Jahre aus ihrem Beruf raus ist. Das muss Herr Müller verneinen. Wie es weitergehen würde, wenn er arbeitsunfähig wäre, hat er noch nicht richtig durchdacht. Jetzt wird ihm klar: Es wäre der soziale Abstieg. Er könnte seinen Lebensstandard überhaupt nicht halten. Über kurz oder lang wären seine Familie und er auf das Sozialamt angewiesen.

Sichern Sie sich sinnvoll ab

Nicht immer läuft die Absicherung darauf hinaus, eine Versicherung abzuschließen. Manche Menschen finden andere Wege. Wenn zum Beispiel die Eltern Millionäre sind und im Krankheitsfall die Familie subventionieren, dann reicht das als Absicherung. Wenn die Hausfrau und Mutter ausfällt, aber eine leistungsfähige Großmutter einzuspringen bereit ist, dann brauchen Sie auch keine zusätzliche Versicherung. Es treffen auch nicht alle erdenklichen Risiken auf jeden zu. Wenn Sie von zu Hause aus arbeiten, minimiert sich Ihr Unfallrisiko. Wenn Sie kurz vor der Rente stehen, brauchen Sie oft keine Berufsunfähigkeitsversicherung mehr. Sie sollen sich also keineswegs wild drauflos versichern. Vielmehr geht es darum, Ihre persönlichen Risiken vernünftig einzuschätzen. Diese Einschätzung lässt sich systematisieren, indem man die Risiken in Klassen einteilt. Eine sinnvolle Einteilung sieht so aus:

- **Existenzvernichtende Risiken**
Das sind Risiken, die Sie wirklich in Armut stürzen können, weil sie lange Einnahmeausfälle mit sich bringen. Eine sehr lange Krankheit oder Berufsunfähigkeit oder der Tod eines Hauptverdieners gehören zum Beispiel für die meisten Menschen dazu.

- **Existenzbedrohende Risiken**
Diese Risiken belasten Sie stark, weil sie hohe Kosten verursachen, bringen aber nicht Ihr gesamtes Finanzgebäude zum Einsturz; zum Beispiel größere Schäden am Auto oder am Eigenheim.

- **Existenzneutrale oder harmlose Risiken**
Hierunter fallen kleinere Gefahren, die kaum der Rede wert sind, wie die eingeworfene Fensterscheibe oder die zerbrochene Vase.

Und das sind die Risiken im Einzelnen:

Existenzvernichtende Risiken

In dieser Klasse haben Sie es mit Risiken zu tun, die Ihre gesamte Existenz bedrohen, wenn sie eintreffen. Vor allem gehören dauerhafte Einnahmeausfälle dazu oder wirklich große Schäden. Hier möchte ich noch einmal vorausschicken, dass einige Risiken, die ich hier aufführe, für Sie in Ihrer ganz individuellen Situation vielleicht nicht existenzvernichtend sind. Sie müssen bei jedem in diesem Kapitel genannten Risiko selbst das Prädikat vergeben. Nur beim Haftpflichtfall behaupte ich, dass es in Deutschland nur eine Handvoll Menschen gibt, die dieses Risiko nicht abzusichern brauchen.

Berufsunfähigkeit bei jüngeren Menschen und Menschen in den mittleren Jahren

Wenn ich das Thema Berufsunfähigkeit anspreche, verziehen manche meiner Mandanten das Gesicht. Denn sie haben von Verwandten oder Bekannten mitbekommen, dass die Berufsunfähigkeitsversicherung sich geweigert hat zu bezahlen, als der Versicherungsfall tatsächlich eintrat. Tatsächlich gibt es immer wieder solche Konflikte mit Berufsunfähigkeitsversicherungen, vor allem, wenn es um psychische Erkrankungen oder um Erkrankungen des Bewegungsapparates geht. Weniger gestritten wird dagegen, wenn die Berufsunfähigkeit beispielsweise auf Grund einer Krebserkrankung eintritt.

Wenn Sie sich gegen eine Berufsunfähigkeitsversicherung entscheiden, ist das grundsätzlich okay. Aber Sie sollten unbedingt abwägen, ob Sie wirklich auf diesen Schutz verzichten können. Die einfache Faustformel lautet: Wenn Ihr Humankapital höher ist als Ihr Geldvermögen, droht Ihnen im Falle einer Berufsunfähigkeit der soziale Abstieg. Anders ausgedrückt: Addieren Sie den Einnahmeausfall, den Sie erleiden, wenn Sie Ihre Arbeitskraft verlieren. Vergleichen Sie diese Summe nun mit Ihrem Vermögen. Was können Sie ausgleichen?

Je älter Sie sind, desto weniger lohnt sich eine Berufsunfähigkeitsversicherung. Denn mit den Jahren sinkt die Zeit, die Sie im Falle einer Berufsunfähigkeit überbrücken müssten. Wenn Sie kurz vor der Rente stehen und schon Rücklagen aufgebaut haben, können Sie die wenigen verbleibenden Jahre vermutlich leichter überbrücken. Angenommen Sie haben ein Vermögen von 1,4 Millionen Euro, das jedes Jahr eine Rendite von 3,5 Prozent nach Steuern abwirft, dann haben Sie monatlich rund 4.000 Euro, von denen Sie gut leben könnten. Ein Kapitalverzehr findet dabei noch nicht einmal statt. Dann brauchen Sie keine Berufsunfähigkeitsversicherung mehr.

Doch jüngere Menschen haben meist kein solches Polster aufgebaut. Für sie bedeutet die Berufsunfähigkeit die Existenzvernichtung. Wenn sie 20 Jahre vor der Rente nicht mehr erwerbstätig sein können, sind sie nach kurzer Zeit auf den Sozialstaat angewiesen. Der Staat zahlt nur eine geringe Erwerbsunfähigkeitsrente, wenn er sich überhaupt überzeugen lässt, dass sie gar nicht mehr arbeiten können. Sie sind dann ein Sozialfall. Das müssen Sie sich klarmachen und überlegen, ob Sie mit diesem Risiko leben wollen.

Manchmal ist die Berufsunfähigkeitsversicherung auch sehr teuer. Handwerker beispielsweise müssen hohe Beiträge zahlen, weil sie ein größeres Berufsunfähigkeitsrisiko haben als beispielsweise ein hauptsächlich am Schreibtisch sitzender Betriebswirt. Das kann sich nicht jeder leisten. Möglicherweise kommen Sie zu dem Schluss, dass Sie nicht so viel Geld ausgeben wollen, sondern lieber mit dem Risiko leben. Manchmal gibt es auch Alternativen; beispielsweise könnten Sie als Handwerker eine Unfallversicherung abschließen, um wenigstens ein großes Risiko als Handwerker über die berufsgenossenschaftliche Absicherung hinaus abzusichern.

Tipps:

- Prüfen Sie, ob Sie über eine Mitgliedschaft in einem Berufsverband ein günstiges Angebot bekommen können. Berufsunfähigkeitsversicherungen prüfen die Voraussetzungen bei solchen Verbandsverträgen manchmal weniger gründlich oder bieten geringere Beiträge. Sie holen diese Kulanz über die Masse der Verträge wieder herein. Es kann sein, dass Sie so nur eine geringe Berufsunfähigkeitsrente abschließen dürfen, aber vielleicht können Sie mit einer eingeschlossenen Dynamik die Rente mit der Zeit steigern.

- Sagen Sie unbedingt die Wahrheit bei allen Angaben über Ihren Gesundheitszustand und Ihre Lebensverhältnisse. Sie riskieren sonst, dass Sie jahrelang in die Versicherung einzahlen und im Ernstfall kein Geld bekommen, weil Sie irgendeine Vorerkrankung verschwiegen haben. Es gibt Fristen für die Angabe zurückliegender Krankheiten. Schauen Sie sich diese Bedingungen genau an. Möglicherweise entscheiden Sie sich, mit der Versicherung noch ein halbes Jahr zu warten, um diese Frist verstreichen zu lassen. Das kann sich auf die Höhe Ihrer Beiträge auswirken, aber auch auf die Frage, ob Sie sich überhaupt gegen Berufsunfähigkeit versichern können. Es kann auch passieren, dass die Versicherung Sie gar nicht aufnimmt, wenn sie eine Vorerkrankung als zu schwerwiegend beurteilt.

Der Haftpflichtfall

Nehmen Sie an, Sie sind als Fußgänger unterwegs, laufen unachtsam auf die Straße und verursachen einen schweren Unfall. Sie können immense Schäden verursachen. Vielleicht hat der Fahrer des Wagens, vor den Sie gelaufen sind, versucht zu bremsen und ist dabei auf den Bürgersteig geraten, wo er jemanden überfahren und zusätzlich einen großen Sachschaden verursacht hat. Wenn das Unfallopfer eine lebenslange Behinderung

davonträgt, kann das extrem teuer werden. Erst recht, wenn der Betroffene noch jung ist.
Wenn Sie für den Lebensunterhalt Geschädigter aufkommen müssen, geht das in die Millionen. Da kommen Sie auch im fortgeschrittenen Alter mit Ihren Rücklagen nicht mehr weit. Das ist einerseits ein Problem für Sie, weil die Haftung Ihr ganzes Geld auffrisst. Wenn Sie nicht besonders viel haben, ist es überdies auch ein Problem für den Geschädigten, der sich auch nichts dafür kaufen kann, wenn Sie zum Sozialfall werden.
Eine Haftpflichtversicherung rate ich deshalb jedem an. Es gibt keine Alternativen dazu. Und sie ist geradezu lächerlich preiswert. Schon für Jahresbeiträge von unter 100 Euro erhalten Sie hohe Deckungssummen. Die Haftpflichtversicherung einsparen zu wollen, ist fahrlässig und durch nichts zu rechtfertigen.

Tipps:

- Prüfen Sie regelmäßig Ihre Deckungssumme. Wenn Ihr Vertrag zehn Jahre alt ist, haben Sie vielleicht eine Deckungssumme von drei Millionen Mark vereinbart. Das ist inzwischen viel zu wenig. Sichern Sie mindestens fünf Millionen Euro ab. Und prüfen Sie in ein paar Jahren wieder, ob diese Summe dann noch angemessen ist.

- Checken Sie die Zusatzleistungen. Zum Beispiel bieten einige Versicherungen eine sogenannte Forderungsausfalldeckung an. Das schützt Sie in dem Fall, dass Ihnen ein Schaden zugefügt wird und der andere keine Versicherung und kein Vermögen besitzt. Darüber hinaus gibt es die Möglichkeit, deliktunfähige Kinder mit in den Versicherungsschutz einzuschließen.

- Vergleichen Sie die Preise. Über Selbstbeteiligung oder Online-Angebote können Sie Geld sparen. Allerdings müssen Sie unter Umständen auch auf Service bei der Abwicklung verzichten.

- Achten Sie auf Extra-Risiken. Für Autofahrer gibt es eine gesonderte Kfz-Haftpflicht, die jeder Fahrzeughalter abzuschließen gezwungen ist. Das ist aber nicht der einzige Sonderfall. Gesondert absichern müssen Sie auch Ihre Haftung

- als Bauherr

- als Tierhalter

- als Besitzer eines Öltanks, falls dieser ausläuft und Gewässer verunreinigt

- als Berufstätiger; für viele Berufe gibt es extra Haftpflichtversicherungen.

Informieren Sie sich auch, ob Ihre Hobbies versichert sind. Die Privathaftpflichtversicherung deckt beispielsweise die Schäden nicht, die beim Surfsport entstehen können. Sie müssten dieses Risiko extra mit absichern.

Todesfall

Es liegt auf der Hand, dass ein Todesfall nicht nur menschlich, sondern auch finanziell eine sehr große Lücke reißen kann. Extrem ist sicherlich, wenn der Hauptverdiener einer Familie in jungen Jahren stirbt. Die gesetzliche Witwen- und Waisenrente deckt oft nur den Grundbedarf. Oft ist der Lebensstandard aber höher, die Kinder haben teure Hobbies, man unterhält ein Auto und dann ist da noch das Darlehen für das Eigenheim, das Monat für Monat bedient werden will. Diese ganzen Kosten summieren sich innerhalb weniger Monate zu Summen, die man mit der Witwen- oder Waisenrente niemals ausgleichen kann. Zwangsversteigerung und finanzieller Ruin sind die Folgen. Nein, ich dramatisiere nicht! So etwas geschieht häufig genug. Immer wieder versäumen Paare es, sich abzusichern für den Fall, dass einer von beiden stirbt. Völlig unterschätzt werden auch die Kosten, die entstehen, wenn der nicht verdienende Partner stirbt. Dann heißt es nämlich, eine Haushaltshilfe und Kinderbetreuung zu finanzieren. Das geht richtig ins Geld, das kann sich nicht jeder leisten.

Hinzu kommt, dass ein Todesfall auch immer ein Trauerfall ist, der die Handlungsfähigkeit stark beeinträchtigt. Viele Menschen sind am Boden zerstört, wenn sie ihren Partner verlieren. Dann auch noch schlimme finanzielle Krisen zu bewältigen, ist eine totale Überforderung.

Meine Mandanten antworten mir auf meine Hinweise, dass sie eine Kapitallebensversicherung haben. Wenn Sie auch dazugehören, dann schauen Sie sich bitte genau an, was Sie im Todesfall bekommen würden. Eine Summe von 50.000 Euro, die als Altersvorsorgesumme durchaus Gewicht hat, ist für einen Todesfall oft nur ein Tropfen auf den heißen Stein. Wenn die Restschuld des Eigenheims

noch 200.000 Euro beträgt, die Ausbildung der Kinder ansteht und der Lebensstandard das ist, was man bei uns in Bayern „gut bürgerlich“ nennt, ist eine solche Summe viel zu gering.
Ich empfehle Ihnen, die Altersvorsorge andernorts zu sichern und für den Fall, dass ein Ehepartner stirbt, eine Risikolebensversicherung abzuschließen. Für relativ wenig Geld sichern Sie die finanziellen Folgen für den Fall ab, dass Sie sterben. Streitigkeiten über den Versicherungsfall haben Sie in der Regel keine zu erwarten. Solange nicht der Verdacht der Selbsttötung im Raum steht, zahlt die Versicherung umgehend. Ich habe Fälle gesehen, in denen die Versicherung innerhalb von zwei Wochen die Versicherungssumme überwiesen hat.

Tipp:

- Die Faustformel für die Deckungssumme bei der Risikolebensversicherung lautet: Pro Kind sollten im Todesfall eines Elternteils mindestens 50.000 Euro ausgezahlt werden, besser 100.000 Euro. Dazu eine Summe, die dem Partner hilft, die Zeit zu überbrücken, die er braucht, um finanziell wieder auf eigenen Füßen zu stehen. Das müssen Sie selbst einschätzen, es hängt von verschiedenen Faktoren ab, unter anderem davon, ob der Partner berufstätig ist oder nicht. Fall nicht, dann ist ein Jahresgehalt des Hauptverdieners sicherlich angemessen.

Pflegebedarf

Seit ihrer Einführung 1995 ist die gesetzliche Pflegeversicherung im Jahr 2008 erstmalig erhöht worden. Die Erhöhungen pro Mo-

nat lagen im zweistelligen Eurobereich. Damit ist schon klar: Sie kann gar nicht ausreichen. Selbst wenn ihr Niveau 1995 ausreichend gewesen sein sollte, hat die Inflation von durchschnittlich 2,5 Prozent pro Jahr inzwischen dafür gesorgt, dass die reale Kaufkraft weit unter der damals kalkulierten Summe liegt. Dazu kommt, dass die Pflegekosten eine höhere Inflationsrate hatten.
Wer lange Jahre Pflege braucht und für diesen Fall nicht vorgesorgt hat, riskiert, auf Sozialhilfeniveau zu enden. Und setzen Sie bitte nicht darauf, dass die Politik das Problem lösen wird. Die gesetzliche Pflegeversicherung wird auch in Zukunft nur einen Teil der tatsächlichen Pflegekosten übernehmen können. Den Rest müssen die Betroffenen selber zahlen. Wenn sie das nicht können, werden ihre Kinder zur Kasse gebeten. Das haben Sie ja schon gelesen.
Sie sind fein raus, wenn Sie eine ausreichende Rente und ein Vermögen aufgebaut haben, aus dessen Erträgen sich die Pflege bezahlen lässt. Wenn die Rente und die Erträge das nicht hergeben, müssen Sie Ihr Vermögen aufbrauchen. Das ermöglicht Ihnen immerhin noch für eine gewisse Zeit eine Pflege mit einem gewissen Standard. Hatten Sie allerdings vor, etwas zu vererben, so müssen Sie und Ihre Erben jetzt Abstriche machen.
Wenn Sie kein so großes Vermögen aufgebaut haben, bietet sich wieder eine Versicherung an. Die privaten Pflegezusatzversicherungen bieten hauptsächlich diese drei Modelle an:

- **Pflegekostentarif:** Hier zahlt die Pflegeversicherung direkt die Kosten für die Pflege, die von der gesetzlichen Versicherung nicht abgedeckt werden, bzw. einen Teil davon (je nach Tarif).

- **Pflegetagegeld:** Sie bekommen pro Tag einen bestimmten Betrag ausgezahlt. Grundsätzlich sind Sie frei darin, wie Sie das Geld verwenden. Achten Sie auf das Kleingedruckte, manchmal stehen dort gravierende Einschränkungen. Zum Beispiel zahlt die Versicherung in manchen Verträgen nur, wenn Sie eine vollstationäre Pflege brauchen.

- **Pflegerentenversicherung:** Das ist eine monatliche Rente, die Sie im Pflegefall erhalten, ähnlich wie das Pflegetagegeld.

Vielleicht scheint Ihnen das Thema Pflege noch sehr weit entfernt. Die Versicherung sollten Sie trotzdem frühzeitig abschließen! Denn eine Versicherung fragt immer nach Ihrem Gesundheitszustand. Je älter Sie sind, desto mehr gesundheitliche Probleme werden Sie angeben müssen. Dann aber weigern sich viele Versicherer, mit Ihnen noch einen Vertrag zu machen, weil das Risiko für den Versicherer zu hoch ist. Oder Ihre Versicherung wird unglaublich teuer.

Tipps:

- Die Kosten für Pflegeplätze steigen kontinuierlich an. Schließen Sie deshalb eine dynamische Pflegeversicherung ab, die entsprechend der Inflation ansteigt.

- Wenn Sie spät dran sind, schauen Sie nach Verträgen, die eine Einmalzahlung ermöglichen. Da zahlen Sie einmal eine große Summe, mit der Sie alles absichern.

- Es gibt Kapitallebensversicherungen mit Pflegeoption. Zwar empfehle ich normalerweise keine Kapitallebensversicherungen. Aber diese Modelle bieten an, zu einem festgelegten Zeitpunkt zu entscheiden, ob Sie sich die Summe auszahlen lassen oder ob Sie sie in eine Pflegerentenversicherung einzahlen. Der Vorteil ist, dass Sie diese Entscheidung erst mit Ablauf der Kapitallebensversicherung, also vielleicht mit 65 Jahren, treffen müssen. Mit 65 Jahren zeichnet sich manchmal schon ab, dass einmal eine Pflege unumgänglich sein wird. Vielleicht sind Sie aber mit 65 auch topfit und haben gerade selbst geerbt. Dann nutzen Sie die Pflegerentenoption nicht und machen mit dem Geld eine Weltreise. Je nach Ihren persönlichen Umständen kann das also eine gute Lösung sein.

Existenzbedrohende Risiken

In dieser Risikoklasse müssen Sie selbst abwägen, wie gefährdet Sie im Einzelnen sind. Ein Autoschaden etwa trifft Sie stärker, wenn Sie kein schnell liquidierbares Vermögen haben, aber den Wagen jeden Tag beruflich nutzen. Wie gut Sie mit einer längeren Krankheit fertig werden, hängt davon ab, ob Sie selbständig oder angestellt sind und über welche Rücklagen Sie verfügen.

Unfall

Wenn Sie viel unterwegs sind, haben Sie ein erhöhtes Unfallrisiko. Die unmittelbaren Behandlungskosten nach einem Unfall übernimmt Ihre Krankenkasse. Aber dann?

Zwar sind nur 13 Prozent aller Berufsunfähigkeitsfälle auf einen Unfall zurückzuführen. Doch wenn Sie zu den Menschen gehören, die beruflich oft mit dem Auto fahren müssen, kann es Sie leichter treffen. Die Unfallversicherung kann Sie in solchen Fällen retten. Sie hilft, wenn Sie gar nicht mehr arbeiten können, aber auch, wenn Sie „nur" eine Phase überbrücken müssen. Die Unfallversicherung kann auch eine Alternative sein zur Berufsunfähigkeitsversicherung, wenn Sie diese nicht bekommen können, weil Sie die Gesundheitsprüfung nicht bestehen. Mit einer Unfallversicherung decken Sie wenigstens einen Teil des Risikos ab. Jedoch möchte ich ganz klar sagen: Wenn Sie die Berufsunfähigkeit ordentlich abgesichert haben, müssen Sie das Unfallrisiko nicht extra absichern – ausgenommen vielleicht Unternehmer und Kinder. Kinder haben ein erhöhtes Unfallrisiko beispielsweise durch Stürze oder Vergiftungen. Unternehmer benötigen bei einem Ausfall oft im Unternehmen Geld für die Betriebsausgaben, die ja weiterlaufen.
Bemessen Sie also: Welches Unfallrisiko haben Sie und wie wären Sie abgesichert im Fall des Falles?

Tipps:

- Wählen Sie einen Progressionstarif. Dabei steigen die Leistungen überproportional mit den Unfallfolgen. Sie vermeiden Streitfälle, die es manchmal beim Stufentarif gibt – hier muss man sich auseinandersetzen, ob man nun zu 39 Prozent invalide ist oder schon zu 41 Prozent, womit man in die nächste Stufe käme. Außerdem bietet der Progressionstarif ein besseres Preis-Leistungs-Verhältnis.

- Schließen Sie auf keinen Fall eine Unfallversicherung mit Prämienrückgewähr ab. Das ist eine verkappte Kapitallebensversicherung. Das Argument, dass Sie am Ende der Laufzeit alle Beiträge zurückbekommen, klingt gut. Aber Sie fahren besser, wenn Sie in der Unfallversicherung nur für die Risikoabsicherung zahlen und andernorts Kapital ansparen. Das Versicherungsunternehmen handelt nicht aus reiner Nächstenliebe!

Wohngebäudeschäden

Ein Haus ist teuer. Wenn es beschädigt wird, kann das enorm viel Geld kosten. Die Banken wissen das und fordern deshalb eine Feuerversicherung. Aber auch Sturm und Hagel oder Pannen in der Wasserversorgung können riesige Schäden verursachen. Wenn Sie Ihr Haus noch abzahlen und ein Hagelsturm das Dach zerstört, sind Sie möglicherweise ruiniert. Auch wenn Sie keine Kredite mehr bedienen müssen und schon über Rücklagen verfügen, entsteht in so einem Fall eine große Belastung.

Rechnen Sie also durch, was Sie schlimmstenfalls für Schäden am Haus bezahlen müssten, und prüfen Sie, ob und wie Sie das Geld aufbringen könnten. Beziehen Sie auch ein, dass Sie im Katastrophenfall eine andere Unterkunft bräuchten. Monatelang als mehrköpfige Familie zur Miete wohnen kostet auch! Schließen Sie eine entsprechende Versicherung ab, wenn Sie feststellen, dass solche Schäden Sie ruinieren würden. Selbst wenn Sie es sich leisten könnten – wollen Sie Ihre Rücklagen für einen Neuanfang ausgeben?

Tipps:

- Sparen Sie nicht an der falschen Stelle. Wohngebäudeversicherungen sind nicht sehr teuer. Sie können es sich also leisten, ein möglichst umfangreiches Paket zu wählen. Wichtig ist auch, dass Sie Überspannungsschäden einschließen oder Abrisskosten nach einem Brand mitversichert haben.

- Verzichten Sie auf den sogenannten Einwand bei grober Fahrlässigkeit: So versichern Sie nämlich auch solche Schäden noch mit, die durch leichtsinniges Verhalten entstehen. Akzeptieren müssen Sie allerdings, dass die Versicherungen hier die Schadenssumme begrenzen.

Längere Krankheit

Überraschend oft sind gut verdienende Menschen gegen Einkommensausfall wegen Krankheit schlecht abgesichert. Sicher, es gibt das Krankengeld der gesetzlichen Krankenkasse. Allerdings bekommen Sie gerade als Besserverdienender nur einen Teil Ihrer gewohnten Bezüge. Das gesetzliche Krankengeld beträgt im Durchschnitt effektiv 75 Prozent des Nettoeinkommens. Obergrenze ist jedoch die Beitragsbemessungsgrenze. Wenn Sie mehr verdienen, haben Sie also im Krankheitsfall deutlich weniger Geld zur Verfügung als bisher.

Das ließe sich vielleicht noch leicht durch ein paar Einsparungen verschmerzen. Doch die meisten Menschen übersehen bei ihrer Risikokalkulation, dass sie ihre Sozialversicherungsbeiträge komplett alleine bezahlen müssen, wenn sie länger als sechs Wochen krank sind. Dann besteht nämlich keine Zahlungspflicht mehr für

den Arbeitgeber. Rechnen Sie also durch, was auf Sie zukäme: Deutlich weniger Geld auf dem Konto und dazu vielleicht deutlich höhere Ausgaben. Könnten Sie das zum Beispiel sechs Monate lang verkraften?
Wenn Sie dafür keine Rücklagen haben, schließen Sie eine private Krankentagegeldversicherung ab. Sie stockt das gesetzliche Krankengeld auf.

Tipp:

- Denken Sie bei Ihrer Risikoabwägung auch daran, dass Sie wahrscheinlich nicht voll handlungsfähig sind, wenn Sie krank sind. Dann werden Sie andere Sorgen haben, als sich um Geld zu kümmern. Eine ausreichende Versorgung werden Sie sehr zu schätzen wissen.

Schäden am Auto

Manchmal sind Autoschäden nur Kleinigkeiten. Wenn Sie an einem Pfeiler entlangschrammen und Ihr Wagen sowieso schon zehn Jahre alt ist, werden Sie den Schaden leicht verschmerzen. Vielleicht hatten Sie sowieso vor, bald ein neues Auto zu kaufen, und Sie benutzen Ihr Fahrzeug ohnehin nicht täglich, sondern nur zu Wochenendausflügen. Die Fahrten zur Arbeit bewältigen Sie mit der Bahn.
Aber angenommen, Sie wohnen auf dem Land. Die öffentlichen Verkehrsmittel bestehen aus einem Bus, der zweimal am Tag über die Dörfer zuckelt. Sie brauchen also ein Auto. Sie fahren damit ins Büro und besuchen Ihre Kunden. Auch ist der nächste Supermarkt nur motorisiert zu erreichen. Wenn Sie unter solchen Umständen Ihr Auto zu Schrott fahren, stehen Sie wirklich schlecht da. Klar

ist: Sie brauchen sofort Ersatz. Sie müssen das nächste verfügbare Fahrzeug nehmen. Sie können auch nicht warten, bis ein besonders günstiges Angebot Ihren Weg kreuzt. Verursachen Sie in solch einer Lebenssituation einen selbstverschuldeten Unfall, der Ihr Fahrzeug fahruntüchtig macht, müssen Sie ganz schnell Tausende auf den Tisch legen. Entweder haben Sie Rücklagen, sodass Sie sich den Schaden leisten können. Oder Sie haben eine Vollkaskoversicherung. Trifft beides nicht zu, dann haben Sie ein Problem. Kalkulieren Sie, wo zwischen diesen beiden Extremen Sie stehen, wenn Sie entscheiden, ob Sie eine Vollkaskoversicherung abschließen möchten. Wie sehr sind Sie auf Ihr Auto angewiesen? Wie viel ist es wert? Und wie würden Sie einen Totalschaden begleichen?

Tipps:

- Die Faustregel für Neuwagen ist, die Vollkaskoversicherung für die ersten vier Jahren abzuschließen.

- Die meisten Versicherungspolicen können Sie zum 30. November eines Jahres kündigen. Tragen Sie sich den Termin in den Kalender ein und halten Sie Ausschau nach günstigeren Verträgen.

An dieser Stelle zwei kleine Anekdoten am Rande: Meine Mutter erzählte mir, dass sie ihre Vollkaskoversicherung einmal aus Kostengründen gekündigt hatte. Prompt fuhr sie ein Schild um. Mir ging es kürzlich ähnlich. Ich kündigte das Krankenhaustagegeld für unseren Ältesten. Inzwischen war er zweimal im Krankenhaus. Glücklicherweise vor Ablauf der Versicherung.

Rechtsstreit

Wenn Ihr Arbeitgeber Ihnen kündigt, fühlen Sie sich möglicherweise ungerecht behandelt. Außerdem müssen Sie vielleicht befürchten, dass Sie nicht so schnell einen neuen Job finden. Dann lohnt es sich, gegen die Kündigung vorzugehen oder um eine Abfindung zu kämpfen. Allerdings kostet so eine Auseinandersetzung beträchtliche Summen. Ihr Anwalt will bezahlt sein und das Gerichtsverfahren kostet ebenfalls. Der Wert, um den es geht, ist für Sie jedoch erheblich. Viele Menschen entschließen sich deshalb dazu, eine Rechtsschutzversicherung abzuschließen.
So eine Versicherung sichert zwar nicht alle Risiken ab. Streitigkeiten beim Kauf oder bei der Finanzierung von Bauvorhaben sind beispielsweise ausgeschlossen. Oder eine Ehescheidung. Sie müssen also abwägen, welche Streitigkeiten möglicherweise auf Sie zukommen und ob Sie diese absichern wollen. Versuchen Sie herauszufinden, ob Sie spezielle Risiken tragen und welche Kosten im Rechtsstreit auf Sie zukommen könnten.

Tipp:

- Wenn Sie Mitglied in einem Interessenverband sind, haben Sie dort oft auch einen Rechtsschutz oder können sich kostenlos beraten lassen. Prüfen Sie, was zum Beispiel der Mieterverein oder Ihr Berufsverband Ihnen bietet.

Hausrat

Viele Menschen unterschätzen den Wert ihres Hausrates. Wer seine Möbel schon seit 30 Jahren mit sich herumschleppt, bekäme ja auch nicht viel dafür, wenn er sie verkaufen wollte. Nur: Wenn

Ihre Wohnung abbrennt, von Einbrechern ausgeräumt oder verwüstet wird oder wenn ein Wasserschaden den alten Teppich zerstört, dann bräuchten Sie ja Ersatz. Dann geht es nicht darum, was der alte Teppich wert war, sondern was der neue Teppich kostet, den Sie sich nun kaufen müssen. Und genau das ist mit einer Hausratversicherung versichert. Nicht was ihre Gegenstände wert waren, sondern was es kosten würde, den Hausrat neu zu beschaffen.
Eine Hausratversicherung lohnt sich deshalb in jedem Fall. Sie kostet nämlich nicht viel. Sie ist so günstig, dass das Finanzamt die Kosten für eine Erneuerung des Hausrates nach einem Brand nicht als außergewöhnliche Belastung anerkennt – weil die Versicherung so wenig kostet, dass nicht einzusehen sei, dass der Steuerzahler für den Schaden mit aufkommt, lautet die Argumentation. Worauf Sie achten müssen, ist die Versicherungssumme. Überschlagen Sie, was es Sie kosten würde, beschädigte Möbel neu zu kaufen oder verbrannte Wände zu sanieren und schließen Sie dementsprechend Ihre Versicherung ab.

Tipps:

- Vergleichen Sie die Preise, Analysen in der Presse zufolge gibt es bei gleicher Leistung Preisunterschiede bis zu 70 Prozent. Vergleichsrechner finden Sie im Internet, z. B. unter www.focus.de.

- Achten Sie auf den sogenannten Unterversicherungsverzicht. Mit ihm sichern Sie, dass die Versicherung im Schadensfall den Wert des Hausrates nicht selbst einschätzt. Beispiel: Ist Ihr Hausrat 200.000 Euro wert und haben Sie aber nur eine Höchstsumme von 100.000 Euro versichert, dann würde die Versicherung ohne Unterversicherungsverzicht auch immer nur die Hälfte eines Schadens zahlen. Entstünde Ihnen also ein Wasserschaden von 50.000 Euro, würde die Versicherung nur 25.000 Euro zahlen. Fazit: Der Unterversicherungsverzicht lohnt sich! Es gilt: Ganz oder gar nicht.

- Für besonders wertvolle Gegenstände, z. B. eine kleine Kunstsammlung in Ihrer Wohnung, brauchen Sie vielleicht eine Spezialversicherung. Die Hausratversicherung beschränkt sich entweder auf einen fixen Betrag oder auf fünf Prozent der Versicherungssumme.

- Schließen Sie keine Glasbruchversicherung ab. Hier endet nämlich das günstige Preis-Leistungs-Verhältnis, das die Hausratsversicherung ansonsten auszeichnet. Eine kaputte Glasscheibe ist ärgerlich, aber sie zu versichern verteuert die Hausratversicherung in einem Maße, das durch das Risiko nicht gedeckt ist.

Extratipp für alle Fälle:

Prüfen Sie immer und bei allen Versicherungen, welche Möglichkeiten der Selbstbeteiligung Sie haben. Viele Versicherungen ermäßigen die Beiträge, wenn Sie sich mit einer bestimmten Summe – meist ein paar Hundert Euro – selbst am Schadensausgleich beteiligen. Prüfen Sie natürlich auch, ob Sie diese Summe tragen können. Vergleichen Sie: Wie viel mehr kostet die Versicherung ohne Selbstbeteiligung? In vielen Fällen werden sich diese

Mehrkosten innerhalb weniger Monate so summieren, dass Sie eine Selbstbeteiligung im Schadensfall billiger käme.

Existenzneutrale oder harmlose Risiken

Harmlose Risiken – das ist schon ein Widerspruch in sich. Kann es harmlose Gefahren geben? Sie merken: Hier geht es um Risiken, die nicht der Rede wert sind. Ich würde auch keine weiteren Worte darüber verlieren, gäbe es nicht einen so großen, bunten Markt an Versicherungen für Gefahren, die eigentlich gar nicht existieren.

Die Top Five der überflüssigen Versicherungen

Unter allen überflüssigen Versicherungen, die mir bei meinen Mandanten und auf dem Markt begegnen, habe ich fünf Versicherungen identifiziert, von denen ich Ihnen augenzwinkernd, aber ehrlich abrate.

Top 1: Die Sterbegeldversicherung

Eine Sterbegeldversicherung halte ich für den größten Unsinn, den man heutzutage kaufen kann. Eine schöne, würdige Beerdigung kostet 4.000 bis 5.000 Euro. Vielfach werden heutzutage sechsstellige Summen vererbt. Auch weniger begüterte Erben dürften es also in den meisten Fällen noch schaffen, eine anständige Beerdigung zu bezahlen. Manche Leute zahlen jahrzehntelang in die Sterbegeldversicherung ein. Wenn es Ihnen wichtig ist, eine bestimmte Summe dafür anzusparen, dann zahlen Sie jeden Monat 40 Euro auf ein Tagesgeldkonto ein. Nach zehn Jahren haben Sie das Sterbegeld locker zusammen. Die Sterbegeldversicherung ist ein Relikt aus Zeiten, in denen große Teile der Bevölkerung kein Barvermögen hin-

terließen und die Lebenserwartung nicht so hoch war. Heutzutage ist beides für die meisten Menschen kein Thema mehr.
Trotzdem schließen noch immer viele Menschen eine Sterbegeldversicherung ab. Wenn Sie sich unwissend auch dazu haben hinreißen lassen, stellen Sie diese beitragsfrei; wenn Sie kündigen, werden Sie wahrscheinlich kaum etwas zurückbekommen.

Top 2: Die Insassenunfallversicherung für Autofahrer

Hier haben wir ein Paradebeispiel aus der Kategorie „doppelt gemoppelt". Denn wenn Sie Fahrzeughalter sind, haben Sie ja schon eine Haftpflichtversicherung abgeschlossen. Die zahlt für sämtliche Schäden anderer Menschen, wenn Sie einen Unfall verschulden. Sie zahlt auch für die Schäden Ihrer Mitfahrer!
Wenn Sie selbst bei Ihrem selbstverschuldeten Unfall verletzt werden, zahlt Ihre Krankenkasse für Ihre Behandlung. Natürlich ist es sinnvoll, sich gegen weiterreichende Unfallfolgen wie Invalidität oder Berufsunfähigkeit abzusichern. Allerdings sollten Sie eine Berufsunfähigkeitsversicherung abschließen, ersatzweise eine Unfallversicherung.
Wenn die Insassenunfallversicherung je sinnvoll war, dann für den Fall, dass Unfälle nicht abgedeckt waren, die aufgrund unvorhersehbarer Ereignisse passierten. Zum Beispiel, wenn das Auto wegen einer Öllache hinter einer Kurve den Halt verlor. In solchen Fällen zahlte die Autohaftpflichtversicherung nicht. Das ist allerdings schon seit Jahren passé.

Top 3: Die Reisegepäckversicherung

Wenn Reisegepäck verloren geht, ist das ärgerlich und nervig, aber kein Grund, eine Reisegepäckversicherung abzuschließen.

Ein bisschen Freizeitkleidung, etwas Urlaubslektüre – was wollen Sie da versichern? Oder nehmen Sie wirklich so teure Gegenstände mit in den Urlaub? Dann lohnt sich vermutlich ohnehin eine Extra-Diebstahlversicherung.

Top 4: Die Ceranfeldversicherung

Ceranfelder kennen inzwischen sicherlich die meisten von Ihnen, es sind die Heizflächen der modernen Küchenherde. Fragen Sie mich bitte nicht, warum man sie versichern soll. Ich weiß es nicht. Die Ceranfeldversicherung wird in Glasbruchversicherungen angeboten, und wenn Sie einfach beide meiden, halten Sie sich hier zuverlässig unnötige Ausgaben sowie lästigen Papierkram vom Hals.

Top 5: Die Restschuldversicherung

Diese Versicherung ist einfach zu teuer. Abgesichert wird das Risiko, dass ein Kredit wegen eines Todesfalls oder Arbeitsunfähigkeit nicht mehr bedient werden kann. Die Absicherung an sich kann sinnvoll sein. Nur ist die Restschuldversicherung leider nicht die günstigste Variante. Schließen Sie lieber eine Risikolebensversicherung ab. Oder sorgen Sie dafür, dass Sie den Kredit im Falle Ihrer Arbeitsunfähigkeit noch aus den Einkünften der Berufsunfähigkeitsversicherung oder der Unfallversicherung bezahlen können. Und generell prüfen Sie bitte, ob die Restschuld überhaupt so hoch ist, dass Sie sie extra versichern müssen. Falls es nämlich nur um 10.000 Euro geht, lohnt sich der ganze Aufwand nicht.

Legen Sie los!

Nun haben Sie alle wesentlichen Informationen, die Sie brauchen, um Ihren Versicherungsbedarf zu sortieren. Gehen Sie systematisch alle Lebensbereiche durch. Schauen Sie, welche Risiken Sie haben und welche nicht. Sortieren Sie Ihre bereits vorhandenen Versicherungsverträge entsprechend: Welche haben Sie schon? Welche brauchen Sie noch? Welche sind überflüssig?
Am besten gehen Sie alle Risiken, die ich Ihnen in diesem Kapitel erläutert habe, einzeln durch. Und stellen Sie sich bei jedem Risiko folgende drei Fragen:

1. Will ich mich gegen dieses Risiko versichern?
Hier dürfen Sie die Klasse der existenzneutralen Risiken natürlich weglassen. Für die für Sie existenzvernichtenden Risiken sollten Sie aber komplett vorsorgen. Die existenzbedrohenden Risiken erfordern Ihre individuelle Einschätzung.

2. Wie habe ich mich gegen dieses Risiko bisher abgesichert?
Für die Risiken, die Sie absichern wollen, stellt sich die Frage, ob Sie ausreichend Vermögen oder bereits eine Versicherung abgeschlossen haben. In letzterem Fall prüfen Sie, ob die Versicherung alle nötigen Schadensvarianten absichert, ob die Summe noch aktuell ist und ob der Markt günstigere Alternativen bietet. Bei Risiken, die Sie nicht absichern wollen, sollten Sie gegebenenfalls schon bestehende Verträge kündigen oder auf Eis legen.

3. Was kostet es, mich gegen dieses Risiko abzusichern?
Recherchieren Sie, wie teuer eine Ihren Wünschen entsprechende Versicherung wäre, und rechnen Sie nach, ob sie sich wirklich

lohnt. Vergleichen Sie mit Vergleichsrechnern im Internet, welche Angebote es gibt. Informieren Sie sich auf Verbraucherschutzseiten oder bei dem Magazin *Finanztest*, welche Produkte besonders empfehlenswert sind.

Wenn Sie alle Risiken durchgegangen sind und Ihre Absicherung entsprechend gestaltet haben, ist Ihr Fundament für die finanzielle Unabhängigkeit gelegt. Jetzt können Sie nach vorne schauen und Ihre Strategie entwickeln, wie Sie Ihr Geld anlegen, um Ihr Zielpuzzle Schritt für Schritt zu erreichen. Außerdem dürfen Sie sich jetzt kräftig auf die Schulter klopfen. Dafür, dass Sie das ganze leidige Versicherungsthema durchgehalten und nicht wie Ihre vergnügungssüchtigen Partygäste die Flucht ergriffen haben! Also, loben Sie sich ruhig einmal selbst. Und vielleicht belohnen Sie sich demnächst mit einem richtig netten Abend?

KAPITEL 10

GEWAGT IST ...
WENN SIE UNRUHIG WERDEN –
EIN EXTRA-KAPITEL
RUND UMS RISIKO

„Oh, wie schön ist Panama!“ Nein, das ist keine neue TUI-Werbung, sondern ein Kinderbuch von Janosch. Wenn Sie selbst Kinder haben, werden Sie es sicherlich kennen. Wenn nicht, ist die Handlung hier schnell erzählt: In dieser Geschichte beschließen der kleine Tiger und der kleine Bär auszuwandern, um das Land zu finden, in dem es nach Bananen riecht – Panama. Unterwegs erleben sie allerhand Abenteuer, landen aber schließlich wieder, oh Wunder, genau an der Stelle, an der ihr eigenes kleines Haus mit Schornstein steht. Da einige Zeit vergangen ist, erkennen sie es jedoch nicht wieder. Es kommt ihnen nämlich viel schöner vor, als sie es in Erinnerung hatten. Tja, so kann's gehen! Auf der letzten Seite des Buches lässt uns der Autor an seiner weisen Moral von der Geschicht' teilhaben: „Du meinst, dann hätten sie ja doch gleich zu Hause bleiben können? Du meinst, dann hätten sie sich den weiten Weg gespart? O nein, denn sie hätten den Fuchs nicht getroffen und die Krähe nicht und sie hätten den Hasen und den Igel nicht getroffen und sie hätten nie erfahren, wie gemütlich so ein schönes, weiches Sofa aus Plüsch ist.“

Was diese Geschichte mit Ihrer Finanzplanung zu tun hat? Nun, Sie wollen sich jetzt um Ihre zukünftigen Geldanlagen Gedanken machen. Und das beginnt damit, dass ich mit Ihnen erarbeite, welches Risiko Sie ganz persönlich eingehen wollen. Das ist nämlich die Voraussetzung für eine erfolgreiche Finanzstrategie. Bevor Sie ein bestimmtes Risiko eingehen, sollten Sie sich im Klaren darüber sein, ob Sie es überhaupt aushalten können. Deshalb habe ich Sie auf die kurze Reise nach Panama mitgenommen.

Möglicherweise ändert sich, während Sie dieses Kapitel über die Welt der Risiken lesen, gar nichts an Ihrer Risikomentalität. Aber

ganz bestimmt erfahren Sie auf diesem Weg wertvolle Details über Ihre Einstellung zum Thema Risiko – genauso wie der kleine Bär und der kleine Tiger auf ihrem Weg nach Panama einiges über das kurze Leben einer Gans oder über das Sofa aus Plüsch erfahren. Sie werden sich selbst und Ihren Umgang mit Depotrisiken sehr viel besser kennenlernen. Und Sie werden erfahren, wie schön das Gefühl ist, genau das Risiko zu tragen, das Sie tragen wollen.
Aus vielen Mandantengesprächen weiß ich, dass das gesamte Konzept eines ansonsten generalstabsmäßig geplanten Vermögensaufbaus damit steht oder fällt, ob Sie Ihr Geld genauso anlegen, wie es Ihrer wahren Risikomentalität entspricht. Denn wenn Ihr Vermögenskonzept nicht zu Ihnen passt, werden Sie bei den kleinsten Unwägbarkeiten unruhig, sorgen sich, reagieren panisch, treffen vielleicht sogar allzu vorschnelle Entscheidungen und verschlechtern dadurch – oftmals dramatisch – Ihre Rendite.

„Einmal im Jahr bekomme ich die Panik!"

Stellen Sie sich bitte einen 52-jährigen Mann vor, nennen wir ihn Herrn Kunze. Er ist seit 20 Jahren glücklich verheiratet und verdient gut. Herr Kunze hat schon ein ziemlich konkretes Zielpuzzle entworfen: Er will sich um seinen Lebensabend keine Sorgen machen müssen. Und er will nach seiner Pensionierung auch jedes Jahr eine größere Reise unternehmen. Monatlich könnte er dafür einen Betrag von 500 Euro zur Seite legen. Dazu kommt eine jährliche Tantieme von netto 20.000 Euro. Bislang hat Herr Kunze das Geld auf dem Girokonto gesammelt und immer, wenn die Summe 5.000 Euro überstieg, hat seine Hausbank ihm eine Anlage empfohlen.

So hat sich über die Jahre ein bunter Mix aus Zertifikaten und Fonds ergeben. Und dann, ungefähr einmal im Jahr, bekommt Herr Kunze „die Panik", wie er es nennt. Gewöhnlich tritt sie auf, wenn die Börsen einen Rücksetzer machen. Er wird unruhig, sieht sich sein Depot an und verliert die Nerven. Hektisch verkauft er drei bis vier Papiere, die im Minus stehen – nur um dann einige Monate später wegen des überlaufenden Girokontos erneut irgendein Zertifikat oder irgendeinen Fonds zu kaufen. Unter dem Strich steht nun ein hässlicher Verlust. Durch seine regelmäßigen Panikattacken ist mindestens schon eine Reise ins Wasser gefallen. Schade!

Was läuft da schief? Nun, Herr Kunze reagiert auf eine bestimmte Situation – nämlich auf die fallende Börse –, indem er Wertpapiere verkauft, die im Minus stehen. Das restliche Jahr kümmert er sich nicht besonders um seine Anlagen. Herr Kunze ist sich scheinbar nicht bewusst, dass aktienbasierte Anlagen das Recht haben zu schwanken. Das liegt in ihrer Natur. Deshalb greift er auch nach einer Phase, in der die Kurse sinken und Aktien verkauft wurden, wieder zu. Und zwar in der gleichen Anlageklasse.

Seine Reaktion zeigt, dass Herr Kunze kein Anlagekonzept hat, das wirklich zu ihm und seiner persönlichen Risikobereitschaft passt. Es ist völlig okay festzustellen, dass man mit Börsenschwankungen nicht klarkommt. Aber es ist fahrlässig, den gleichen Fehler wieder und wieder zu machen. Dieser Fehler ist in seinem Fall, genau den gleichen Anlagebereich nach ein paar Monaten einfach wieder aufzufüllen. Die Folgen solcher Handlungen können dramatisch sein. Sie können alles, was Sie bislang über Durchschnittsrenditen gehört haben, vergessen, wenn Sie es nicht schaffen, ein Anlagekonzept zu finden, das zu Ihnen passt.

Drei Schritte für Ihr persönliches Risikokonzept

Lebensrisiken wie Krankheit, Berufsunfähigkeit und Todesfall oder Naturkatastrophen können Sie mithilfe von Versicherungen abdecken. Das haben Sie im vorigen Kapitel gesehen. Jetzt aber geht es um Risiken, die Sie eingehen, wenn Sie Geld anlegen. Viele Anlageformen versprechen zwar eine hohe Rendite. Sie bergen aber auch das Risiko, an Wert zu verlieren. Wie viel Risiko können Sie aushalten und wie kommen Sie zu einem Anlagekonzept, dessen Risiko zu Ihrer Nervenstärke passt?

Für die Lösung dieses Problems sind drei Schritte nötig:

- Sie lernen, welches Risiko und welche Chancen eine Anlageform birgt.
- Sie schätzen Ihre eigene Risikomentalität richtig ein.
- Sie teilen Ihr Vermögen entsprechend Ihrer Risikobereitschaft auf.

Schritt 1: Lernen Sie Chancen und Risken Ihrer Anlagen kennen

Das Hauptrisiko von festverzinslichen Anlagen, etwa von Anleihen, liegt in ihrer Abhängigkeit von der Bonität des Schuldners. Kann derjenige, dem Sie Ihr Geld geliehen haben (beispielsweise der Staat oder ein Unternehmen) seine Schulden nicht zurückzahlen, ist Ihr Geld im schlimmsten Fall vollständig verloren. Daher werden Anleihen von Rating-Agenturen wie Standard & Poor's (S&P) in puncto Sicherheit bewertet. Sie schätzen die

Wahrscheinlichkeit, mit der der Schuldner zahlungsunfähig wird. Das Kennzeichen für höchstmögliche Sicherheit bei S&P ist das AAA. Ab einem Rating, das niedriger als BBB ist, spricht man von Junkbonds, zu Deutsch „Schrott-Anleihen". Diese Anleihen gelten als nicht mehr investmentwürdig. Leider reagieren die Rating-Agenturen immer etwas zeitversetzt, wenn sich die Bonität eines Schuldners verändert. Beispielsweise galt der US-Energiekonzern Enron noch fünf Tage, bevor er Konkurs anmeldete, als relativ solider Schuldner.

Ein weiteres Risiko bei einer Anlage im festverzinslichen Bereich ist die Änderung des Zinsniveaus. Haben Sie gerade einen Festgeldvertrag bei Ihrer Bank über fünf Jahre abgeschlossen und steigen ein Vierteljahr später die Zinsen um ein Prozent, ärgern Sie sich schwarz. Oder: Haben Sie eine börsennotierte Anleihe gekauft und die Zinsen steigen, dann fällt der Kurs Ihrer Anleihe. Denn die Käufer akzeptieren bei gestiegenem Zinsniveau ja keine Rendite, die geringer ist als die, die der Markt gerade bietet. Sie würden das auch nicht tun. Vor einem Jahr haben Sie zwar die Rendite noch als angemessen empfunden, nun aber würden Sie ja ein Prozent mehr bekommen. Sie riskieren also bei einer börsennotierten Anleihe, dass Sie, falls Sie diese vor Fälligkeit verkaufen, unter Umständen nicht den Preis erzielen, den Sie damals bezahlt haben.

Die Risiken bei aktienbasierten Anlagen sind anders gelagert. Zum einen haben Sie ein Managementrisiko. Wenn das Management eines Unternehmens schlecht wirtschaftet und überraschend schlechte Zahlen auf der Bilanzpressekonferenz präsentiert, strafen Anleger das Unternehmen durch verstärkte Verkäufe ab. Da der Kurs von Angebot und Nachfrage bestimmt

wird, wird der Kurs dann fallen. Wie stark er fällt, ist ein schwer kalkulierbares Phänomen, denn da kommt die Börsen-Psychologie ins Spiel.
Zum anderen haben aktienbasierte Anlagen auch ein allgemeines Marktrisiko. Politische Unsicherheiten oder Ereignisse wie die Terroranschläge am 11. September 2001 etwa können die Kurse stark beeinflussen. Der Aktienmarkt kann auf breiter Front einbrechen, wenn Ereignisse von globaler Bedeutung die Welt erschüttern, selbst wenn die wirtschaftlichen Daten der meisten Aktiengesellschaften in Ordnung sind. Die Menschen verkaufen in solchen Situationen oft panisch ihre gesamten Aktien und schichten in sichere Häfen um wie Anleihen oder Gold. Ob solch ein Ereignis eine Panik oder eine Art Salami-Crash auslöst, ist nicht vorhersehbar. Nach dem Terroranschlag von 2001 war die politische Weltlage so instabil, dass die Börse immer weiter sank – Stück für Stück. Deshalb spricht man von einem Salami-Crash, so wie bei einer Salami auch immer ein Stück mehr abgeschnitten wird. Genau da lag damals das Risiko für die Anleger, denn nach jedem Scheibchen dachten sie, jetzt ist es aber genug! War es aber nicht. Die Talfahrt ging munter weiter. Bis zum März 2003. Die Börsenbaisse – so nennen Börsianer fallende Aktienmärkte – dauerte insgesamt drei lange Jahre. Übrigens konnte auch in der genannten Börsenbaisse bewiesen werden, dass eine globale Risikostreuung durch weltweite Aktieninvestments – das Fachwort hier lautet Diversifikation – in echten Krisenzeiten nicht funktioniert. Es gelingt dann in der Regel keinem Markt, sich der Krise nachhaltig zu entziehen. Dies ist ein wichtiger Punkt für jedes Vermögenskonzept, auch für Ihres!
An dieser Stelle möchte ich noch mit einem weitverbreiteten Irrtum aufräumen: Anders als allgemein angenommenen, darf man

nicht erwarten, dass Aktienmärkte einigermaßen stringent mit Renditen von über zehn Prozent pro Jahr über Jahre und Jahrzehnte aufwärtsstreben. Eine Studie der WGZ-Bank aus dem Jahr 2007 hat ergeben, dass die Deutschen von Aktien 13,3 Prozent Rendite pro Jahr erwarten. Die durchschnittliche Rendite der Vergangenheit liegt aber, je nachdem, welchen Markt und Zeitraum Sie betrachten, eher zwischen 8 und 11,5 Prozent. Aktienmärkte sind ein Spiegelbild der Wirtschaft und die Wirtschaft unterliegt Zyklen. In Phasen des wirtschaftlichen Abschwungs verdienen die Unternehmen nicht so viel und folglich wird ein Unternehmenswert dann nicht nachhaltig in einem solchen Maße gesteigert werden können. Und wenn die Wirtschaft nicht wächst, können Sie auch nicht damit rechnen, dass die Aktienkurse in den Himmel steigen. Wenn Sie in Aktien investieren – egal, ob über Fonds, Zertifikate oder direkt – müssen Sie sich der Realität stellen: Aktien unterliegen Schwankungen in einer Größenordnung von 12 bis 16 Prozent, in schwankungsreicheren Märkten wie beispielsweise den Schwellenländern zum Teil sogar bis 30 Prozent. Und Schwankungen heißt dabei keineswegs, dass die Kurse nur nach oben steigen. Sondern sie können auch ebenso weit nach unten fallen.

Diese Schwankungen sind vollkommen normal und gesund für den Aktienmarkt. Denn die Kurse werden aus Angebot und Nachfrage gebildet und es gibt nie durchgehend mehr Nachfrage als Angebot. Aktienmärkte brauchen auch Konsolidierungsphasen – das sind Phasen, in denen sie nach einer längeren oder überdurchschnittlichen Wertänderung erst mal eine Pause einlegen. Bitte machen Sie sich klar: Wenn Sie in Aktien investieren, müssen Sie Schwankungen von 15 Prozent ohne Weiteres akzeptieren. Das bedeutet bei einer Anlage von 100.000 Euro zu Jahresbeginn im Aktienmarkt auch, dass Sie am Ende des Jahres vielleicht nur noch 85.000 Euro auf Ihrem Depotauszug sehen werden. Sie möchten das auf keinen Fall? Dann sind Aktien nicht das richtige für Sie. Punkt.

Wer wagt, gewinnt – oder verliert

Wo das Risiko groß ist, werden oft auch besonders hohe Renditen geboten. Am Aktienmarkt können Sie aus 100.000 Euro am Jahresanfang 115.000 Euro am Jahresende machen. An dieser Stelle sehe ich bei Seminarteilnehmern immer kleine Dollar-Zeichen in den Augen funkeln. Bei Immobilien wiederum kommt es auf die Lage, die Lage und noch mal die Lage an. Und sagte ich schon, dass es auf die L... Schon gut! Denken Sie nur an die Menschen, die in der Nähe eines Flughafens wohnen und sich plötzlich mit einer geänderten Einflugschneise konfrontiert sehen. Bei anderen Gegenden bringt dagegen eine Umgehungsstraße plötzlich einen deutlichen Wertgewinn für einen Ortsteil. In jedem Fall haben Sie bei vermieteten Immobilien immer mit einem Mietausfallrisiko zu tun – das bedeutet, Sie müssen mit Ärger und Leerständen rechnen.
Bei Rohstoffinvestitionen im Agrarsektor kann das Wetter eine Rolle spielen. Viel Sonne bedeutet eine gute Kaffeebohnenernte, genauso wie viele Stürme und Regen unter Umständen den völligen Ausfall der Ernte zur Folge haben können. Bei Rohstoffinvestitionen im Energiesektor ist das Wetter ebenfalls ein wichtiger Faktor. Ein strenger Winter kann einen erhöhten Heizbedarf der Menschen zur Folge haben und für eine erhöhte Nachfrage bei Energieträgern verantwortlich sein. Dann steigen die Preise und Ihr Gewinn.
Sie sehen, die Risiken und Chancen unterscheiden sich sehr voneinander. Jede Anlageklasse hat ihre ganz spezifischen Kriterien,

auf die Sie achten müssen. Noch dazu verhalten sich die verschiedenen Anlageklassen in unterschiedlichen Situationen möglicherweise sogar gegensätzlich. Das können Sie beispielsweise schon daran ablesen, dass viele Anleger bei einer großen Unsicherheit am Aktienmarkt zu den vermeintlich sicheren festverzinslichen Anleihen (Bonds) greifen. Grundsätzlich gilt aber, dass einige Anlageklassen stärker und schneller schwanken als andere. Rohstoffanlagen und Aktien sind naturgemäß risikoreicher als Anlagen in festverzinsliche Wertpapiere und Immobilien. Dafür gilt auch: Dort wo Sie Chancen wittern – also eine hohe Renditeerwartung haben – müssen Sie auch mit Risiken rechnen. Das müssen Sie wissen und akzeptieren. Je höher die Renditeerwartung, umso höher die Schwankungsbreite der Anlage. Die Banker nennen es: „There's no free lunch." Es gibt bei der Geldanlage kein „kostenloses Mittagessen" – nicht bei der Bank, nicht an der Börse und nicht am Immobilienmarkt. Irgendwer muss irgendwie immer dafür etwas bezahlen.

ORIGINAL KÜHN-STRATEGIE

Akzeptieren Sie, das Chancen und Risiken immer gemeinsam steigen.

Wo die größte Rendite lockt, lauert auch das größte Risiko. Lassen Sie sich also nicht blind von hohen Prozenten locken. Lassen Sie sich aber auch nicht so leicht verschrecken. Wägen Sie gründlich ab.

Schritt 2: Schätzen Sie Ihre Risikomentalität richtig ein

Jetzt geht es darum, mithilfe Ihrer eigenen Erfahrungen und Überlegungen zu einem ersten Risikokonzept zu kommen. Banken mussten standardisierte Fragebögen entwickeln, um die Risikobereitschaft ihrer Kunden zu ermitteln. Diese sind sehr abstrakt, es werden Vermögensverhältnisse, Erfahrungen mit Wertpapieren und in grober Form Ziele abgefragt. Dabei geht es aber nicht um die Frage: „Wie haben Sie sich mit der Erfahrung XY gefühlt?" Für solche Feinheiten ist hier – verständlicherweise – kein Platz. Trotzdem ist eine solch grobe Rasterung immer noch besser, als gar nichts über die Kunden zu wissen.
Sie selbst können solche Auswertungen leider nicht heranziehen, um über Ihre höchstpersönliche Risikomentalität mehr zu erfahren. Das wäre schön, dann könnten Sie sagen: „Aha, Risikogruppe C, mittleres Risiko: Aktienfonds Europa sind erlaubt, weltweit leider nicht, weil aufgrund der verschiedenen Währungen zu risikoreich!" Und leider können Sie das Thema Risiko auch nicht mit der Kontoeröffnung Ihres neuen Direktbankkontos an der Garderobe abgeben. Jedenfalls nicht, wenn Sie einen Verlust von 70 Prozent vermeiden möchten. Viele Fonds mit dem Titel „Aktienfonds Europa" haben in der Zeit des Zusammenbruchs des Neuen Marktes genau diese 70 Prozent verloren – ja, auch die Fonds, die mit den sogenannten Blue Chips, den großen Standardwerten, bestückt waren. Niemand hat wirklich geglaubt, dass ein Fonds, der Aktien wie Allianz, Nokia, Telefonica oder BMW enthält, so weit in den Keller rauschen könnte.

Auf der Suche nach Ihrer höchstpersönlichen Risikomentalität werde ich Sie deshalb mit einigen Fragen unterstützen. Nehmen Sie sich ein Blatt und notieren Sie sich Ihre Gedanken zum Thema Risiko – und zwar nicht die möglichen Gedanken Ihres Partners oder die Aussagen Ihres Bankers, sondern bitte Ihre eigenen! Beantworten Sie folgende Fragen:

1. **Welche Erfahrungen habe ich in der Vergangenheit gemacht?**
   Vielleicht erging es Ihnen wie Herrn Kunze und Sie haben stets zur „falschen" Zeit ge- und verkauft. Dann sind Sie vielleicht ein eher hektischer Anleger. Möglicherweise haben Sie aber auch schon einmal die Nerven bewahrt, einen Kursrückgang von zwölf Prozent ausgesessen und wurden schließlich für Ihre Geduld belohnt, als die Märkte danach wieder gestiegen sind. Ein andermal hat Ihre stoische Ruhe Sie aber den Gewinn von zwei Jahren gekostet, weil Sie die Notbremse zu spät gezogen haben.
   Notieren Sie sich, wie Sie sich gefühlt haben, und überlegen Sie, warum Sie so gehandelt haben, wie Sie gehandelt haben. So haben Sie schwarz auf weiß ein hervorragendes Indiz dafür, zu welcher Art Anleger Sie gehören und wie risikofreudig Sie sind. Überlegen Sie auch, ob Sie jemals schlaflose Nächte wegen Ihrer Geldanlagen hatten. Ich mache an dieser Stelle keinen Witz. Ich weiß aus vielen Mandantengesprächen, dass Menschen oft nicht mehr schlafen können, weil sie unsicher sind, was Sie mit Ihren Geldanlagen in dieser oder jener Situation machen sollen. Versuchen Sie bitte, diese Situation ganz ehrlich einzuschätzen, damit Sie genau

wissen, welchen Zustand Sie zukünftig nicht mehr ertragen möchten.
Vielleicht haben Sie bislang aber auch noch keine Anlagen getätigt und versuchen sich gerade vorzustellen, wie Sie reagieren würden. Das finde ich gut. Wenn Sie feststellen, dass ein zwischenzeitlicher Verlust von 25 Prozent für Sie persönlich eine Katastrophe wäre – halten Sie das fest.

2. **Welcher Verlauf einer Geldanlage würde meine Existenz gefährden und mit welcher Wahrscheinlichkeit könnte dieses Ereignis eintreten?**
   Wenn Sie beispielsweise von den Erträgen Ihres Kapitalanlagevermögens leben, dann darf der Kapitalstock unter keinen Umständen verringert werden. Das wäre eine sehr wichtige Randbedingung für Ihre Anlageentscheidungen. Ihr ganzes Anlagekonzept muss dann auf dieser Bedingung aufgebaut sein – egal was Ihnen die Renditeerwartungen einer Anlageklasse versprechen. Denn es sind eben nur Erwartungen, keine Garantien.

Antworten Sie auf diese Fragen ehrlich und konkret. Es reicht nicht zu sagen: „Wenn es mal richtig crasht, upps, dann habe ich wohl ein Problem!“ Sondern formulieren Sie konkret: „Wenn eine Börsenbaisse mit einem Abschwung von mehr als 30 Prozent stattfindet und sich die Kurse drei Jahre nicht erholen, wird mein Ruhestand nicht so aussehen wie geplant.“ Und dann ziehen Sie den entscheidenden Schluss für sich daraus, etwa: „Mein Anlagekonzept darf diese Situation nicht zulassen.“ Oder: „Ich habe kein Problem damit, länger zu arbeiten. Ich bin bereit, dieses Risiko einzugehen.“ – Gut gemacht!

Schritt 3: Teilen Sie Ihr Vermögen entsprechend Ihrer Risikobereitschaft auf

Aus dieser Analyse können Sie die Ansätze für Ihr zukünftiges Anlagekonzept erarbeiten. Jemand, der feststellt, er neigt in Anlageentscheidungen zu Trägheit, erleichtert sich mit ganz klaren Regeln für Geldanlagen sein Leben. Diese könnten zum Beispiel so aussehen:

- Bei Verlusten von minus 25 Prozent vom Höchstkurs verkaufe ich.
- Diesen kritischen Kurs rechne ich mir einmal im Monat aus und verfolge ihn über mein Musterdepot.
- Ich werde automatisch gewarnt und reagiere dann taggleich.
- Wenn ich fünf Prozent Rendite im Jahr erzielt habe, nehme ich konsequent Gewinne aus Aktien und Roh-

ORIGINAL KÜHN-STRATEGIE

Bestimmen Sie Ihr Risiko selbst.

Lassen Sie sich von niemandem sagen, wie viel Risiko für Sie richtig ist. Schon gar nicht von Menschen, die mit standardisierten Fragebögen arbeiten. Schließlich nimmt Ihnen auch niemand die Verantwortung für Ihre Entscheidung für oder gegen eine Geldanlage ab.

stoffen mit und beginne, diese Rendite zu sichern, indem ich die Anlage auflöse und den Gewinn in festverzinsliche Anlagen umschichte.

Die meisten meiner Mandanten und Seminarteilnehmer kommen mit diesen Fragen sehr gut zurecht. Sie formulieren damit konkret, was sie insgeheim eigentlich schon wussten. Etwas, das einmal ausgesprochen oder aufgeschrieben wurde, nimmt man gewöhnlich ernster, als einen unbewussten Gedanken, der einem bisher nur so durch den Kopf spukte. Lesen Sie also noch einmal, was Sie sich notiert haben, und handeln Sie danach.
Bitte überdenken Sie Ihre Aufzeichnungen auch noch einmal hinsichtlich der Frage, ob Sie Ihre Erfahrungen jetzt mit Ihrem neuen Wissen anders beurteilen. Sie haben gelernt, dass gewisse Schwankungen für eine Anlageklasse normal sind. Und dass manche einem größeren Risiko unterliegen als andere. Vielleicht können Sie rückblickend sagen: „Da habe ich zu früh verkauft, dass hätte ich aussitzen sollen." Oder aber: „Wenn ich gewusst hätte, wie riskant diese Anlage ist, hätte ich sie nie abgeschlossen." Herr Kunze, der Protagonist vom Anfang dieses Kapitels, könnte zu genau dieser Erkenntnis kommen. Vielleicht wird er seinen monatlichen Überschuss in Zukunft abschöpfen und mithilfe einer Sparplantechnik in schwankungsreichere Märkte investieren, um so das Risiko des „falschen Investitionstags" zu senken.
Aber jetzt sind erst einmal wieder Sie dran: Erarbeiten Sie sich eine erste Vermögensaufteilung, von der Sie glauben, dass sie zu Ihrer Risikomentalität passt.

- Überlegen Sie sich unter dem Aspekt Ihrer Risikomentalität, welche prozentuale Aufteilung der Vermögenswerte für Sie angemessen ist. Ihre Anlageklassen Liquidität, festverzinsliche Anlagen, aktienbasierte Anlagen, immobilienbasierte Anlagen und Rohstoffe können Sie beispielsweise in einem Tortendiagramm einzeichnen, um sich die gewählte Gewichtung besser zu verdeutlichen.

Diese Aufteilung ist Ihr erster Entwurf. Vergleichen Sie sie mit Ihrem Ist-Zustand, den Sie in Kapitel 5 erarbeitet haben, als Sie Ihre Unterlagen sortierten und Ihre Bilanz zogen. Sie haben dort schon solche Tortendiagramme gezeichnet, die die Aufteilung Ihres Vermögens abbilden. Wenn Sie jetzt große Abweichungen zwischen der Aufteilung Ihres Ist-Zustands und der Aufteilung gemäß Ihrer Risikomentalität feststellen, dann heißt das: Sie haben Handlungsbedarf! Wenn Ihre Planaufteilung zum Beispiel zehn Prozent aktienbasierte Anlagen enthält, sich aber in Ihrem realen Depot 50 Prozent Aktien befinden, dann haben Sie sich ganz offensichtlich ein höheres Risiko in Ihr Depot gekauft, als Sie es im Grunde Ihres Herzens wollten.

Die Stunde der Wahrheit – das Risiko schlägt zu

Der dritte und letzte Schritt zur Feststellung Ihrer persönlichen Risikomentalität kann erst in der Zukunft erfolgen. Ob Ihre hier spezifizierte Risikomentalität wirklich zu Ihnen passt, werden Sie letztlich erst sehen, wenn ein befürchtetes Risiko eintritt. Dies ist dann praktisch die Stunde der Wahrheit für Sie. Wenn Sie Ihre

Anlagen so gestreut haben, dass beispielsweise nur 20 Prozent vom eintretenden Risiko betroffen sind, wird Ihr Vermögen insgesamt nicht sehr stark beeinflusst. Trotzdem werden Sie danach vielleicht Ihre Risikomentalität revidieren. Das ist okay – immerhin sind Sie jetzt schlauer als vorher. Nichts ist schlimmer, als bei einer Einstellung zu verharren, von der Sie erkannt haben, dass sie nicht mehr zu Ihnen passt.

Einige meiner Mandanten haben im Zuge der Immobilienkrise in den USA im Sommer 2007 festgestellt, dass sie mit ihrer gewählten Aktienquote nicht wirklich gut zurecht kamen. Als die Märkte auf breiter Front binnen weniger Tage 10 bis 15 Prozent einbrachen, habe ich an ihren Reaktionen gemerkt, dass die gewählte Aktienquote, die sie in guten Zeiten am liebsten noch weiter erhöht hätten, ihnen jetzt die nackte Angst ins Gesicht schrieb. Nachdem die Märkte sich beruhigt hatten, haben wir das in Ruhe diskutiert. Einige Mandanten haben ihr Anlagekonzept modifiziert. Sie haben die Aktienquote verringert und sich mehr Zeit zum Lesen von Informationen über die Aktienmärkte genommen. Nachdem die Märkte im Januar 2008 erneut und viel heftiger auf breiter Front einbrachen, konnten viele ruhiger bleiben, denn sie hatten nun genau die Aktienquote, die sie haben wollten. Und mit dieser waren sie auch bereit, stürmische Zeiten durchzustehen.

Mit einem Anlagekonzept, das zu Ihrer Risikomentalität passt, werden Sie durch solch schwere Erschütterungen der Börse wie im Jahr 2008 nicht aus der Bahn geworfen. Sie wissen, was Sie zu tun haben, und Sie wissen auch, wann Sie Ruhe bewahren müssen.

Übrigens: An Tagen, an denen die Börse so stark schwankt, dass niemand mehr weiß, ob nicht in der nächsten Minute weitere

Kursrutsche zu erwarten sind, telefoniere ich fast ununterbrochen mit meinen Mandanten. Wir diskutieren die aktuelle Lage, schauen das Depot an und sprechen darüber, ob dringender Handlungsbedarf besteht. Und natürlich sind auch meine Mandanten an diesen Tagen unsicher. Aber fast immer gelingt es uns, im Gespräch den Fokus auf die eigentliche Strategie zu lenken und die ganze Panik mit etwas Abstand zu betrachten. Dass Sie eine Depotaufteilung haben, die zu Ihnen passt, heißt ja nicht, dass Sie sich um Ihre gewählte Aktienquote keine Sorge in volatilen Zeiten machen. Es heißt nur, dass Sie besonnen mit der Situation umgehen – und manchmal braucht man dafür ein wenig Unterstützung.

Ich werde in solchen Zeiten öfters gefragt, wie ich persönlich mit kritischen Aktienzeiten umgehe. Die Antwort möchte ich Ihnen nicht vorenthalten. Auch ich habe in der Zeit des Neuen Marktes

ORIGINAL KÜHN-STRATEGIE

Prüfen Sie regelmäßig, ob Ihr Risiko noch Ihrer Mentalität entspricht.

Insbesondere, wenn es in einer Ihrer Anlageklassen Probleme gibt, müssen Sie entscheiden, ob Sie Ihre Vermögensaufteilung verschieben. Bewahren Sie in der Krise die Nerven und unterlassen Sie Panikverkäufe. Gestatten Sie sich aber anschließend eine überlegte Anpassung.

meine Lektion gelernt. Ich bin jetzt gemeinsam mit meinem Mann sehr konsequent mit unseren selbst gewählten Verlusttoleranzgrenzen. Wenn diese erreicht sind, steigen wir aus. Wir scheuen uns nicht, uns so lange von einem Markt fernzuhalten, bis wir wieder meinen, dass sich ein Einstieg lohnt. Auch haben wir natürlich unsere Risikobereitschaft anlässlich der Börsenkrise im August 2007 noch einmal hinterfragt. Wir hinterfragen sie immer wieder. Und Sie sollten das auch tun.

Märchen und Fakten über Aktienrenditen

In diesem Zusammenhang möchte ich Ihnen noch etwas sagen: Mich ärgerte, dass Sie bis zum Sommer 2008 überall – in Fachzeitschriften, Büchern und auch bei Bankberatern – für dumm gehalten wurden, wenn Sie nicht in Aktien investieren. Verstehen Sie mich nicht falsch. Ich finde Aktieninvestments sehr spannend und sie bringen Rendite. Aber die gesamte Welt des Kapitalmarkts singt ständig ein Loblied auf Aktien, mit eben jenem Unterton, der suggeriert, dass dumm ist, wer darauf verzichtet. Mich ärgert das, weil die Realität leider ganz anders aussieht. Mir sitzen täglich Leute wie Herr Kunze gegenüber und sagen: „Frau Kühn, ich habe wirklich geglaubt, Aktien seien Teufelszeug, nachdem ich in den Zeiten des Internet-Hypes bis 2001 so auf die Nase gefallen bin. Ich habe damals alles in Aktien gesteckt, weil ich dachte, ich verpasse etwas. Anfang 2003 (Anmerkung: Da hatte der DAX seinen Tiefpunkt erreicht) bin ich dann ausgestiegen und habe alle Verluste realisiert. Mitte 2007 bin ich wieder eingestiegen."
Wie ist wohl die Durchschnittsrendite dieser Mandanten? So negativ, dass Sie sie gar nicht wissen möchten. Ob sie sie jemals wieder

Abbildung 7: Diesen Gewinn benötigen Sie nach einem Verlust, um diesen wieder auszugleichen.

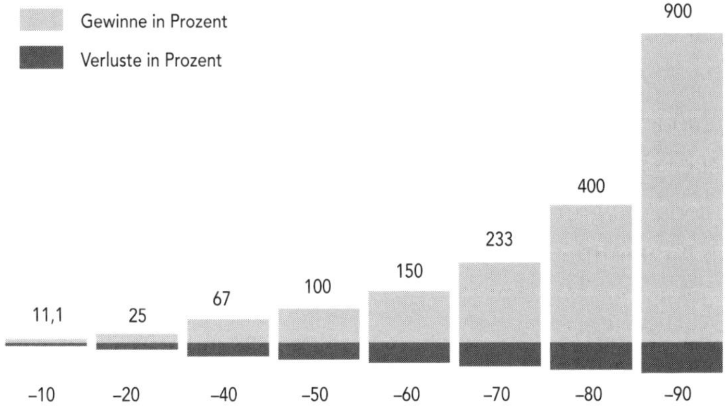

aufholen werden? Schauen Sie selbst in die oben stehende Grafik. Bei einem Verlust von minus 70 Prozent – und das war damals keine Seltenheit – bräuchten Sie einen Gewinn von 233 Prozent, um überhaupt wieder auf null zu kommen. Von Rendite rede ich da noch gar nicht.

Wenn jemand mit zwischenzeitlichen Verlusten nicht klarkommt, wird er niemals die genannten Durchschnittsrenditen erreichen. Es gibt Studien, beispielsweise der Fondsgesellschaft Fidelity Investments, dass es die Rendite über die gesamte Laufzeit erheblich schmälert, wenn Sie die besten Aktientage verpassen. So lag die durchschnittliche Jahresrendite des DAX im Zeitraum vom 1. Januar 1991 bis zum 31. Januar 2006 bei 9,7 Prozent. Fehlten die besten zehn Handelstage, sank die Rendite auf 4,9

Prozent pro Jahr, fehlten die besten 40 Aktientage, sank sie gar auf minus vier Prozent.

Für Sie bedeutet das: Wenn Sie einen sehr langen Anlagehorizont haben, können Sie mit Ihren Aktieninvestments alle Schwankungen durchstehen – wenn Sie die für Sie richtige Aktienquote haben. Glauben Sie lieber nicht, dass Sie klüger als der Markt sind, das klappt nicht, denn die Börse ist nicht logisch, sondern psychologisch.

Installieren Sie eine rote Ampel

Was können Sie tun, um Ihr Risiko zu begrenzen? Zum einen können Sie alle börsennotierten Anlagen in einem Musterdepot beobachten. Damit haben Sie stets einen aktuellen Überblick über Ihre Gesamt-Performance. Dort können Sie auch die bereits angesprochenen Warnlimits setzen, mit denen Sie vermeiden, dass Sie einen Kursrückgang nicht mitbekommen. Dieses Warnlimit ist quasi Ihre gelbe Ampel. Zum anderen können Sie sich eine rote Ampel setzen. Das ist der Kurs, bei dem Sie ein Investment abstoßen. Der Punkt, an dem Sie sagen: Mehr Verlust möchte ich auf keinen Fall akzeptieren. Besonders bei längerer Abwesenheit, beispielsweise wenn Sie im Urlaub sind, ist es gut, diese rote Ampel als echtes Stop-Loss-Limit zu setzen. Die Bank würde dann automatisch verkaufen, falls dieser Stop-Loss-Kurs unterschritten wird. Außerdem können Sie eine Quote für festverzinsliche Anlagen wählen, die Ihnen garantiert, dass Sie bei Schwankungen des Aktien- und Rohstoffbereichs nicht panisch reagieren müssen. Genügend schwankungsarme Anlagen führen oft dazu, dass Sie mit Schwankungen in den Bereichen Aktien und Rohstoffe viel besser umgehen.

ORIGINAL KÜHN-STRATEGIE

Korrigieren Sie Ihren Kurs!

Insbesondere, wenn ein Risiko eingetreten ist, sollten Sie neu über Ihre Risikostrategie nachdenken. Besser, Sie geben zu, dass Sie Ihre persönliche Risikomentalität noch nicht gefunden haben, als übermäßig viel Geld zu verlieren oder schlecht zu schlafen.

Und last but not least: Bauen Sie Ihre Position im Aktienmarkt über Sparpläne auf! Neben den schon genannten Vorteilen üben Sie damit praktisch, Ihre Risikotoleranz zu vergrößern. Möglicherweise haben Sie gar nicht zu viele Investments in schwankungsreichen Anlagen. Viele Menschen horten auch Lebensversicherungen und Sparbücher und trauern in guten Aktienjahren den verpassten Renditen aus diesen Märkten hinterher. Es gibt immer zwei Seiten der Medaille!

Herr Kunze kann nun wie folgt vorgehen: Er listet zuerst auf, was er wo angelegt hat, und macht sich so bewusst, wann er nervös wird und warum. Er reduziert dann seine Aktienquote. Vielleicht toleriert er Schwankungen jetzt schon leichter. Wenn nicht, muss er seine Aktienquote noch weiter reduzieren. Herr Kunze kann sich auch schlau machen, welche Schwankungen normal sind und welche nicht. Er lernt so, die Märkte besser zu verstehen. Statt der Anlage im Aktienbereich wählt er verstärkt festverzinsliche Anlagen aus, bei denen er genau weiß, was am Ende herauskommt. Wollte er den Aktienbereich weiterhin aufbauen, wäre das Aktiensparen in Form eines Fondssparplans mit seinem monatlichen Überschuss geeignet, denn da würde er regelmäßig zu unterschiedlichen Kursen einkaufen.

Durch diese Veränderungen im Anlegerverhalten stellt sich bei Herrn Kunze ein weiterer positiver Aspekt ein: Da er besonnener reagiert, fallen weniger Transaktionsgebühren an. Auch die erzielbare Rendite bessert sich, denn die Gefahr, stets dem Trend hinterherzulaufen, sinkt. Bislang ist er oft zu spät wieder eingestiegen. Durch das größere Polster im festverzinslichen Bereich bleibt er nun bei den Aktieninvestments ruhiger und verpasst nicht die „besten Tage“ am Aktienmarkt, die historisch gesehen oft direkt nach großen Einbrüchen lagen.

Wenn Sie Ihr eigenes Anlagekonzept unter Berücksichtigung Ihrer persönlichen Risikomentalität fertiggestellt haben und damit Ihre Ziele gelassen und sicher erreichen können, dann kann man bei Ihnen zu Hause vielleicht ganz ähnliche Plaudereien hören wie bei dem kleinen Bär und dem kleinen Tiger: „‚O Tiger‘, sagte jeden Tag der kleine Bär, ‚wie gut ist es, dass wir Panama gefunden haben, nicht wahr?‘ ‚Ja‘, sagte der kleine Tiger, ‚das Land unserer Träume. Da brauchen wir nie, nie wieder wegzugehen.‘“

KAPITEL 11

EINFACH ODER GAR NICHT – IHRE ANLAGESTRATEGIE

Ist Ihnen eigentlich klar, dass Sie beim Durcharbeiten dieses Buches schon sehr viel für Ihre Anlagestrategie geleistet haben? Auf dem Weg zur finanziellen Unabhängigkeit sind Sie jetzt schon etliche Schritte gegangen. Sie haben sich mit Ihrer Persönlichkeit auseinandergesetzt und herausgefunden, wie Sie mit Geld umgehen. Sie haben nachgedacht, was Sie für Ziele haben, und daraus ein Puzzle gefertigt, das diese Ziele zueinander in Beziehung setzt. Sie haben Ihre Unterlagen geordnet und analysiert, wie Ihr Vermögen zusammengesetzt ist. Dann haben Sie sich damit beschäftigt, wo Sie sparen können und wie Sie Ihr Einkommen erhöhen können. Schließlich haben Sie entschieden, wie Sie Ihre Lebensrisiken absichern, und Sie haben ein Konzept für die Risikobewältigung in Ihrer persönlichen Anlagestrategie entwickelt.

Manchmal sind Sie auf diesem Weg vielleicht etwas ungeduldig geworden, weil ich Sie so oft auf Themen gestoßen habe, die Sie selbst gar nicht mit Ihrer Anlagestrategie in Verbindung gebracht hätten. Die eine oder andere Aufräumaktion haben Sie vielleicht zähneknirschend vorgenommen. Aber dafür haben Sie vielleicht auch schon gespürt, wie die verschiedenen Fäden allmählich wieder zusammenlaufen.

Sie haben nämlich jetzt ein felsenfestes Fundament geschaffen, auf dem Sie Ihre persönliche Anlagestrategie aufbauen können. Und das ist ja das Ziel der ganzen Sache. Sie sollen nicht die 1.000 Tipps und Tricks irgendwelcher Ratgeber befolgen und auch nicht das Konzept irgendeines Bankberaters umsetzen. Sondern denken Sie immer daran: Es geht um Sie, um Ihre Strategie, um Ihre Ziele. Vergessen Sie die angesagten Konzepte Ihrer Freunde oder irgendwelcher selbst ernannten Experten. Für Sie ist das richtig, was für Sie passt. Also genau das, was Sie sich bis jetzt schon erarbeitet haben, und das Wissen, auf dem Sie jetzt Ihre Anlagestrategie aufbauen.

Jetzt laufen alle Fäden zusammen!

Ihr felsenfestes Fundament kommt jetzt auch direkt zum Einsatz. Nehmen Sie sich bitte Folgendes noch einmal vor:

- Ihr Zielpuzzle aus Kapitel 3
- Ihre Bilanz aus Kapitel 5
- Die Tortendiagramme Ihres Ist-Zustands aus Kapitel 5
- Ihr neues Tortendiagramm aus Kapitel 10, das Ihre künftige Wunsch-Risikoaufteilung abbildet.

Ihre Aufgabe ist jetzt, diese Arbeitsergebnisse systematisch zueinander in Beziehung zu setzen.
Sie haben im vorigen Kapitel schon verglichen, was Sie für eine Risikoaufteilung haben möchten und wo Ihr Geld tatsächlich steckt. Sie haben außerdem in Ihrem Zielpuzzle kurzfristige, mittelfristige und langfristige Ziele festgelegt. Jetzt kommt es darauf an abzugleichen, inwiefern Ihre Anlage Ihren Zielen entspricht und wo Sie etwas verschieben möchten. Wenn Sie beispielsweise in Ihrer Risikoaufteilung festgelegt haben, dass Sie nur 20 Prozent Ihres Vermögens in Immobilien investieren wollen, tatsächlich Ihre Immobilienquote aber 40 Prozent beträgt, dann müssen Sie etwas verändern. Wenn Sie eine Notfallreserve aufbauen wollen, dann müssen Sie genug Geld auf ein Tagesgeldkonto bringen.
Und grundsätzlich gilt: Je kurzfristiger Ihre Ziele sind, desto sicherer muss Ihre Anlage sein. Wenn Sie beispielsweise in drei Jahren ein

Haus bauen wollen, müssen Sie Ihr Geld sicher und flexibel anlegen. Dann liegt Ihre Aktienquote in den nächsten fünf Jahren wahrscheinlich bei null, und das ist auch völlig in Ordnung.
Wie Sie die einzelnen Bereiche bewerten und welche Möglichkeiten Sie bei den verschiedenen Anlageformen haben, gehe ich nun im Einzelnen mit Ihnen durch. Die Struktur, nach der ich die Vermögensbereiche ordne, ähnelt den Sparten, in die sie Ihre Unterlagen einsortiert haben, als Sie in Kapitel 5 Ihre Bilanz gezogen haben. Diesmal sehen sie so aus:

1. Liquidität
2. Festverzinsliche Anlagen
3. Aktienbasierte Anlagen
4. Immobilien
5. Beteiligungen
6. Rohstoffe
7. Versicherungen

1. Liquidität

Geldanlage ist ein Prozess, das haben Sie schon gesehen. Immer wieder hinterfragen Sie Ihre Strategie, prüfen den Markt und die Rentabilität Ihrer Anlagen. Ihre liquiden Mittel sind dabei das flexibelste Element. Geld, das Sie auf dem Girokonto oder dem Tagesgeldkonto parken, können Sie jederzeit verwenden, um etwas zu kaufen oder um eine Durststrecke zu überbrücken.
Für eine sinnvolle Liquiditätsreserve gibt es zwei Standards. Einer besagt, dass Sie fünf bis zehn Prozent Ihres Vermögens liquide halten. Vielleicht haben Sie das auch schon einmal irgendwo

gelesen. Meine Erfahrung ist, dass tatsächlich viele Menschen eine Liquiditätsreserve in dieser Größenordnung aufbauen. Und das ist auch sinnvoll. Allerdings rate ich immer davon ab, sich allzu fest an dieses Maß zu klammern. Denn Vermögen können unterschiedlich groß sein. Warum müssen Sie als Millionär täglich über 50.000 oder 100.000 Euro verfügen können? Wenn Sie das bewusst entscheiden – gut. Aber eine objektive Notwendigkeit kann ich nicht erkennen. Umgekehrt wäre es Unsinn, wenn Sie als junger Mensch kaum Rücklagen haben und entsprechend Ihre Liquiditätsreserve gen null sinken lassen. Ich empfehle als Durchschnittswert lieber eine am Einkommen orientierte Größe. Sie beträgt drei Netto-Monatsgehälter beziehungsweise Monatsentnahmen bei Selbstständigen. Damit können Sie Ihren täglichen Bedarf gut abfedern, ohne ins Minus zu rutschen, und auch Sonderausgaben ohne Stress tätigen, z. B. Reparaturen am Auto oder im Haushalt.

Allerdings kommt es letztlich auch hier auf Ihre persönlichen Ziele an. Schauen Sie auf Ihr Zielpuzzle. Vielleicht steht auf einem Teil, dass Sie in den nächsten Jahren in der Lage sein wollen, eine Arbeitslosigkeit von sechs Monaten zu überbrücken. Vielleicht haben Sie dieses Ziel formuliert, weil es bei Ihnen im Job jetzt schon heftig rumst und kracht und Sie sich den Konflikten nicht unbegrenzt aussetzen wollen. Also rechnen Sie tatsächlich damit, in absehbarer Zeit Ihre Rücklagen angreifen zu müssen. In diesem Fall ist es für Sie natürlich wichtig, ausreichend Geld griffbereit zu haben. Dann sollte Ihre Liquiditätsreserve natürlich höher sein als 10.000 Euro. Ob sie fünf oder zehn Prozent ihres Vermögens beträgt, spielt nun wirklich überhaupt keine Rolle mehr.

Sie sollten Ihre Liquiditätsanteile aber auch zu Ihrer restlichen Vermögensaufteilung in Beziehung setzen. Angenommen Sie möchten 60 Prozent Ihres Vermögens in festverzinsliche Anlagen investieren. Dann brauchen Sie nicht so viel Liquidität. Umgekehrt sollte Ihr liquider Anteil etwas über den drei Monatsgehältern liegen, wenn Sie festverzinsliche Anlagen scheuen.

Und noch einmal kommt der Prozesscharakter von Geldanlagestrategien ins Spiel: Manche Menschen brauchen nicht nur Zeit, um ein Vermögen aufzubauen, sondern auch, um ihre Ziele festzulegen. Gerade jüngere Leute wissen oft noch nicht, wie es beruflich weitergeht oder ob sie eine Familie gründen werden. Die Entwicklung ihrer Ziele und die Anpassung ihrer Anlagestrategie ist ein Prozess, der sich über Jahre hinziehen kann. Auch in späteren Jahren ist ein Neuanfang möglich, etwa nach einer Trennung oder einer Pleite im Beruf. Wenn Sie, in welchem Alter auch immer, am Anfang eines solchen Prozesses stehen, dann kann Ihr Liquiditätsanteil auch mal drei Jahre lang bei 70 Prozent Ihres Vermögens liegen, weil Ihr Vermögen noch klein ist oder weil Sie noch flexibel bleiben möchten.

Egal, wie groß der Anteil ist: Sorgen Sie in jedem Fall für eine sinnvolle Anlage. Parken Sie bitte nicht alles auf dem Girokonto! Deponieren Sie hier nur so viel, dass die laufenden Abbuchungen gedeckt sind und das Konto nicht ins Minus rutscht. Den Rest Ihrer liquiden Mittel legen Sie am besten auf einem Tagesgeldkonto an. Von hier aus können Sie jederzeit so viel Geld auf das Girokonto überweisen, wie Sie wollen. So wird Ihr Vermögen zumindest nicht geringer, denn die Zinsen, die Sie erzielen können, decken mindestens die Inflationsrate.

2. Festverzinsliche Anlagen

Sie wissen schon: Je kurzfristiger ein Ziel ist, desto sicherer muss die Anlage sein. Wenn Sie in wenigen Jahren ein Eigenheim besitzen wollen, dann schlägt bei Ihnen jetzt die Stunde der festverzinslichen Anlagen. Sie legen sich für ein paar Jahre auf einen Zinssatz fest und wissen, wenn Sie das Geld einsetzen wollen, dann ist es auch da.

Wenn dagegen Ihre Ziele eher langfristig sind, dann reicht zumindest für einen eher wachstumsorientierten Anleger eine Quote von 15 Prozent an festverzinslichen Anlagen. Sie sind nicht so rentabel wie risikoreichere Anlagen. Aber sie stabilisieren das Vermögen. Und Sie können im Zweifelsfall recht schnell über sie verfügen, wenn Ihre Ziele sich einmal ändern, ohne dass Sie allzu große Verluste hinnehmen müssen.

Zu den bekanntesten festverzinslichen Anlagen gehören Bundesanleihen und Bundesschatzbriefe, letztere liebevoll auch „Bundesschätzchen" genannt. Beides sind Schuldverschreibungen des Bundes. Sie leihen also dem deutschen Staat Geld. Das ist eine sehr sichere Anlage, zumal Sie diese Wertpapiere ohne Kauf- oder Depotgebühren bekommen können, wenn Sie sie direkt über die Bundesrepublik Deutschland Finanzagentur GmbH (vormals Bundesschuldenverwaltung) erwerben. Allerdings sollten Sie auch Ausschau halten nach Alternativen. Denn gerade weil die Bundesanleihen als so bombensichere Anlagen gelten, muss die Bundesrepublik keinen Risikoaufschlag zahlen. Im Gegensatz zum Beispiel zu Schwellenländern, bei denen das Risiko, dass sie zahlungsunfähig werden, höher ist. Dafür müssen diese Länder den Anlegern einen höheren Zins bieten. Natürlich müssen Sie abwägen, welchem Schuldner Sie vertrauen. Sie haben mein Verständnis, wenn

Sie beispielsweise vor einer argentinischen Anleihe zurückschrecken. Inländisch können Sie auch bei Anleihen der Bundesländer höhere Renditen erzielen und zwar ohne nennenswertes Risiko. Auch Bankhäuser bieten Schuldverschreibungen an. Eine weitere Alternative sind Pfandbriefe, das sind Schuldverschreibungen, die mit einer Immobilie besichert sind. Wenn Sie Unternehmensanleihen erwerben, haben Sie bis zu ein Prozent mehr Rendite als bei staatlichen Anleihen. Natürlich kann ein Unternehmen eher pleitegehen als ein Staat. Dafür haben Sie dann eben diesen Zinsaufschlag. Schauen Sie sich die Unternehmen genau an. Wenn Sie beispielsweise eine Anleihe eines Stromerzeugers kaufen, ist Ihr Geld vermutlich ziemlich sicher. Natürlich sollten Sie die Wirtschaftsberichterstattung in der Zeitung verfolgen und sich auf dem Laufenden über das Unternehmen halten und über die Märkte, auf denen es tätig ist.

Wenn Sie nicht selber einzelne Staats- oder Unternehmensanleihen kaufen wollen, bietet Ihnen der Markt noch Fonds an, die für Sie die entsprechenden Anleihen kaufen. Ich möchte Ihnen allerdings davon abraten, in Rentenfonds zu investieren, die in europäische Staatsanleihen anlegen. Überlegen Sie einmal: Einen Fonds kaufen Sie immer dann, wenn Sie Ihr Risiko streuen wollen. Was genau wollen Sie bei einem Euro-Rentenfonds streuen? Die Rendite- und die Risiko-Unterschiede sind minimal. Das Zinsniveau ist dazu mäßig. Und der Fondsmanager muss ja auch noch bezahlt werden. Der Fehler liegt bei diesem Produkt schon im System – da kann für Sie auf Dauer keine bessere Rendite als beim direkten Kauf von Anleihen herauskommen.

Anders ist es, wenn Sie doch mit ferneren Ländern liebäugeln. Tatsächlich gibt es in Südamerika ganz lukrative Anleihen. Hier kann ein Fonds den Vorteil, dass er in verschiedenen Ländern anlegen

kann, voll ausspielen. So wird das Risiko gestreut, das in diesen Ländern unzweifelhaft größer ist als bei uns – Sie wissen ja schon: Rendite und Risiko gehen Hand in Hand.
Grundsätzlich empfehle ich Ihnen, Fonds – egal ob Renten-, Aktien- oder Immobilienfonds – über eine Direktbank und dort über die Börse zu kaufen, denn da haben Sie bessere Konditionen als bei der Hausbank. Das Maximum der Kaufgebühren ist bei den meisten Direktbanken auf einen Betrag von weit unter 100 Euro pro Transaktion begrenzt. Und der Kauf über die Börse erspart Ihnen den Ausgabeaufschlag. Manche Fonds werden bei Direktbanken auch komplett ohne Ausgabeaufschlag über die Fondsgesellschaft angeboten. Wenn der von Ihnen ausgewählte Fonds dabei ist, sollten Sie das natürlich nutzen. Ihre Hausbank bietet Ihnen zwar eine Beratung, aber die Gebühren sind häufig auch dadurch nicht zu rechtfertigen. Wenn Sie trotzdem gerne Ihre Geschäfte mit Ihrer Hausbank tätigen wollen, dann teilen Sie ihr Ihr Dilemma doch einfach mit. Am Ende müssen Sie einfach einmal ausrechnen, ob die Beratung Ihres Bankers die zu sparende Gebühr wert ist.
Und sehen Sie sich doch einmal ein ganz normales Festgeld bei einer Direktbank an. Die Einlagensicherung der gängigen Privatbanken ist so hoch, dass Ihr Geld zu 100 Prozent abgesichert ist. Die Konditionen liegen über den Bundeswertpapieren, Kosten gibt es keine.

3. Aktienbasierte Anlagen

Frage ich Mandanten oder Teilnehmer meiner Seminare, welchen Anteil ihres Vermögens sie in Aktien anlegen möchten, dann sagen sie meistens: „Mindestens die Hälfte“ oder „höchstens ein Drittel“. Allerdings habe ich auch Mandanten, denen es riesigen Spaß macht, mit Aktien zu handeln. Sie verfolgen mit großem Interesse die Börsennachrichten, saugen Informationen über Märkte und börsennotierte Unternehmen förmlich in sich auf und kümmern sich an bewegten Tagen mehrmals täglich um ihr Depot. Wenn solche Mandanten mich anstrahlen und verkünden, dass sie vorhaben, ihr ganzes verfügbares Geld in Aktien zu investieren, dann finde ich das grundsätzlich völlig in Ordnung. Voraussetzung ist natürlich, dass sie finanziell einigermaßen entspannt dastehen, ihre Lebensrisiken gut abgesichert haben und mit dem Risiko an der Börse umgehen können. Grundsätzlich gilt außerdem: Je erfahrener Sie sind, desto größer kann Ihr Aktienanteil sein. Steigen Sie dagegen erst in den Aktienhandel ein, dann empfehle ich Ihnen, mit kleinen Summen anzufangen und erst einmal die Märkte kennenzulernen.

Ich habe auch Mandanten, die sehr sicherheitsorientiert und konservativ in ihrer Anlagestrategie sind. Wenn sie zu mir kommen und 80 Prozent ihres Geldes in Aktien investieren wollen, hat ihnen das meistens irgendein „Experte" empfohlen, der vielleicht viel über Renditen weiß, dafür überhaupt nichts über die persönlichen Voraussetzungen meiner Mandanten. Ich rate in solchen Fällen entschieden von einer hohen Aktienquote ab, denn ich kann schon sehen, wie in wenigen Monaten diese Mandanten mit tiefen Ringen unter den Augen vor mir sitzen und über schlaflose Nächte klagen, wenn sie tatsächlich so viele Aktien kaufen würden.

Gerade bei Aktien spielen die individuellen, emotionalen Voraussetzungen eine besonders große Rolle. Wenn Sie Ihr Geld sicherer angelegt haben, als es Ihrem Typ entspricht, ärgern Sie sich vielleicht über eine entgangene Rendite. Belastender ist aber mit Sicherheit der umgekehrte Fall, wenn Sie risikoreich investiert haben und sich dann laufend Sorgen machen. Sie sollten deshalb beson-

ders ernst nehmen, was Sie sich im vorigen Kapitel über Ihre individuelle Risikobereitschaft erarbeitet haben.
Zudem gilt auch bei Aktien, dass Sie Ihre Strategie auf die Zeitdimension Ihrer Ziele aus Ihrem Puzzle abstimmen müssen. Wenn Sie in drei Jahren ein Haus bauen, taugen Aktien gar nichts. Wenn Sie in 15 Jahren eine größere Ausgabe tätigen möchten, sind Aktien okay. Aber wenn Sie sich dem Zeitpunkt nähern, an dem Sie das investierte Geld brauchen, sollten sie schon einige Zeit vorher anfangen, Ihre Aktien in schwankungsärmere Anlagen umzuwandeln. Sie müssen immer bedenken, dass Aktienkurse auch stark schwanken können. Und wenn Sie zu einem bestimmten Zeitpunkt Geld brauchen, ist Ihr Plan geplatzt, wenn gerade dann der Kurs Ihrer Papiere im Keller ist.
Abgesehen von dieser Planungsunsicherheit bieten aktienbasierte Anlagen mittel- bis langfristig sehr gute Renditechancen, bessere als die festverzinslichen Anleihen. Sie haben grundsätzlich zwei Möglichkeiten: Sie können selbst Einzelaktien kaufen, also Anteile einzelner Unternehmen erwerben. Oder Sie können in Fonds oder Zertifikate investieren und dabei schon bei kleinen Summen eine Risikostreuung erreichen. Denn in diesen Produkten sind meist viele Aktien nach bestimmten Vorgaben vereint. Ein Aktienfonds weltweit beinhaltet Unternehmen aus der ganzen Welt. Ein indexnaher Fonds (Exchange Traded Funds, ETF) investiert entsprechend der Aufstellung des betreffenden Index.
Wenn Sie Einzelaktien kaufen wollen, was viel Spaß machen kann, erfordert das Zeit. Sie müssen sich intensiv kümmern, Kurse und Märkte im Auge behalten, Unternehmensaktivitäten verfolgen. Es gibt verschiedene Strategien, nach denen Sie Ihr Depot aufbauen können. Sie können zum Beispiel die Aktien von Unternehmen

kaufen, die Ihnen gewinnträchtig erscheinen. Vielleicht wollen Sie Aktien von Sony kaufen oder von BMW. Vielleicht mögen Sie ein Unternehmen einfach. Angenommen Sie haben ein Faible für die Lufthansa, dann werden Sie natürlich schnell herausfinden, dass die Märkte in der Luftfahrt besonders vom steigenden Ölpreis betroffen sind. Sie müssen also auch eine Meinung zum Ölpreis haben, um zu entscheiden, ob Sie derzeit in Luftfahrt-Aktien investieren oder nicht. Schauen Sie sich also jedes Unternehmen, in das Sie investieren möchten, genau an. Wie hat sich die Aktie in den vergangenen Monaten entwickelt? Wo steht der Kurs gerade, ist der Zeitpunkt günstig, um einzusteigen? Wie ist die wirtschaftliche Entwicklung des Unternehmens, ist es auf Wachstumskurs, wie entwickeln sich die Gewinne, in welcher Sparte läuft es besonders gut und was ist auf diesem Markt los? Informieren Sie sich auch über die Manager dieses Unternehmens, schauen Sie, was sie tun, und versuchen sie, ihre Strategie einzuschätzen. Wenn Sie nicht sicher sind, ob Sie investieren sollen, dann legen Sie eine Beobachtungsliste an und schauen Sie eine Zeitlang zu, wie sich das Unternehmen und der Kurs der Aktie entwickeln, und treffen Sie dann eine Kaufentscheidung.

Vielleicht haben Sie bereits ein Depot, in dem sich einige Aktien großer deutscher Unternehmen befinden. Schauen Sie, ob Sie das noch ergänzen können durch passende Unternehmen aus weiteren Branchen. Beispielsweise käme ein Versorgungsunternehmen in Betracht. Dann hätten Sie Ihre Aktien in drei wichtigen Branchen gestreut. So eine Verteilung Ihrer Investitionen in unterschiedliche Bereiche sichert Sie ab, wenn es auf einzelnen Märkten Probleme gibt und die Aktien der Unternehmen, die dort aktiv sind, fallen. Wenn Sie sich nicht ganz so detailliert mit einzelnen

Unternehmen befassen möchten, können Sie auch pauschal vorgehen und zum Beispiel aus jeder Branche den Branchenprimus in Ihr Depot aufnehmen. Oder Sie setzen auf einen Index wie den DAX oder den Euro Stoxx 50. Sie bilden die Kurssteigerung wichtiger börsennotierter Unternehmen ab. Am günstigsten ist es dann, wenn Sie einen der schon erwähnten Exchange Traded Funds (ETF) kaufen. Sie blenden damit das Fondsmanagerrisiko aus und hängen nur von der Entwicklung eines Marktes ab.

Doch auch die wegen ihrer geringen Kosten vielgepriesenen ETFs haben einen Nachteil: Normalerweise haben Fondsmanager die Freiheit, bei schlechter Kursentwicklung etwas mehr Cash zu halten und das Geld zu parken, um später wieder in Aktien zu investieren. In ETFs gibt es diese Freiheit nicht. Da herrscht ein strenger Automatismus, das heißt, ein ETF ist immer zu 100 Prozent investiert. Sie dürfen in einen ETF also nur Geld anlegen, mit dem Sie zu 100 Prozent die Marktentwicklung mitmachen möchten – oder Sie müssen sich rechtzeitig vom ETF trennen, wenn Sie zu einer veränderten Markteinschätzung gelangen.

Freilich müssen Sie auch bei anderen Fonds am Ball bleiben, auch wenn Ihnen die Fondsmanager die tägliche Arbeit im Aktienhandel abnehmen. Grundsätzlich ist es sehr sinnvoll, Anteile von Aktienfonds zu kaufen, wenn Sie in Aktien investieren möchten. Ratgeber wie *Finanztest* oder Wirtschaftsmagazine veröffentlichen immer wieder ihre Beobachtungen, wie sich Aktienfonds langfristig entwickeln. Das ist natürlich keine Garantie für ewigen Erfolg, kann Ihnen aber helfen, sich auf dem Markt zu orientieren. Vergessen Sie aber die Idee, dass Sie heute einen Fonds kaufen und erst in 20 Jahren schauen, wie er sich entwickelt hat. Auch dem besten Fondsmanager würde ich niemals so ein Vertrauen schenken. Manchmal wechselt das Team oder die Strategie des Fonds wird geändert. Außerdem: Auf den Märkten herrscht immer ein Auf und Ab, es gibt politische Ereignisse, Kursstürze und Unternehmenspleiten und auch der genialste Fondsmanager ist nicht davor gefeit, einmal etwas falsch zu machen. Eine Bemerkung am Rande: Ein altes Börsianer-Sprichwort sagt: „Politische Börsen haben kurze Beine." Achten Sie bei Ihren Investitionen also mehr auf die Unternehmen und Branchen an sich.

ORIGINAL KÜHN-STRATEGIE

Beobachten Sie ständig, wie sich Ihre Anlagen entwickeln.

Wenn Sie in aktienbasierte Anlagen investieren, müssen Sie am Ball bleiben. Sonst können Sie böse Überraschungen erleben.

Groß in Mode gekommen sind in den vergangenen Jahren Zertifikate aller Art. Während ein Indexzertifikat leicht zu durchschauen ist – das Zertifikat entwickelt sich wie ein Index –, ist das Gros der Zertifikate kompliziert gestrickt. Die Rendite des Anlegers hängt von zahlreichen Faktoren ab. Der Prospekt liest sich dann so: „Ihre Rendite wird x Prozent betragen, wenn der Korb aus 23 verschiedenen Aktien, von denen die zwei schlechtesten und die drei besten eliminiert werden, an den Stichtagen x, y und z mindestens die Rendite w und höchstens r erreicht hat. Andernfalls gilt ..." Na, alles klar? Offenbar brauchen Sie hier eine detaillierte Marktmeinung zu 23 einzelnen Aktien, müssen Termine im Blick haben und parallel in einer Excel-Tabelle die Kurse verfolgen. Zudem haben komplizierte Produkte komplizierte Gebührenstrukturen. Unter Bankern gibt es den Satz: „Kein Banker kauft Zertifikate." Dann sollten Sie es auch nicht tun, wenn Sie nicht genau verstehen, auf welches Investment Sie hier setzen.

ORIGINAL KÜHN-STRATEGIE

Investieren Sie nur in Anlagen, die Sie verstehen.

Wenn Sie etwas kaufen, was Sie selbst nicht verstehen, verlieren Sie die Kontrolle über Ihr Geld und riskieren, sich zu spät von einem Produkt zu trennen.

Ich habe Ihnen schon beim Aufräumen Ihrer Unterlagen geraten, nur solche Geldanlagen zu behalten, die Sie verstehen. Und natürlich gilt das Gleiche für Ihre künftigen Neuerwerbungen. Manche Produkte – wie eben auch die kompliziert gestrickten Zertifikate – erfordern einiges an Spezialwissen, wenn man sie verstehen will. Und wenn Sie für sich entschieden haben, dass Sie sich nicht über ein solides Grundwissen hinaus mit Börsen-Chinesisch auseinandersetzen möchten, dann sollten Sie auch eher einfache Produkte kaufen. Und das ist kein Problem! Lassen Sie sich nicht einreden, Sie seien dumm, weil Sie keine komplizierten

Dinge haben möchten. Nicht jeder muss sich für die letzten Finessen der Börse interessieren. Auch, wenn die Rendite nicht so spektakulär ausfällt. Denn was nützt Ihnen das schönste Renditeversprechen, wenn Sie den richtigen Zeitpunkt zum Aussteigen verpassen? Und wie wollen Sie überblicken, ob Sie überhaupt die optimale Anlageform gewählt haben, wenn Sie gar nicht verstehen, was Sie in den Händen halten?
Die große Hedgefondsmode ist übrigens schon wieder abgeebbt. Auch das ist ein Grund, nicht jedem Trend hinterherzujagen, sondern sich in Ruhe und besonnen auf dem Markt umzuschauen. Wenn Sie aktienbasierte Anlagen interessieren, investieren Sie in ein oder zwei Zeitschriften wie *Euro* oder *Finanztest*. Es ist immer noch besser, einen dort als gut gepriesenen Fonds zu kaufen, als den Hausbankfonds. So können Sie anfangen, die Welt der Börse zu verstehen.

4. Immobilien

Immobilien gehören grundsätzlich zu den als langfristig inflationssicher angesehenen Wertanlagen. Während die Frage nach dem Für und Wider eines Eigenheims viel mit der persönlichen Einstellung zu tun hat, sollten Immobilieninvestitionen als Anlage nur von der Frage nach Rendite, Risiko und Flexibilität bestimmt sein. Und von der Frage, wie viel Arbeit Sie mit einer Anlageform haben wollen.
Wenn Sie mit einer Eigentumswohnung liebäugeln, berechnen Sie sehr genau, welche Rendite das Objekt erzielt und wie viel Rendite Sie mit ihrem eingesetzten Kapital erwirtschaften. Bedenken Sie auch die Risiken wie Mieterwechsel, Mietausfall – kurz, den Ärgerfaktor. Ich berichte Ihnen kurz aus der Mieterperspektive, Sie würden

so etwas sicher nicht machen. Wir hatten einmal einen Vermieter, der mir auf meinen dritten Anruf bei einem Heizungsausfall in einem Winter bei minus zwölf Grad Außentemperatur sagte, ich solle nicht so anspruchsvoll sein. Wir hatten gerade ein Neugeborenes. Und es war doch wirklich ein Unding, dass ich es da warm haben wollte.

Sie brauchen also eine gute Hausverwaltung, einen vertrauenswürdigen Hausmeister und seriöse Mieter. Vor allem, wenn Ihr Objekt nicht in Ihrer Nähe liegt und Sie sich nicht täglich darum kümmern können. Einer meiner Mandanten aus Norddeutschland hatte sich eine Eigentumswohnung als Geldanlage gekauft, aber in einer ganz anderen Region als der, in der er lebte. Nach einiger Zeit stellte der Mieter seine Mietzahlungen ein. Mein Mandant mahnte, telefonierte, schrieb: nichts. Der Mieter reagierte nicht auf Briefe oder Mails und war telefonisch nicht zu erreichen. Schließlich setzte sich mein Mandant ins Auto und fuhr persönlich 700 Kilometer zu seiner Wohnung, um den Mieter zur Rede zu stellen. Und was fand er vor? Eine leere Wohnung. Der Mieter war im Gefängnis. Raten Sie mal, wer auf den ganzen Kosten sitzenblieb!

Bei einer Direktinvestition binden Sie auch immer größere Summen an Kapital oder Sie nehmen hohe Kredite auf. Das muss gut überlegt sein. Denn auch von Risikostreuung ist bei einem Objekt zunächst nicht zu reden.

Manche Menschen haben aber einfach ein Händchen für Immobilieninvestitionen. Ich habe viele Mandanten, die sagen: „Never ever“, aber einige, die sprechen auch ganz anders von ihren Immobilien. Sie würden jederzeit selbst dort einziehen, haben selten bis nie Ärger mit den Mietern, eine laufende Heizung ist für sie selbstverständlich und sie können Ihnen auf Nachfrage jedes Detail bezüglich Finanzierung, Rendite & Co nennen. Wenn

Sie sich jetzt angesprochen fühlen – ja, investieren Sie in eine Immobilie.

Doch auch für alle, die jetzt nur ein „na ja, ich weiß nicht" im Kopf haben, gibt es weniger arbeitsintensive Möglichkeiten, am Immobilienmarkt teilzuhaben.

Ganz einfach funktionieren offene Immobilienfonds. Deren Manager kaufen und verkaufen verschiedene Gewerbeimmobilien – in der Regel Bürogebäude – und versuchen, über gute Mietverträge eine möglichst gute Rendite zu erwirtschaften. Offene Immobilienfonds werden inzwischen auch an der Börse gehandelt. Sie können Ihre Anteile täglich kaufen oder verkaufen. Der hohe Ausgabeaufschlag, der früher ein Hemmnis war, ist nun kein Argument mehr.

Jedoch: Wenn zu viele Menschen gleichzeitig ihre Anteile bei der Fondsgesellschaft zurückgeben, wird ein Fonds geschlossen. Im Herbst 2008 geschah dies bei mehr als zehn Fonds. Das Management muss dann erst eine der Immobilien verkaufen, um die Anleger auszahlen zu können. Und eine Immobilie ist immer noch das, was im Wort drin steckt: immobil.

In vielen Mandantenportfolios sehe ich daneben auch geschlossene Immobilienfonds. Sie funktionieren anders: Hier investieren Sie in ein konkretes Projekt. Angenommen, an der Ostsee soll ein neuer Ferienpark entstehen. Dann können Sie Anteile kaufen. Wenn genug Anleger und damit genug Geld für die Realisierung des Projekts zusammengekommen ist, wird der Fonds geschlossen und es wird gebaut. Im Grunde funktioniert das so, dass Sie sich mit Ihrem Geld an einem konkreten Projekt beteiligen.

Diese Fonds sind bei mir ziemlich in Ungnade gefallen, weil viele von ihnen die Leute mit großen Versprechen geködert haben und dann nicht die versprochene Rendite brachten oder sogar pleitegingen. Wenn es dann nicht mehr läuft, bringen Mandanten mir die Ordner-Berge vorbei, auf der Suche nach Rat. Vor drei Jahren habe ich auf einer Gesellschafterversammlung so eines Fonds einen Anleger vertreten. Ich war die Einzige, die kritische Fragen stellte, zum Beispiel nach dem hohen Leerstand. Die Verantwortlichen des Fonds wurden ziemlich ärgerlich. Kritische Fragen waren nicht erwünscht. Zwei Jahre später, als die Mietgarantien ausliefen, passierte genau das, was mein Mandant und ich vorausgesagt hatten – die Ausschüttungen wurden drastisch zurückgefahren.

Aus meinen Erfahrungen kann ich Sie leider nur davor warnen, in geschlossene Immobilienfonds zu investieren. Viele Menschen lassen sich von den Steuervergünstigungen blenden und prüfen nicht genau genug, was für ein Management das Projekt leitet. Sie sind aber letztlich genau auf dieses Management angewiesen. Es ist genauso, als ob Sie in ein bestimmtes Unternehmen investieren. Da gibt es immer Marktrisiken und immer die Gefahr, dass die Manager Fehler machen oder – in dem noch immer unreglementierten Markt der geschlossenen Fonds – sogar Gelder veruntreuen. Und es ist sehr schwer, diesen Leuten auf die Finger zu schauen. Mein Rat lautet deshalb: Hände weg! Vielleicht verpassen Sie das eine Investment, das funktioniert hätte – vielleicht erwischen Sie aber eines der 99 anderen.

Grundsätzlich gilt bei Investments in Immobilien, dass Sie sich sehr genau über das konkrete Projekt informieren müssen. Ein Mandant von mir investiert zum Beispiel in einen Jamestown-Fonds. Das ist eine Gesellschaft, die eine ausgezeichnete Expertise für den US-amerikanischen Markt hat. Die Gesellschaft erwirtschaftete in der Vergangenheit eine durchschnittliche Rendite von 14 Prozent. Das ist natürlich eine feine Sache! Allerdings hat mein Mandant auch das nötige Wissen, um die Immobilienmärkte in den USA zu verfolgen und die Kontrolle über seine Geldanlage zu behalten. Er weiß genau, was er tut. Und das ist immer die Voraussetzung für ein erfolgreiches Investment.

Und wenn ich schon dabei bin, Sie zu warnen, noch dieser Hinweis: Beleihen Sie niemals eine Immobilie, um damit den Kauf einer anderen Immobilie zu finanzieren! Das macht Sie extrem abhängig von Ihren Objekten und finanziell vollkommen unbeweglich. Damit hätten Sie das genaue Gegenteil von dem erreicht, was wir mit finanzieller Unabhängigkeit meinen.

5. Beteiligungen

Im Internet können Sie die Geschichte der Existenzgründerin Franciska Lion-Arend und Ihrem Musikvideoportal imuse.tv nachlesen. Als sie das Portal von einigen Jahren konzipierte, brauchte sie 350.000 Euro, um durchzustarten. Wie bei Existenzgründern mit Kapitalbedarf üblich wurde sie mit diesem Anliegen bei einer Bank vorstellig. Und wie so oft zeichneten sich ihre Gesprächspartner durch konsequente Ahnungslosigkeit aus. Allen Ernstes belehrte man sie, Internetgeschäfte hätten keine Zukunft. Franciska Lion-Arend war es zum Glück gelungen, den Business-Angel Kurt-Walter Michaelis ins Boot zu holen. Er beteiligte sich finanziell an ihrem Unternehmen, ist aber auch in der Geschäftsführung aktiv. Dafür darf er nun vom Wachstum der Neugründung mitprofitieren.

Solche Erfolgsgeschichten über Gründer hört und liest man immer wieder. Wenn Sie auch Lust und – viel! – Zeit haben, unternehmerisch aktiv zu werden, dann kann sich eine Beteiligung für Sie wirklich lohnen. Aber auch nur dann! Denn wenn Sie direkt in ein Unternehmen einsteigen, gibt es keine Sicherheiten und keine Börsenauflagen. Sie sind vollständig darauf angewiesen, dass Ihr Geschäftspartner das Unternehmen gut managt. Sie können auch nicht von einem auf den anderen Tag Ihre Einlagen kündigen. Eine Beteiligung als Geldanlage stufe ich deshalb als individuelles Einzelprojekt ein. Als generelle Anlagestrategie taugt es nicht.

6. Rohstoffe

Rohstoffhandel ist zwar der älteste Handel der Welt. Als Geldanlagemöglichkeit für Privatanleger sind Rohstoffe aber noch ganz jung. Erst seit wenigen Jahre können Sie auf einfache Art und Weise an den Rohstoffmärkten teilhaben. Vorläufer waren Optionsgeschäfte, die gerne übers Telefon getätigt und zum Eldorado für Nepper und Schlepper wurden.

Inzwischen können Sie ganz seriös Zertifikate erwerben, die Ihnen den Besitz einer bestimmten Rohstoffmenge bescheinigen. Das sind sehr interessante Geldanlagen. Sie können Agrarrohstoffe wie zum Beispiel Getreide kaufen. Oder Energierohstoffe wie Öl und Gas. Interessant können auch Industriemetalle sein.

Sie müssen, wie auf allen Märkten, auch hier versuchen, eine fundierte Einschätzung über die Gewinnaussichten zu treffen. Am sichersten ist es, Ihre Investitionen zu streuen. Eine Mandantin von mir hat beispielsweise ein Zinkzertifikat gekauft, weil sie dachte, dass Zink demnächst von der Baubranche stark nachgefragt würde. Das allerdings erwies sich als Irrtum. Zehn Monate später war das Zinkzertifikat um 45 Prozent im Wert gesunken. Meine Mandantin

hatte jedoch auch ein Ölzertifikat. Und das hatte seinen Wert in der gleichen Zeit verdoppelt! Zudem stieg ihr Investment in einen Rohstoffkorb auch noch um 30 Prozent, sodass sie mit den Rohstoffen insgesamt einen deutlichen Gewinn gemacht hatte.
Auf den Rohstoffmärkten müssen Sie immer mit größeren Schwankungen rechnen. Kalkulieren Sie das unbedingt ein. Ich empfehle deshalb generell, nur fünf bis zehn Prozent eines Vermögens in Rohstoffe zu investieren. Abmildern können Sie die Schwankungen, indem Sie einen Rohstoffkorb kaufen, der verschiedene Werte beinhaltet. Dann haben Sie vielleicht nicht die spektakulären Gewinne, die man manchmal mit einzelnen Rohstoffen erzielen kann. Dafür streuen Sie das Risiko und können den täglichen Handel den Fondsmanagern überlassen. Investments in Rohstoffkörbe finden Sie auch in der Form von ETFs. Da Sie rechtlich hier Fondsanteile erwerben, die als Sondervermögen geschützt sind, hängen Sie nicht, wie bei einem Zertifikat, von der Bonität des Bankhauses ab, das das jeweilige Zertifikat begibt.

7. Lebens- und Rentenversicherungen

Lebens- und Rentenversicherungen können helfen, Ihren Ruhestand zu sichern. Sie haben allerdings viel von ihrer Attraktivität eingebüßt, denn seit 2005 sind sie steuerlich wesentlich weniger privilegiert als früher. Alle Versicherungen, die Sie vor dem 1. Januar 2005 abgeschlossen haben, unterliegen dem alten Steuerrecht. Die Auszahlung am Ende ist komplett steuerfrei. Bei Rentenversicherungen können Sie dazu noch wählen, ob Sie das Kapital oder die Rente nehmen möchten. Das ist natürlich sinnvoll, denn mit Anfang 60 kennen Sie Ihre Ruhestandspläne und Ihren Gesundheits-

zustand besser als Sie es mit Mitte 30 voraussagen können. Ob es damals richtig war, einen solchen Vertrag abzuschließen, darum brauchen Sie sich nicht mehr zu kümmern. Durch die veränderte Steuerregelung ist es fast immer sinnvoll, diese Altverträge als konservativen Baustein der Altersvorsorgestrategie weiterlaufen zu lassen. Seit der steuerlichen Verschlechterung – nun ist die Hälfte des Ertrags zu versteuern und das Wahlrecht gibt es nicht mehr – gibt es kaum noch einen vertretbaren Grund, eine Kapitallebensversicherung abzuschließen. Sie wissen schon: Ich bevorzuge, Kapitalbildung und die Absicherung des Todesfallrisikos zu trennen. Sie erzielen höhere Renditen, wenn Sie das Risiko nicht mitfinanzieren müssen. Andersherum müssen Sie vielleicht Ihr Todesfallrisiko mit über 50 Jahren gar nicht mehr absichern, weil Sie inzwischen genügend Vermögen aufgebaut haben, um Ihren Partner bei Ihrem Tod abzusichern. Die Kapitallebensversicherung läuft trotzdem weiter.
Die Versicherer bieten inzwischen von sich aus eher Rentenversicherungen an. Wenn sie fällig werden, bekommen Sie monatlich eine Rente. Letzteres hat Vor- und Nachteile: Wenn Sie monatliche Rentenzahlungen erhalten, kommen Sie erst nach rund 12 bis 14 Jahren in die Gewinnzone. Erst dann zahlt Ihre Versicherung Ihnen mehr aus, als Sie eingezahlt haben. Auf der anderen Seite werden die Menschen immer älter. Wenn Sie also wenige lebenslang laufende Bausteine für Ihre Altersvorsorge haben, dann ist eine private Rentenversicherung vielleicht gar nicht schlecht.
Aber es reicht, wenn Sie das beim Renteneintritt entscheiden. Sie können jederzeit einen Betrag x in eine private sofort beginnende Rentenversicherung einzahlen. Da diese Rente nur mit dem Ertragsanteil besteuert wird, ist das steuerlich sogar gar nicht so uninteressant. Die Weltreise können Sie von diesem Kapital dann freilich nicht

mehr finanzieren. Es kommt also, wie so oft, auf Ihre persönlichen Verhältnisse an, wenn es darum geht zu entscheiden, wie viel Geld Sie in eine Rentenversicherung stecken. Fest steht jedoch eines: Wenn Sie nicht morgen mit Ihrem Ruhestand beginnen, brauchen Sie in der Planung Ihrer Anlagestrategie einen Neuabschluss nicht in Betracht zu ziehen!

Interview

Interview mit Dr. Martin Hüfner

Ganz ehrlich – im Studium habe ich Volkswirtschaftslehre gehasst. Ich sehe mich heute noch zitternd vor der mündlichen Prüfung stehen, während der Prüfung irgendetwas stammeln und am Ende mit Bangen auf mein Ergebnis warten. Meinem Gefühl nach hatte ich einfach das ganze Thema nicht im Griff. Bis heute zählt es zu den ungelösten Rätseln meines Lebens, wie ich in dieser Prüfung eine 2,3 schaffen konnte (auch die einzige Note, die ich noch weiß). Den praktischen Nutzen meines theoretischen Wissens und wirkliche Zusammenhänge habe ich erst mithilfe der Veröffentlichungen und Vorträge von Dr. Martin Hüfner verstanden. Er war viele Jahre lang Chefvolkswirt der Hypovereinsbank und Senior Economist bei der Deutschen Bank in Frankfurt. In Brüssel leitete er den renommierten Wirtschafts- und Währungsausschuss der Chefvolkswirte der Europäischen Bankenvereinigung. Hüfner schreibt heute für renommierte Zeitungen wie die *New York Times*, das *Wall Street Journal* die *Financial Times* oder die *Süddeutsche Zeitung*. Um ein Interview habe ich den gefragten Vortragsredner gebeten, weil er immer eine klare Sprache spricht und zu aktuellen Wirtschaftsfragen mutig seine Meinung vertritt.

Stefanie Kühn: Herr Dr. Hüfner, sprechen wir zunächst über Geld in der Familie – was hat Sie geprägt und was haben Sie gelernt?

Dr. Martin Hüfner: Ich möchte hier – entgegen dem „Üblichen" – nicht mit meinen Vorfahren beginnen. Ich lerne von meinen Söhnen. Sie sind jetzt etwas über bzw. etwas unter 30 und beide haben einen festen Sparplan. Und zwar nicht, weil Papa das gesagt hat, sondern weil sie davon überzeugt sind, dass sei wichtig. Ich war mit 30 nicht so weit – Respekt. Ich habe das Gefühl, dass mehr und mehr junge Erwachsene viel verantwortungsvoller mit der Altersvorsorge umgehen als ihre Eltern.

Von meinem Großvater habe ich gelernt, dass direkte Investments in Unternehmen sehr erfolgreich sein können. Von seinem Vermögen war vieles nach dem zweiten Weltkrieg nichts mehr wert, aber die direkten Unternehmensbeteiligungen brachten Gewinn. Meine Eltern selbst waren in Anlagedingen sehr konservativ und haben von Aktien nichts gehalten. Später habe ich sie unterstützt, ihre Anlagen zu verwalten.

Stefanie Kühn: Sie haben Ihren – sicher verdienten – Vorruhestand nicht angetreten und haben sich zum ersten Mal in Ihrem Leben selbständig gemacht. Wie kam es dazu?

Dr. Martin Hüfner: In meinem Arbeitsvertrag stand das Ruhestandsalter 65 und ich wollte dann anfangen, richtig Klavier zu spielen. Ich kann es schon, wollte es aber besser können. Durch die Fusion der HVB mit der Unicredit bin ich dann schon früher aus der Bank ausgeschieden. Mich dann schon zur Ruhe zu setzen, war mir aber nicht recht. Denn ich habe in meinen Vorträgen immer gepredigt, dass das Pensionierungsalter wegen der steigenden Lebenserwartung und der Probleme in der Rentenversicherung von 65 auf 67 hochgesetzt werden soll. Also konnte ich nicht selbst schon mit 63 Jahren aufhören zu arbeiten. Und dann hatte ich das Glück, dass ich viele Leute in der Finanz-Community kannte, die an meinen Leistungen interessiert waren. Kaum hatte ich die HVB verlassen, kamen die ersten Anfragen, ob ich nicht – da ich jetzt doch mehr Zeit hatte – hier und da einen Auftrag annehmen könnte. Zunächst dachte ich, sie wollten mir einen Gefallen tun, doch von Jahr zu Jahr wurden mir Verlängerungen angeboten. Und neue Anfragen kamen dazu. Ich arbeite gerne, natürlich nehme ich mir jetzt die Freiheit, die ich möchte. So habe ich ein Unternehmen gegründet. Und ich freue mich auch, dass ich Geld verdiene: Geld ist auch eine Bestätigung – sie erkennt die Leistung an, die man erbringt. Heute bin ich 66 Jahre alt und ich mache immer nur Jahresverträge – wer weiß, was noch kommt. Von einem Ziel jedoch habe ich mich verabschiedet – mit dem Klavierspielen wird es wohl nichts mehr (sehr zum Leidwesen meiner Frau).

Stefanie Kühn: Inwieweit spielen volkswirtschaftliche Überlegungen für Ihre Geldanlagestrategie eine Rolle?

Dr. Martin Hüfner: Volkswirte sind eigentlich keine guten Anleger – es ist die Kombination aus „Bottom-up" und „Top-down", die zu sehr guten Ergebnissen führt …

Stefanie Kühn: … also sowohl der Rückschluss vom Wachstumspotenzial einzelner Unternehmen auf die Branche und den Gesamtmarkt als auch der umgekehrte Schluss von der Gesamtentwicklung einer Volkswirtschaft sowie der jeweiligen Branche auf die Entwicklung eines einzelnen Unternehmens und dessen Aktienkurs …

Dr. Martin Hüfner: Genau. Deshalb arbeite ich mit Menschen zusammen, die die Bottom-up-Sicht haben. Ich bin ein sehr langfris-

tiger Anleger. Aber ich möchte nicht alles selbst machen. Ich habe mehrfach versucht, jemanden zu finden, der von mir den Auftrag hatte: „Mach mit meinem Geld deine Strategie, ohne Rücksicht auf mich." Damit wollte ich die Risiken besser streuen: Wenn ich nicht recht habe, dann hat es vielleicht mein Anlageberater.
Mit der Zeit stellte ich jedoch immer fest, dass diese Berater meine öffentlichen Äußerungen auch in meinem Portfolio berücksichtigten. Unter dem Motto: „Du hast doch gesagt, dass man aus dem Markt rausgehen soll." Damit ist meine Idee von der Risikostreuung natürlich kaputt. Hier suche ich noch ein Alternativkonzept. Ich selbst vertraue stark auf Personen. Wenn ein Manager, den ich gut finde und der eine ordentliche Arbeit macht, vom Unternehmen A ins Unternehmen B geht, kaufe ich auch Anteile des neuen Unternehmens.

Stefanie Kühn: Vielen Dank für dieses Gespräch.

Jetzt sind Sie dran

Jetzt kennen Sie alle wichtigen Anlagemöglichkeiten. Ein vielfältiger Markt! Lassen Sie sich nicht überrollen. Sie müssen nicht gleich morgen losgehen und von allen Produkten etwas kaufen. Nehmen Sie sich Zeit, in die Materie hineinzuwachsen. Kaufen Sie erst einfache Produkte, beobachten Sie eine Weile, was passiert, und erweitern Sie dann schrittweise Ihren Radius.
Generell dürfen Sie sich ziemlich frei fühlen in der Gestaltung Ihrer Anlagestrategie. Hören Sie nicht auf irgendwelche Gurus, die Ihnen bestimmte Produkte oder Anlageformen aufdrängen

wollen. Blicken Sie statt dessen auf Ihre eigenen, höchstpersönlichen Interessen und Voraussetzungen. Ihre Hauptkriterien für Ihre Anlageentscheidungen sind:

- Ihre Ziele: Entscheiden Sie, wie viel Geld Sie langfristig anlegen wollen und über welche Summe Sie schon in den kommenden Jahren verfügen möchten.

- Ihre Einstellung: Entscheiden Sie, wie viel Zeit und Energie Sie in Ihre Anlagestrategie investieren möchten und suchen Sie entsprechend einfache oder komplizierte Anlagen aus.

- Ihre Risikomentalität: Entscheiden Sie, wie waghalsig Ihre Anlagen sein dürfen oder ob Sie lieber auf Nummer sicher gehen.

Und jetzt legen Sie los! Entwerfen Sie Ihre Anlagestrategie. Teilen Sie auf, wie viel Geld Sie in festverzinsliche Papiere investieren wollen, wie viel in Aktien, Immobilien oder Rohstoffe. Informieren Sie sich über die Produkte, die auf dem Markt sind. Sie haben viel gelernt und viel gearbeitet. Jetzt schlägt die Stunde der Belohnung. Jetzt dürfen Sie die Früchte Ihrer Anstrengungen ernten und das gute Gefühl genießen, bei der Geldanlage nichts mehr dem Zufall zu überlassen.

KAPITEL 12

DER PROBELAUF FÜR IHRE ZIELE – WIE SIE MIT DER SZENARIOTECHNIK IHRE STRATEGIE TUNEN

Sind Sie als Kind öfter Karussell gefahren? Dann haben Ihre Eltern darauf vertraut, dass alle Schrauben halten. Dass das gar nicht so selbstverständlich ist, habe ich in meinem Studium zur Wirtschaftsingenieurin gelernt. Im Fach Maschinenbau mussten wir damals ausrechnen, welche Schrauben in welcher Stärke und Stückzahl für Karussells notwendig sind. Also: Wie dick muss eine Schraube sein, damit sie die Belastungen der Zentrifugalkraft aushalten kann? Und wie viele dieser Schrauben braucht man dann? Wir entwarfen Szenarien mit verschiedenen Schraubengrößen. Wir berechneten beispielsweise, wie es sich auf die Sicherheit auswirkt, wenn eine Schraube kleiner wäre. Wann zerbricht die Schraube? Wie bald müsste eine Schraube welcher Größe nachgezogen werden und wie oft? Wenn eine lockere Schraube unentdeckt bleibt, hält sie nicht mehr richtig. Andere Teile der Konstruktion werden dann im Übermaß belastet. Wenn sich niemand darum kümmert, ist es eine Frage der Zeit, bis ein Unglück geschieht.
Wir haben also bei unseren Berechnungen die Szenariotechnik angewendet. Szenariotechnik bedeutet, verschiedene Möglichkeiten durchzuspielen, wie sich eine Sache entwickelt, wenn sich ein oder mehrere Faktoren ändern. In unserem Fall prognostizierten wir, wie lange ein Karussell hält, wenn die Schrauben dicker oder dünner sind. Diese ersten Übungen mit der Szenariotechnik brachten mir zwei wesentliche Erkenntnisse. Erstens werde ich meinen Kindern so lange es geht verbieten, mit einer Achterbahn zu fahren. Und wenn sie schon aus dem Alter raus sind, sich so etwas von Mami verbieten zu lassen, werde ich ihnen zumindest ausführlich erklären, wie das ist mit den Schrauben und ihrer Größe und den Loopings. Ehrlich, wenn man sich mal gründlich mit der Materie befasst, bekommt man einen ganz anderen Blick dafür! Und das

sage ich Ihnen als jemand, der als Teenager mit jedem Karussell gefahren ist – ohne mit der Wimper zu zucken.

Die zweite wesentliche Erkenntnis war, dass die Szenariotechnik auch außerhalb des Maschinenbaus eine ganz hervorragende Möglichkeit ist, um Pläne und Strategien zuverlässig zu prüfen, bevor man sie realisiert. Das haben vor mir freilich auch andere Menschen schon entdeckt. Die Szenariotechnik ist in der Wirtschaftswelt ein gängiges Mittel, um Entscheidungen vorzubereiten oder Strategien zu überprüfen. Ich bediene mich bei der Finanzplanung für meine Mandanten also der gleichen Technik wie beispielsweise Großkonzerne, die die Erfolgsaussichten milliardenschwerer Markteinführungen berechnen.

Weit weg von uns, in China, munkelte man im Februar 2007, dass die chinesische Zentralbank möglicherweise die Zinsen erneut anheben könnte. Das war nur ein Gerücht, aber die Anleger reagierten und begannen, ihre Papiere zu verkaufen. Die Folge war ein Kursrutsch an den chinesischen Börsen, der, tageszeitbedingt, zuerst die anderen asiatischen Börsen nach sich zog, bevor er sich auch in Europa und den USA fortsetzte. Dann meldeten die USA auch noch schlechte Konjunkturdaten. Sie können sich schon denken, was nun passierte: Die Aktienmärkte brachen weltweit ein.

Wer in so einer Situation nicht prüft, wie es um seine Anlagen steht, und gegebenenfalls sein Portfolio umstrukturiert, macht einen ähnlichen Fehler wie der Betreiber einer Achterbahn, der nicht regelmäßig prüft, ob noch alle Schrauben fest sitzen. Damit meine ich ausdrücklich nicht, dass Sie an Paniktagen handeln sollten. Aber ich ermutige alle Seminarteilnehmer und Mandanten, ihr persönliches Ausstiegsszenario zu kennen. Da ist es schon wieder – das Wort Szenario. Ich möchte, dass sich jeder, bevor die Situation eintritt, überlegt, ab wann was zu tun wäre. Szenariotechnik bedeutet, die verschiedenen Faktoren, die eine Anlagestrategie beeinflussen können, immer im Auge zu behalten und zu überprüfen. Es bedeutet zu akzeptieren, dass sich immer etwas verändern kann. Mit der Szenariotechnik nehmen Sie diese Veränderungen vorweg und vermeiden so, unvorbereitet etwa einem Kurssturz gegenüberzustehen und dann vielleicht so verunsichert zu sein, dass Sie Entscheidungen treffen, die sich im Nachhinein als falsch erweisen. Übrigens gibt es noch eine Parallele zur Szenariotechnik bei der Achterbahn: Ähnlich wie die Ingenieure die notwendige Schraubendicke ausrechnen, müssen Sie sich überlegen, welchen Belastungen Ihre Anlagestrategie standhalten soll. Das betrifft einerseits die Sicherheiten, über die Sie schon nachgedacht haben. Für welche Notfälle muss ganz sicher immer Geld verfügbar sein und wie viel? Andererseits müssen Sie auch kalkulieren, wie viel Kursschwankungen Sie eigentlich verkraften können. Ich frage meine Mandanten immer, ob sie im Jahr 2000 schon an der Börse dabei waren. Wenn sie mir mit Nein antworten, dann hole ich weiter aus und erkläre ihnen, dass die Börsen manchmal stark schwanken. Gut möglich, dass die Aktienkurse im nächsten Jahr um 20 Prozent sinken. Das ist meinen Mandanten nicht unbedingt neu. „Jaja, das hab ich schon gelesen“, sagen sie. Gelesen ist aber etwas anderes als erlebt. Gelesen bedeutet in diesem Fall: Theorie. Deshalb reite ich dann immer gerne noch einmal auf dem Thema herum. Nehmen Sie an, Sie haben sich entschieden, 100.000 Euro in aktienbasierte Anlagen anzulegen. Dann bedeutet ein Verlust von 20 Prozent, dass Sie 20.000 Euro verloren haben. Das ist ein Auto. Natürlich sind das zunächst nur Buchverluste, keine realisierten Verluste. Doch manche Menschen reagieren panisch, wenn am Jahresende

statt 100.000 Euro nur noch 80.000 Euro auf dem Depotauszug stehen. Und verkaufen dann alles mit dem Satz auf den Lippen: „An der Börse ist doch eh alles Nepp, das funktioniert doch nie." Und plötzlich ist die Börse dann der Bösewicht. Oder der Berater. Oder der Freund. Wer an die Börse geht, um für seine Altersvorsorge in 30 Jahren ein Vermögen aufzubauen, kann relativ lässig mit den Schwankungen einzelner Jahre umgehen. Wer das Geld schon in zwei oder fünf Jahren braucht, für den sind diese Schwankungen ein ziemlich großes Problem.
Die Szenariotechnik kommt vor allem bei den langfristigen Anlagen ins Spiel. Wenn Sie in drei Jahren ein Haus bauen wollen, können Sie mit den Daten von heute recht zuverlässig ausrechnen, wie viel Rendite Sie in den nächsten 36 Monaten erwirtschaften können. Wenn es dagegen um eine Anlagestrategie geht, deren Ergebnisse erst in 20 oder 30 Jahren zählen, dann müssen Sie eine Vielzahl von Faktoren einkalkulieren. Denn in so einem Zeitraum wirken sich beispielsweise Zinseszinseffekte, Inflation oder die Entwicklung der staatlichen Rente aus. Niemand von uns kann die Zukunft vorhersagen. Aber mit der Szenariotechnik können Sie überlegen, wie Ihre Situation unter verschiedenen Bedingungen aussieht. Und: Ein Szenario lässt sich immer wieder aktualisieren. Sie bleiben damit dauerhaft am Ball.

Fünf Faktoren für Ihr Szenario

Einen Entwurf für Ihre Anlagestrategie halten Sie schon in der Hand. Nun können Sie mithilfe der Szenariotechnik durchspielen, welchen Einflüssen Ihre Strategie unterliegen kann. Sie müssen vor allem die folgenden fünf Faktoren beachten:

1. Rendite und Zeit
2. Inflation
3. Rente
4. Steuern
5. Marktschwankungen

Mit der Szenariotechnik können Sie durchrechnen, welche Auswirkungen diese Veränderungen auf die Entwicklung Ihres Vermögens haben. Was bedeutet es beispielsweise für Sie, wenn die Inflation sinkt, was, wenn sie steigt? Sie können also ein Szenario für Ihre Anlagen entwerfen, in dem die Inflation hoch ist, oder eines, in dem sie niedrig ist.

1. Rendite und Zeit

Diese Faktoren stehen nicht zufällig an erster Stelle, sondern sie bilden die Basis aller Szenarien. Schließlich denken Sie bei jeder Geldanlage darüber nach, welche Rendite Sie erwarten können. Oder Sie haben ermittelt, welche Summe Sie zu einem bestimmten Zeitpunkt brauchen, und wollen nun ausrechnen, wie viel Sie dafür pro Jahr ansparen müssen.
Der Zinseszinseffekt führt Sie an Ihr Ziel. Wenn Sie doppelt so lange sparen, steigt Ihr Ergebnis nicht auch um das Doppelte, sondern noch um mehr – um wie viel mehr, richtet sich nach dem Zinssatz. Konkretes Beispiel: Angenommen Sie sparen monatlich 100 Euro an und Sie bekommen einen Zinssatz von sieben Prozent. Dann kommen Sie nach zehn Jahren auf 17.409 Euro. Nach 20 Jahren haben Sie nicht etwa das Doppelte, sondern ungefähr das Dreifache, nämlich 52.396 Euro. Und nach 35 Jahren könnten Sie sich

sogar über 181.156 Euro freuen. Das ist keine Hexerei, sondern das bewirkt der Zinseszinseffekt. Bevor Sie nun in Jubel ausbrechen, seien Sie vorgewarnt, dass die Inflation nach 35 Jahren leider viel von der Rendite wieder auffrisst! Dazu kommen wir später noch.
Falls Sie sich mathematisch eher schwach auf der Brust fühlen, brauchen Sie sich nicht lange mit der Rechenformel für den Zinseszinseffekt herumzuplagen. Suchen Sie lieber im Internet nach „Zinseszins". Da stoßen Sie sofort auf Onlinerechner, mit denen Sie ganz einfach alle möglichen Sparsummen, Laufzeiten und Renditen durchrechnen können. Komfortabler geht es kaum. Einziger Nachteil: Sie haben jetzt wirklich überhaupt keine Ausrede mehr, sich um die Berechnung des Zinseszinseffektes herumzumogeln.
Aber damit ist ja sowieso Schluss. Schließlich wollen Sie herausfinden, wie Sie finanziell unabhängig werden können, also, wie Sie Ihre Ziele erreichen können. Anlagedauer und Zins spielen dabei eine entscheidende Rolle. Ein Prozent mehr oder weniger scheint so wenig auszumachen, sagen mir manche Mandanten. Ich bin in solchen Fällen sehr streng und zwinge sie, mit genauen Summen und Laufzeiten verschiedene Szenarien durchzurechnen. Glauben Sie mir, manch einem meiner Mandanten fallen vor Erstaunen fast die Augen aus dem Kopf, wenn er sieht, was sich hinter den vermeintlich kleinen Unterschieden für große Summen verstecken.
Die Szenarien sehen zum Beispiel so aus: Wir fragen, was ein 25-jähriger Mann monatlich zurücklegen müsste, um mit 65 Jahren die Summe von 400.000 Euro angespart zu haben. Und wir rechnen das ganze mit verschiedenen Renditesätzen durch. Es kommt dann zum Beispiel so eine Tabelle wie in Abbildung 8 dabei heraus.

Abbildung 8: Ein 25-Jähriger spart 40 Jahre lang. Wie viel muss er bei unterschiedlichen Renditen einsetzen, damit zu seinem 65. Geburtstag die Summe von 400.000 Euro bereitsteht (Rendite nach Steuern)?

Sparraten-Szenario 1	
Rendite	Monatliche Sparrate
2,00 %	543,73 €
3,00 %	430,86 €
4,00 %	337,30 €
5,00 %	261,03 €
6,00 %	199,86 €
7,00 %	151,51 €
8,00 %	113,82 €
9,00 %	84,81 €
10,00 %	62,73 €
11,00 %	46,09 €
12,00 %	33,66 €

Sie sehen nun deutlich, welche großen Unterschiede ein Prozentpunkt mehr oder weniger bei der Rendite für die Sparrate ausmacht. Es lohnt sich also wirklich immer, auf die Rendite zu achten, wenn man beispielsweise ein Festgeldkonto eröffnen möchte.

Wenn Sie den Faktor Zeit dazunehmen, werden die Unterschiede noch gravierender, wie Sie in Abbildung 9 sehen können. Diesmal fragen wir, was ein 45-jähriger Mann bei unterschiedlicher Rendite monatlich zurücklegen müsste, um mit 65 Jahren

Abbildung 9: Ein 45-Jähriger spart 20 Jahre lang. Wie viel muss er bei unterschiedlichen Renditen einsetzen, damit zu seinem 65. Geburtstag die Summe von 400.000 Euro bereitsteht (Renditeangaben nach Steuern)?

Sparraten-Szenario 2	
Rendite	Monatliche Sparrate
2,00 %	1.354,61 €
3,00 %	1.215,35 €
4,00 %	1.086,96 €
5,00 %	969,12 €
6,00 %	861,42 €
7,00 %	763,41 €
8,00 %	674,60 €
9,00 %	594,45 €
10,00 %	522,40 €
11,00 %	457,89 €
12,00 %	400,34 €

über 400.000 Euro verfügen zu können. Er hat nur noch halb so viel Zeit wie der 25-Jährige. Bei fünf Prozent Rendite muss er beinahe viermal soviel sparen wie der Mann, der 40 statt 20 Jahre Zeit hat.

Falls Sie zu den jüngeren meiner Leser gehören, sind Sie jetzt hoffentlich einmal mehr motiviert, sich schon heute um Ihre langfristigen Ziele zu kümmern. Das Duo Zeit und Rendite ist einfach übermächtig. Mit jedem Tag, den Sie verstreichen lassen, verlieren Sie bares Geld. Spätestens jetzt verstehen Sie sicherlich

Abbildung 10: Die Rendite macht's!

Rendite	Sparergebnis
3,5 %	28.068 €
5 %	43.219 €
7 %	76.123 €

auch meine Verzweiflung, wenn mir Mandanten erzählen, dass sie ihr Geld über Jahre auf dem unverzinsten Girokonto oder einem Sparbuch liegenlassen. Zwei bis fünf Prozent mehr bekämen sie auf dem Tagesgeld- oder Festgeldkonto dafür. Je nachdem, wie lange sie ihr Geld parken, sind das fünfstellige Summen, die sie verlieren.

Nehmen Sie mal an, ein netter Großonkel vermacht Ihnen 10.000 Euro. Sie freuen sich, aber Sie brauchen das Geld aktuell eigentlich nicht. Sie sind gerade 30 Jahre alt geworden und haben den Berufseinstieg gepackt. Also beschließen Sie, das Geld

ORIGINAL KÜHN-STRATEGIE

Achten Sie immer genau auf Ihre Rendite!

Ein Prozent mehr oder weniger ist keine Kleinigkeit, sondern fällt dank des Zinseszinseffekts richtig ins Gewicht. Erst recht, wenn es um langfristige Anlagen geht.

anzulegen und für die Alterssicherung zu sparen. Sie werden es also 30 Jahre lang anlegen. Wenn Sie eine Rendite von 3,5 Prozent erzielen, dann machen Sie 28.068 Euro aus den 10.000 Euro. Das ist ganz nett; besser jedenfalls, als wenn Sie das Geld auf einem Girokonto oder Sparbuch angelegt hätten. Wenn Sie aber eine Rendite von fünf Prozent erzielen, dann haben Sie am Ende schon 43.219 Euro. Und bei sieben Prozent können Sie sich über 76.123 Euro freuen.

Sie sehen, Zeit und Rendite sind das Traumpaar des Sparens, weil sie zu überproportional positiven Effekten führen. Rechnen Sie immer aus, was der Zinseszinseffekt bei Ihrer Anlage bedeutet, bevor Sie eine Entscheidung für eine Geldanlage treffen. Es wäre doch wirklich ärgerlich, wenn Sie eine Entscheidung gegen eine Anlage treffen, weil Sie denken, es gehe nur um eine Kleinigkeit, und später feststellen, welche Summen Ihnen entgangen sind.

2. Inflation

Ich habe Sie eben schon vorgewarnt: Die traumhaften Effekte von Rendite und Zeit haben einige weniger traumhafte Begleiter, die Ihre Kalkulation schnell wieder auf den Boden der Tatsachen zurückholen. Ihr Trost: Wenn Sie sich frühzeitig auch mit den negativen Faktoren auseinandersetzen, müssen Sie sich nicht mehr vor großen Enttäuschungen fürchten.

Befassen Sie sich also mit der Inflation. Inflation bedeutet Geldentwertung. Die Generation, die den Zweiten Weltkrieg erlebt hat, hat sehr konkrete Vorstellungen davon, was Inflation bedeutet. Bis zum Sommer 2007 habe ich allerdings oft erlebt, dass das Thema

Inflation ignoriert wurde. Hatten wir uns doch alle daran gewöhnt, dass unser Wirtschaftssystem es mit sich bringt, dass die Preise im Durchschnitt immer etwas steigen. Die Betonung lag auf „etwas". Als die Teuerungsmarke von drei Prozent erstmals seit langer Zeit wieder überschritten wurde, kam auch die Diskussion um Inflationsgefahren wieder stärker auf. Sie merken es in Ihrem Alltag selbst: Ständig wird alles teurer. Immer wieder müssen Sie für ein und dieselbe Sache mehr bezahlen. An einem Tag verteuert sich die Milch, am nächsten Tag erleiden Sie einen Schock an der Tankstelle. Es gibt auch Waren, die billiger werden. Laptops zum Beispiel sind inzwischen für weniger als 500 Euro erhältlich. Davon haben wir vor wenigen Jahren noch geträumt. Auch Telefongespräche und Fernseher haben im Preis nachgelassen. Oder Sie bekommen mehr Leistung für Ihr Geld. Die Teuerungsrate, wie die Inflation genannt wird, schwankt also von Produkt zu Produkt.

In den letzten 20 Jahren schwankte die Inflation in Deutschland zwischen 0,2 Prozent (1987) und 5,1 Prozent (1992). Im Durchschnitt lag sie bei einem Wert zwischen zwei und drei Prozent. Schaut man weiter zurück, zum Beispiel in die 70er-Jahre, dann sieht man auch Phasen, in denen die Inflation mehrere Jahre lang vier Prozent überstieg. Bei sieben Prozent lag die Teuerungsrate in einzelnen Jahren damals. Grund war der sogenannte Ölpreisschock – der Anstieg der Ölpreise löste eine enorme Teuerungswelle in den Industriestaaten aus. Schrillen bei Ihnen ein paar Alarmglocken, wenn Sie das lesen? Bis zum Sommer 2008 ist der Ölpreis deutlich gestiegen. Doch die Energiepreise sind immer nur ein Faktor, der in die Inflationsrate mit einfließt.

Für Ihr Szenario ist es weder möglich noch wichtig, die Entwicklung der Inflationsrate genau vorherzusagen. Es kommt vielmehr

Abbildung 11: Inflation in Deutschland 1951 bis 2007

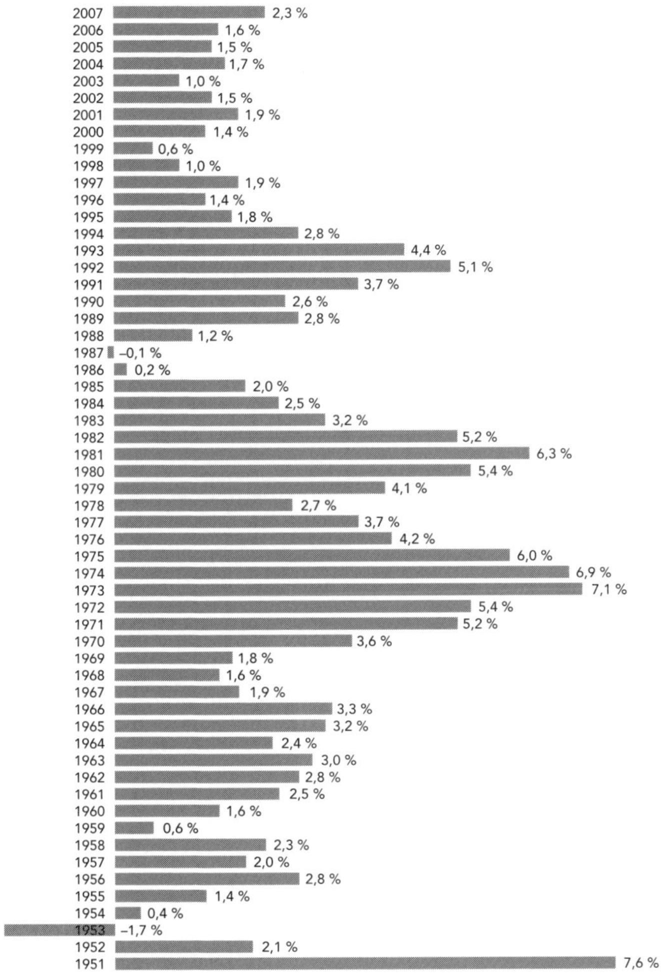

Quelle: Statistisches Bundesamt, Lange Reihen

Prozentangaben auf Basis
1951–1962 Preisindex 4-Personen-Haushalte
1961–1991 Preisindex aller privaten Haushalte
1992–2007 Verbraucherpreisindex

darauf an, dass Sie einen realistischen Wert ansetzen. Eine Inflationsrate von nur 2,5 Prozent erscheint mir im jetzigen Marktumfeld als zu gering. Mit drei Prozent befinden Sie sich auch im längerfristigen Durchschnitt auf der sicheren Seite. Aber dafür heißt es ja Szenariotechnik – rechnen Sie also am besten neben den drei Prozent auch einmal mit 4,0 oder 2,5 Prozent.

Wenn Sie die Inflation nun in Ihr Szenario einbeziehen, dann überlegen Sie zunächst ohne irgendwelche Inflationsberechnungen, wie viel Geld Sie im Ruhestand nach heutiger Kaufkraft gerne hätten. Gehen Sie von rund 2,5 Prozent Inflation aus, benötigen Sie in rund 30 Jahren ungefähr das Doppelte. Doch dann geht es noch weiter. Auch Ihr Ruhestand dauert zwischen 20 und 30 Jahren. Damit benötigen Sie, wenn Sie Ihren Lebensstandard halten möchten, laufend höhere Einkünfte für den gleichen Lebensstandard. Und sagen Sie mir jetzt nicht, dass Sie im Ruhestand nicht so viel Geld benötigen. Denken Sie daran – dann haben Sie endlich die Zeit, um all die Dinge zu unternehmen, die Sie schon immer gerne tun wollten. Auch die Gesundheitsausgaben steigen mit zunehmenden Alter.

Auch für die Berechnung der Inflation bietet das Internet praktische Onlinerechner. Suchen Sie einfach nach „Inflationsrechner". Sie können verschiedene Summen, Inflationsraten und Laufzeiten eingeben und der Rechner nennt Ihnen auf den Cent genau, was Ihr Geld unter diesen Voraussetzungen in Zukunft wert sein wird.

Einen Haken hat die Sache mit der Inflationsrate: Sie bildet immer alle Preise ab. Vielleicht erinnern Sie sich noch an die Einführung des Euros. Die Verbraucher waren fassungslos: Viele Preise schienen sich zu verdoppeln. 1:1 hätten die Händler den Kurs gewechselt, hieß es. Doch die Inflationsrate betrug in dem betreffenden Jahr (2002) nur niedrige 1,5 Prozent! Wie kam das? Waren die Verbraucher ihren Vorurteilen erlegen? Oder hatten sich die Statistiker verrechnet? Nein. Die salomonische Antwort ist: Alle hatten recht. Die Verbraucher ebenso wie die Statistiker. Es war so: Die Preise, die den Verbrauchern in ihrem Alltag täglich begegneten, waren tatsächlich deutlich gestiegen. Lebensmittel, Schuhe, das Bier im Wirtshaus, der Salat auf dem Markt. Allerdings stellen diese Alltagspreise nur einen kleinen Teil aller Preise dar. Was die Verbraucher bei der Euroeinführung nicht wahrnahmen, war, dass zum Beispiel die Preise für Computer um 23 Prozent sanken. Solche Preissenkungen bemerkt man eben nur, wenn man sich einen Computer kauft – und das ist ja nur alle paar Jahre einmal der Fall.

Zum Schluss der Inflationsbetrachtung lernen Sie jetzt bitte noch aus einem Fehler, den meine Eltern gemacht haben und den sicherlich auch andere Menschen machen. Er besteht in einer auf den ersten Blick tatsächlich gewitzten Schlussfolgerung und sie lautet: Wenn die Inflation dafür sorgt, dass mein Vermögen schrumpft, dann mache ich doch einfach Schulden. Die schrumpfen dann schließlich auch! Ich räume ein, dass das wirklich schlau klingt und auch stimmt. Wenn die Inflation das Geld entwertet, entwertet sie auch Ihre Schulden. Und wenn Sie Kredite laufen haben, um beispielsweise Ihr Haus abzuzahlen, dürfen Sie sich unbefangen über diesen Effekt freuen. Sie sollten trotzdem keinesfalls mit diesem Kalkül Schulden machen. Denn mit der Inflation können Sie keine Verträge abschließen! Sie können sich nicht darauf verlassen, dass sich alles so entwickelt, wie Sie dachten. Das Wichtigste ist immer, genau zu wissen, dass Sie Ihre Last aus Zins und Tilgung bedienen können. Und jeden Euro, denn Sie dafür aufwenden, können Sie nicht sparen. Das Geld fehlt Ihnen dann an anderer Stelle.

3. Rente

Früher war ja angeblich alles besser. Zumindest hat das gesetzliche Rentensystem noch ordentlich funktioniert. Arbeitende Menschen und ihre Arbeitgeber zahlten erträgliche Beiträge in die Rentenversicherung ein und die Rentner lebten zufrieden mit der Rente, die ihnen ausgezahlt wurde.

Dieses System ist heute marode. Zu wenige Menschen zahlen Beiträge ein, die ihnen aber zu hoch erscheinen, und zu viele Rentner bekommen Renten, die ihnen zu niedrig erscheinen. In die Köpfe vieler Menschen ist inzwischen vorgedrungen, dass die gesetzliche Rentenversicherung noch einen Baustein des Ruhestandes darstellt, jedoch nicht mehr. Ich möchte an dieser Stelle auch einmal in den Blick nehmen, dass früher keineswegs alles besser, sondern eigentlich schlechter war. Schauen Sie mal zurück: Als Bismarck die Sozialversicherung einführte, arbeiteten die meisten Menschen noch körperlich und die Lebenserwartung war viel niedriger. Nach ihrer Verrentung lebten die Menschen keine 25 oder 30 Jahre mehr so wie heute. Sie starben viel früher. Entsprechend mussten die Erwerbstätigen und Unternehmen auch keine so hohen Beiträge für sie zahlen, denn der Rentenbezug war viel kürzer.

Das ist – neben anderen – einer der Faktoren, die die Zukunftsfähigkeit unserer gesetzlichen Rentenversicherung so stark beeinträchtigen, dass sie zu einer der wichtigsten Variablen für Ihr Szenario werden wird. Konkreter formuliert: Verlassen Sie sich bitte auf keinen Fall darauf, dass Sie im Alter eine ausreichende gesetzliche Rente bekommen werden. Je jünger Sie heute sind, desto weniger Rente sollten Sie in Ihrem Szenario veranschlagen.

Doch wie berechnen Sie nun die Rentenentwicklung in Ihrem Szenario? Meine ehrliche Antwort ist: Eigentlich geht das gar nicht.

Denn wie sich die gesetzliche Rente entwickelt, ist eine politische Frage. Sie können nicht wie bei der Inflation die Entwicklung der letzten Jahrzehnte hochrechnen, sondern Sie müssen damit rechnen, dass die Rente – vielleicht – in den nächsten Jahren auf ein anderes Fundament gestellt wird, dass die gesetzliche Rente zum Beispiel einer Grundrente weicht. Wie viel Geld Sie dann zu erwarten haben, unterliegt politischen Entscheidungen und lässt sich kaum mit Zahlen konkretisieren.

Für Sie bedeutet das, die Diskussion über unsere Sozialversicherungen immer aufmerksam zu verfolgen, um Ihre Strategie rechtzeitig an Neuerungen anpassen zu können. Bis es so weit ist, schlage ich meinen Mandanten immer vor, ihre aktuelle Renteninformation heranzuziehen und mit der Summe zu arbeiten, die dort steht. Denn solange unser System so ist, wie es ist, steht eines fest: Die Renten werden nicht wesentlich erhöht werden.

Viele meiner Mandanten werden ziemlich unruhig, wenn ich das sage. Sie fragen sich natürlich, wovon sie im Alter leben sollen. Wenn die Rente nicht reicht, müsste man ja alles ansparen? Ist das überhaupt zu schaffen? Diese Überlegungen setzen meine Mandanten unter immensen Druck. Vielleicht geht es Ihnen ähnlich.

Betrachten Sie dann die Sache bitte einmal von der anderen Seite. Ein Auslöser des Problems ist die gestiegene Lebenserwartung. Die hat aber auch ihr Gutes. Sie müssen nämlich nicht länger Ihre komplette Rentenzeit als Ruhestand definieren. Sehen Sie die Vorteile der Sache: Die meisten Menschen erfreuen sich guter Gesundheit, wenn sie aus dem klassischen Erwerbsleben ausscheiden. Sie sind bei Kräften und voller Energie. Und ich frage mich: Warum bezeichnen wir diese Zeit eigentlich noch als Ruhestand? Vielleicht finden Sie es schon in zehn Jahren ganz normal, dass Rentner noch erwerbstätig sind. In Ihr Szenario sollten Sie diese Möglichkeit auf jeden Fall einbeziehen. Ziehen Sie ruhig noch einmal Ihr Zielpuzzle hervor. Überlegen Sie, was Ihnen Spaß macht. Warum schieben Sie nicht noch ein Puzzleteil dazu, auf dem steht, dass Sie Ihren Beruf als Ingenieur im Alter noch freiberuflich ausüben möchten? Sie können sich dann schon frühzeitig darauf einstellen, indem Sie geeignete Kontakte knüpfen und sich ein für sie passendes Geschäftsmodell überlegen. Vielleicht haben Sie auch gerne mit Kindern zu tun. Dann werden Sie vielleicht bezahlte Dienste als Babysitter oder Leih-Oma leisten oder Schüler betreuen.

Sehen Sie das Positive an der Sache. Sie haben eine längere Lebenserwartung. Für die Rentenversicherung ist das ein Problem. Für Sie ist das großartig. Sie können mehr mit Ihrem Leben anfangen! Das Einzige, was Sie dafür tun müssen, ist umzudenken.

Für Ihr Szenario bedeutet das, dass Sie Druck aus Ihren Sparanstrengungen herausnehmen können. Wenn Sie davon ausgehen können, dass Sie im Alter noch dazuverdienen, dann müssen Sie die fehlende Rente nicht komplett durch Sparleistungen in den Jahrzehnten davor ausgleichen. Natürlich sollten Sie sich auch nicht komplett der Sorglosigkeit hingeben. Aber wenn es realistisch ist, dass Sie eine gewisse Lücke durch Arbeit schließen können, ist das völlig okay!

4. Steuern

Es gibt ganz tolle Software für ihre Finanzplanung. Die rechnet Ihnen auf den Cent genau aus, wie viel Steuern Sie zahlen müssen, wenn Sie in 20 Jahren in Rente gehen. Wahnsinnig beeindruckend diese Hochrechnungen. Man könnte in Ehrfurcht erstarren – bloß ist das Ganze in Wahrheit ziemlich banal. Nicht, dass ich etwas gegen Hochrechnungen hätte, im Gegenteil! Diese Programme tun aber letztlich nichts anderes als Sie oder ich, wenn wir Szenarien entwerfen. Sie nehmen die heute gültigen Steuersätze und rechnen die Zahlen in die Zukunft hoch.

Wenn Sie also in Ihr Szenario den Faktor Steuern einbeziehen, können Sie mit beiden Füßen auf dem Boden der Tatsachen bleiben und müssen nichts tun, was eine aufwendige Software besser könnte. Lassen Sie sich nicht ins Bockshorn jagen – auch teure Finanzplanungssoftware ist keine Kristallkugel, die die tatsächlichen Steuersätze in 20 Jahren vorhersagen kann. Was Sie allerdings nicht zum Irrtum verleiten sollte, dass es nicht so wichtig sei. Gerade für die Altersvorsorge spielen Steuern künftig eine größere Rolle als heute.

Was Sie nämlich für Ihr Rentenalter-Szenario unbedingt beachten müssen, ist der Wechsel zur nachgelagerten Besteuerung. Das heißt: In Zukunft werden Renten voll versteuert werden müssen. Das ist eine wirklich einschneidende Veränderung! Bisher mussten nämlich Renten grundsätzlich nicht versteuert werden. Lediglich auf ihren Ertragsteil fielen Abgaben an. Seit 2005 sieht das anders aus: Rentner, die 2005 in Rente gingen, mussten 50 Prozent ihrer Rente versteuern. Und der zu versteuernde Anteil wird jedes Jahr um zwei Prozent angehoben. Das heißt: Wenn die heute 40-Jährigen in Rente gehen, werden sie 100 Prozent ihrer Rente versteuern müssen.

Bei der Altersversorgung an Steuern zu denken, ist sicherlich noch gewöhnungsbedürftig. Es wäre aber ganz fatal, diesen Punkt zu übersehen. Die Rentenbesteuerung gehört unbedingt in Ihr Szenario hinein! Meinen Mandanten empfehle ich, davon auszugehen, dass Sie im schlimmsten Fall genau den gleichen Durchschnittssteuersatz

wie heute zahlen werden. Wenn Sie in Kürze in Rente gehen und noch nicht mit 100 Prozent Ihrer Einkünfte zur Steuer veranlagt werden, können Sie den Steuersatz etwas vermindern.
Neben der Einkommensteuer müssen Sie auch an die neue Art der Besteuerung von Kapitalerträgen denken: die Abgeltungsteuer. Seit 2009 müssen Sie 25 Prozent Ihrer Kapitalerträge dem Staat abtreten. Dazu kommen dann noch der Solidaritätszuschlag und gegebenenfalls die Kirchensteuer. Zusammen sind das dann fast 28 Prozent. Da nun erstmals auch realisierte Wertsteigerungen, beispielsweise von nach 2008 gekauften Aktienfonds, besteuert werden – bislang waren diese Wertsteigerungen nach einem Jahr Haltedauer steuerfrei – müssen Sie und ich uns angewöhnen, stets in einer Nach-Steuer-Rendite zu denken. Besser stehen jetzt Anleger, die schwerpunktmäßig in festverzinsliche Anlagen investierten. Statt dem persönlichen Steuersatz müssen Sie „nur" noch die Abgeltungsteuer zahlen.

5. Marktschwankungen

Marktschwankungen sind eine große Herausforderung für die Szenariotechnik, denn es ist wirklich schwierig, über längere Zeiträume hinweg den Marktwert einer Geldanlage zu kalkulieren. Ich habe schon so manches Altersvorsorgekonzept an Fehlkalkulationen scheitern sehen. Besonders anfällig sind Strategien, die auf den Veräußerungserlös einer Immobilie in der Zukunft setzen. Ein Beispiel: Wenn das Rentenalter naht, sind meistens die Kinder ausgezogen und das Haus ist zu groß. Naheliegenderweise entscheiden sich viele Paare, das Haus zu verkaufen und etwas Kleineres zu suchen. Wenn das klappt, ist das wunderbar. Weniger wunderbar sieht es aus, wenn der Immobilienverkauf ein Bestandteil der Altersvorsorge ist und sich nicht der Preis erzielen lässt, den sich die Betreffenden für die Versilberung ihres Eigenheims vorgestellt hatten. Da bröckelt es auf einem Weltmarkt, ein paar Unternehmen müssen aufgeben und innerhalb weniger Jahre muss eine Region, die lange Zeit prosperiert hatte, mit Standortschließungen und Arbeitslosigkeit kämpfen. Wer will da noch hinziehen? Die Immobilienpreise sinken ins Bodenlose.

In Ihrem Szenario können Sie nicht von Anfang an wissen, was Sie für Ihre Immobilie erzielen. Es ist schwierig, eine realistische Größe zu finden. Ich rate meinen Mandanten immer zu großer Vorsicht: Problematisch ist gerade beim Eigenheim, dass der Verkäufer sein Haus aus einer ganz anderen Perspektive sieht als der Käufer. Was der Verkäufer liebevoll gestaltet hat, beispielsweise einen Kachelofen, verursacht für den potenzielle Käufer, der einen ganz anderen Geschmack hat, vielleicht nur wertmindernde Beseitigungskosten. Glauben Sie mir, ich übertreibe nicht. Ich habe selbst in einem gemieteten Haus gewohnt, in dem wir die dunkelgrünen Einbauschränke in keinem Fall verändern durften. Und wir fanden sie scheußlich. Schauen Sie immer wieder, welche Preise in Ihrer Gegend erzielt werden. Und zwar nicht allein für Ihr Haus, sondern auch für die etwaige Wohnung, die Sie nach einem Verkauf mieten oder kaufen würden. Was hilft es, wenn Sie für Ihr Haus einen halbwegs Ihren Wünschen entsprechenden Preis erzielen, aber dann die Wohnungsmieten viel höher sind, als Sie in Ihrem Konzept vorgesehen hatten?

Sie können Marktschwankungen nicht vorhersehen, aber Sie können Ihr Szenario regelmäßig aktualisieren. Das gilt nicht nur für Immobilien, sondern auch für Aktienanlagen. Hier sollten Sie am Anfang ein Szenario entwerfen, in dem alle Kurse in den Keller gehen. Rechnen Sie mal durch, wo Sie stehen, wenn Ihre Aktienstrategie komplett fehlschlägt. Entwerfen Sie ein Szenario für den schlimmsten Fall. Wenn dabei herauskommt, dass Sie sich dann zwar einschränken müssten, aber trotzdem noch klarkämen, dann bekommen Sie von mir grünes Licht für Ihre Strategie. Wenn Sie bei einer Talfahrt Ihrer Aktien ruiniert wären, dann müssten Sie Ihre Strategie noch einmal überarbeiten.

Jenen meiner Mandanten, die mit Aktien liebäugeln, aber das Risiko fürchten und sich überfordert fühlen, empfehle ich eine ähnliche Strategie: Fangen Sie klein an, kaufen Sie erst mal nur Aktien für eine Summe, deren Verlust Sie verkraften könnten. Nehmen Sie beispielsweise 10.000 Euro in die Hand und üben Sie damit. Wenn sich all Ihre Käufe als Flops herausstellen, ist das nicht schön, aber es bringt Sie nicht um. An 10.000 Euro wird sich Ihr Schicksal nicht entscheiden. Wenn Sie erste Erfahrungen gesammelt haben und sich sicherer fühlen, dann können Sie mehr Geld anlegen.

Um Ihre Anlagestrategie zu optimieren, entwerfen Sie am besten mehrere Szenarien, die jeweils eine andere Marktentwicklung voraussetzen. Das Szenario für den schlimmsten Fall ist vielleicht das Wichtigste. Wenn Sie sich fragen, ob Sie beispielsweise das Gewicht zwischen Ihren Aktienanlagen und festverzinslichen Anlagen verschieben möchten, dann entwerfen Sie doch zwei Szenarien mit unterschiedlichen Renditeverläufen. So haben Sie konkrete Zahlen und können überlegen, wo Ihre Schmerzgrenzen sind.

Ich rechne in meinen Finanzplänen immer hoch, wie sich das Vermögen mit einer bestimmten Rendite x, dem Anfangsvermögen y sowie den etwaigen Sparraten entwickeln wird. Die Rendite setze ich meist sehr konservativ an – wie bei einer Festgeldanlage nach Abgeltungsteuer. Viele Mandanten haben bei späteren Terminen diese Tabelle dabei und ich entdecke kleine Häkchen an den Jahresendbeständen. Sie überprüfen sich selbst. Wunderbar.

Und nun: Szenarioplanung ganz konkret

Darf ich vorstellen: Dr. Sieglinde Sorge, Rechtsanwältin. An ihrem Beispiel zeige ich Ihnen nun, wie die Szenarien mit all den genannten Faktoren konkret aussehen. Frau Dr. Sorges Ruhestand ist nicht mehr weit entfernt. Darüber ist sie nicht unglücklich! Sie überlegt sogar, zwei Jahre eher in den Ruhestand zu gehen. Unrealistisch ist das nicht. Sie bekommt als Rechtsanwältin eine Rente aus dem Versorgungswerk, sie hat ein Haus, das sie verkaufen möchte, und sie hat etwas Vermögen. Haus und Vermögen zusammen ergeben mehr als 500.000 Euro. Das klingt gut, aber wird sie wirklich zurechtkommen?
Die folgenden Szenarien spielen unterschiedliche Kosten und Zeiten durch. Sie beziehen jeweils Rendite, Inflation, Steuern und Rentensteigerungen in die Kalkulation ein.
Szenario 1 (Abbildung 12) zeigt, wie lange Frau Dr. Sorges Vermögen reichen würde, wenn sie im Jahr 2011 im Alter von 63 Jahren in den Ruhestand ginge und – nach heutigem Stand – monatlich 4.000 Euro an Lebenshaltungskosten hat. Sie sehen: Das Vermögen von Frau Dr. Sorge würde ausreichen, ihren Lebensstandard zu finanzieren bis sie 78 ist. Dann ist Schluss! In Szenario 2 greift Frau Dr. Sorge erst ab 2013 ihre Rücklagen an. Wenn sie monatlich 4.000 Euro verbraucht, sieht das Szenario aus wie in Abbildung 13. Szenario 3 (Abbildung 14) zeigt den Verlauf,

Abbildung 12: Szenario für einen Entnahmeplan ab 2011 bei Lebenshaltungskosten von 4.000 Euro pro Monat

angenommene Steigerung der Rente des Versorgungswerkes:	1,00 %
angenommene Inflation:	2,50 %
angenommene Rendite vor Steuern:	4,50 %
angenommener Durchschnittssteuersatz:	25,00 %

Alter		Lebenshaltung pro Jahr	Rente des Versorgungswerkes	Eigenheim-verkauf	Vermögen	Rendite auf Vermögen	Steuer	Jahresfehlbetrag im Ruhestand oder Überschuss
60	2008	–48.000			190.000	8.550	–2.138	
61	2009	–49.200			196.413	8.839	–2.210	
62	2010	–50.430			203.041	9.137	–2.284	
63	2011	–51.691	22.200	330.000	209.894	9.445	–7.911	302.043
64	2012	–52.983	22.422		511 937	23.037	–11.365	–18.889
65	2013	–54.308	22.646		493.049	22.187	–11.208	–20.683
66	2014	–55.665	22.873		472.366	21.256	–11.032	–22.568
67	2015	–57.057	23.101		449.798	20.241	–10.836	–24.550
68	2016	–58.483	23.332		425.247	19.136	–10.617	–26.632
69	2017	–59.945	23.566		398.616	17.938	–10.376	–28.818
70	2018	–61.444	23.801		369.798	16.641	–10.111	–31.112
71	2019	–62.980	24.039		338.685	15.241	–9.820	–33.520
72	2020	–64.555	24.280		305.165	13.732	–9.503	–36.045
73	2021	–66.169	24.523		269.120	12.110	–9.158	–38.694
74	2022	–67.823	24.768		230.425	10.369	–8.784	–41.470
75	2023	–69.518	25.016		188.955	8.503	–8.380	–44.379
76	2024	–71.256	25.266		144.577	6.506	–7.943	–47.428
77	2025	–73.038	25.518		97.149	4.372	–7.473	–50.620
78	2026	–74.864	25.774		46.529	2.094	–6.967	–53.963

Abbildung 13: Szenario für einen Entnahmeplan ab 2013 bei Lebenshaltungskosten von 4.000 Euro pro Monat

angenommene Steigerung der Rente des Versorgungswerkes:	1,00 %
angenommene Inflation:	2,50 %
angenommene Rendite vor Steuern:	4,50 %
angenommener Durchschnittssteuersatz:	25,00 %

Alter		Lebenshaltung pro Jahr	Rente des Versorgungswerkes	Eigenheim–verkauf	Vermögen	Rendite auf Vermögen	Steuer	Jahresfehlbetrag im Ruhestand oder Überschuss
60	2008	–48.000			190.000	8.550	–2.138	
61	2009	–49.200			196.413	8.839	–2.210	
62	2010	–50.430			203.041	9.137	–2.284	
63	2011	–51.691			209.894	9.445	–2.361	
64	2012	–52.983			216.978	9.764	–2.441	
65	2013	–54.308	26.304	330.000	224.301	10.094	–9.099	302.991
66	2014	–55.665	26.567		527.292	23.728	–12.574	–17.944
67	2015	–57.057	26.833		509.348	22.921	–12.438	–19.742
68	2016	–58.483	27.101		489.606	22.032	–12.283	–21.633
69	2017	–59.945	27.372		467.972	21.059	–12.108	–23.622
70	2018	–61.444	27.646		444.350	19.996	–11.910	–25.713
71	2019	–62.980	27.922		418.637	18.839	–11.690	–27.909
72	2020	–64.555	28.201		390.728	17.583	–11.446	–30.217
73	2021	–66.169	28.483		360.511	16.223	–11.177	–32.639
74	2022	–67.823	28.768		327.872	14.754	–10.881	–35.181
75	2023	–69.518	29.056		292.692	13.171	–10.557	–37.848
76	2024	–71.256	29.347		254.844	11.468	–10.204	–40.645
77	2025	–73.038	29.640		214.198	9.639	–9.820	–43.578
78	2026	–74.864	29.936		170.620	7.678	–9.404	–46.653
79	2027	–76.735	30.236		123.967	5.579	–8.954	–49.874
80	2028	–78.654	30.538		74.092	3.334	–8.468	–53.249
81	2029	–80.620	30.844		20.843	938	–7.945	–56.784

Abbildung 14: Szenario für einen Entnahmeplan ab 2013 bei Lebenshaltungskosten von 3.500 Euro pro Monat

angenommene Steigerung der Rente des Versorgungswerkes:	1,00 %
angenommene Inflation:	2,50 %
angenommene Rendite vor Steuern:	4,50 %
angenommener Durchschnittssteuersatz:	25,00 %

Alter		Lebenshaltung pro Jahr	Rente des Versorgungswerkes	Eigenheim-verkauf	Vermögen	Rendite auf Vermögen	Steuer	Jahresfehlbetrag im Ruhestand oder Überschuss
60	2008	–42.000			200.000	9.000	–2.250	
61	2009	–43.050			206.750	9.304	–2.326	
62	2010	–44.126			213.728	9.618	–2.404	
63	2011	–45.229			220.941	9.942	–2.486	
64	2012	–46.360			228.398	10.278	–2.569	
65	2013	–47.519	26.304	330.000	235.106	10.625	–9.232	310.177
66	2014	–48.707	26.567		546.284	24.583	–12.787	–10.345
67	2015	–49.925	26.833		535.939	24.117	–12.737	–11.712
68	2016	–51.173	27.101		524.227	23.590	–12.673	–13.154
69	2017	–52.452	27.372		511.072	22.998	–12.593	–14.675
70	2018	–53.764	27.646		496.398	22.338	–12.496	–16.276
71	2019	–55.108	27.922		480.122	21.605	–12.382	–17.962
72	2020	–56.485	28.201		462.160	20.797	–12.250	–19.736
73	2021	–57.897	28.483		442.424	19.909	–12.098	–21.603
74	2022	–59.345	28.768		420.821	18.937	–11.926	–23.566
75	2023	–60.829	29.056		397.255	17.876	–11.733	–25.629
76	2024	–62.349	29.347		371.525	16.723	–11.517	–27.797
77	2025	–63.908	29.640		343.828	15.472	–11.278	–30.074
78	2026	–65.506	29.936		313.755	14.119	–11.014	–32.464
79	2027	–67.143	30.236		281.291	12.658	–10.723	–34.973
80	2028	–68.822	30.538		246.318	11.084	–10.406	–37.605
81	2029	–70.542	30.844		208.713	9.392	–10.059	–40.366
82	2030	–72.306	31.152		168.347	7.576	–9.682	–43.260
83	2031	–74.114	31.463		125.036	5.629	–9.273	–46.294
84	2032	–75.966	31.778		78.792	3.546	–8.831	–49.474
85	2033	–77.866	32.096		29.3[illegible]8	1.319	–8.354	–52.804

wenn Frau Dr. Sorge ab 2013 von Ihrem Vermögen zehrt, aber etwas sparsamer ist. Frau Dr. Sorges Vermögen würde bis zum Alter von 85 Jahren reichen.

Das Beispiel zeigt: Die halbe Million Euro, mit der Frau Dr. Sorge kalkulieren möchte, sieht nach mehr aus, als sie am Ende ist. Wie lange sie reicht, hängt davon ab, wie viel Frau Dr. Sorge jeden Monat verbraucht und wann sie in den Ruhestand geht. Der Hauptfaktor ist die Inflation: Die Summe, die Frau Dr. Sorge monatlich braucht, bleibt nämlich nicht gleich, sondern hat sich nach 25 Jahren Ruhestand fast verdoppelt – inflationsbedingt.

Sie sehen an diesem Beispiel, wie hilfreich die Szenariotechnik ist, um realistisch zu planen. Haben Sie bei Ihren Berechnungen schon einmal über den Zeitpunkt des Renteneintritts hinaus gedacht? Haben Sie ausgerechnet, wie hoch die Summe ist, die Sie in Ihrem Ruhestand benötigen, wenn Sie nicht 65, sondern 80 Jahre alt sind? Wenn nicht, wird es höchste Zeit. Je eher Sie den Tatsachen ins Auge blicken, desto besser. Denn wenn Sie feststellen, dass Ihre Planung nicht aufgeht, können Sie noch rechtzeitig etwas ändern.

KAPITEL 13

IMMER ALLES UNTER KONTROLLE – REGELMÄSSIGE ANPASSUNGEN UND UPDATES

Zu meinen Mandanten gehört ein Ehepaar, das den Großteil seines Vermögens in Immobilien angelegt hatte. Und zwar kurz nach der Wiedervereinigung. Damals herrschte noch Aufbruchstimmung. Mein Mandantenpaar ließ sich vom allgemeinen Wiedervereinigungsoptimismus anstecken, und anstatt in eine etwas größere Immobilie oder ein Haus mit Grundstück zu investieren, entschieden sich die beiden, zwei Wohnungen zu kaufen. Und zwar eine im Westen Deutschlands und eine im Osten. Sicherlich eine gute Idee, nicht den gleichen Standort zu wählen und damit das Risiko zu streuen. Doch die Rendite dieser Investition hatte sich leider nicht so entwickelt, wie die beiden erwartet hatten. Sowohl die ostdeutsche wie die westdeutsche Wohnung hatten dramatisch an Wert verloren. Die Wohnung in Westdeutschland hätte längst modernisiert werden müssen. Und die Wohnung in Ostdeutschland lag in einer Region, in der sich die Immobilienpreise komplett in den Keller bewegt hatten. Händeringend saß nun dieses Ehepaar vor mir und fragte mich, wie sie ihren bevorstehenden Ruhestand finanzieren sollten. Den hatten die beiden eigentlich in einem Häuschen in den bayerischen Alpen verbringen wollen, das sie aus dem Erlös der beiden Wohnungen zu kaufen gedachten. Daraus wird wohl nichts werden.
Das Interessante an der Geschichte für Sie und, als stets Mitlernende auch für mich, ist die Frage, wie es überhaupt so weit kommen konnte. Wie konnten die Wohnungswerte über Jahre sinken, ohne dass meine Mandanten davon etwas mitbekamen? Wieso fanden die beiden erst nach 15 Jahren in meine Beratung, warum kamen sie nicht schon Ende der 90er-Jahre, als sich die Probleme auf den Wohnungsmärkten bereits deutlich abzeichneten?
Die Antwort ist: Meine Mandanten wähnten sich in Sicherheit. Sie dachten, sie hätten mit der Investition in zwei Immobilien in ver-

schiedenen Lagen ausreichend vorgesorgt, das Risiko schön verteilt und nun könnten sie sich um andere Dinge kümmern. Die Finanzierungen waren kein Modell für die Ewigkeit.

Sie kennen mich jetzt schon ein bisschen. Sie wissen, dass ich den Menschen, die ich berate, nur wenige Vorschriften mache. Ich lasse sie selbst entscheiden, was sie mit ihrem Geld anfangen wollen und mit welchen Anlageformen sie sich wohlfühlen. Aber auf ein paar wenige Regeln bestehe ich doch und dazu gehört: Kümmern Sie sich immer um Ihr Geld! Ein Finanzierungsmodell, dass Sie auf Jahrzehnte knebelt, ist immer schlecht. Immobilien können nie einfach gekauft werden – man muss sich darum kümmern. Und das gilt auch für andere Anlageformen. Lehnen Sie sich nicht zurück und überlassen Sie das Schicksal Ihrer Anlagen nicht dem Zufall. Schon gar nicht, wenn Sie sich so viel Mühe gemacht haben, die für Sie geeignete Anlagestrategie zu erarbeiten.

Genau an diesem Punkt nämlich hat sich mein Mandantenpaar in den Finanzfeierabend verabschiedet. Sie hatten sich schlaugemacht, sich für die Wohnungen entschieden und zwei geeignete Objekte gekauft. Und dann haben sie ihre Aktivitäten eingestellt. Genau diesen Fehler machen Sie, liebe Leser, jetzt auf keinen Fall! Schon gar nicht, nachdem Sie sich so sehr in die Materie hineingearbeitet haben.

Sie haben jetzt Ihre Ziele gesteckt, Ihre Anlagestrategie entworfen und schon Szenarien entwickelt, wie Ihre Pläne aufgehen könnten. Sie haben bereits erste Geldanlageprodukte gekauft. Damit haben Sie den Hauptteil Ihrer Arbeit für die finanzielle Unabhängigkeit erfolgreich geschafft. Aber um die Früchte Ihrer Arbeit auch ernten zu können, zählt vor allem Eines: Bleiben Sie am Ball.

Die Welt bleibt schließlich nicht stehen, nur weil Sie oder ich eine gute Anlagestrategie entworfen haben. Alles entwickelt sich weiter: die Börsen, die Unternehmenswelt und die Märkte, aber ebenso Ihr persönliches Leben. Sie haben vielleicht nicht immer den gleichen Job, Sie verdienen – hoffentlich – in ein paar Jahren mehr als heute. Oder auch weniger. Oder Ihre Familienverhältnisse ändern sich. Da ist es eigentlich ganz selbstverständlich, regelmäßig nach den Finanzen zu schauen. Ich betone es trotzdem, weil ich immer wieder Menschen begegne, die einfach nicht daran denken, dass sie auch ihre Anlagestrategie immer wieder überprüfen und gegebenenfalls verändern müssen. Denken Sie einmal nach, wie viel Zeit Sie für einen Waschmaschinenkauf investieren oder für die Wahl des richtigen Kindergartens für Ihre Kleinen. Vom Auto rede ich erst gar nicht.

Bleiben Sie am Ball – und zwar mit System

Wenn meine Mandanten ihr Sparpotenzial identifiziert und ihre Anlagestrategie entworfen haben, folgt meistens eine Phase von drei bis sechs Monaten, in der sie die entworfene Finanzplanung umsetzen, nicht passende Anlagen verkaufen und dann neu einkaufen. Richtig shoppen. Aktien, Fonds, Immobilien – was auch immer sie sich vorgenommen haben. In dieser Phase sollten auch Sie, liebe Leserinnen und Leser, sich jetzt befinden. Genießen Sie das ruhig! Es macht Spaß, gute Geldanlagen auszusuchen und sich ein schönes Depot und lukrative Festgeldanlagen aufzubauen! Suchen Sie sich gute Produkte aus, kalkulieren Sie mithilfe der Szenariotechnik, die Sie im vorangegangenen Kapitel kennengelernt haben, ob sich der Kauf lohnt, und dann gehen Sie los und kaufen sich die Anlagen.

Schon die Szenariotechnik hat Ihnen allerdings gezeigt, wie viele Faktoren auf die Renditeentwicklung Ihrer Anlagen einwirken. Deshalb können Sie sich nicht zurücklehnen und Ihre Finanzen wieder ihrem Schicksal überlassen. Sondern Sie müssen sich kontinuierlich mit Ihrem Geld befassen. Allerdings ist das keine Aufforderung, in Hektik zu verfallen und etwa dreimal täglich Ihr Depot zu checken (es sei denn, Sie machen das wirklich gerne). Wenn Sie mit einem Mindestmaß an Systematik vorgehen, können Sie Ihre Finanzen mit einem Maximum an Routine und einem Minimum an Stress kontrollieren.

Der erste Schritt dazu ist, dass Sie Ihre Vermögensbilanz aktualisieren. Arbeiten Sie in die Bilanzen aus Kapitel 5 und 11 ein, was Sie verändern. Tragen Sie Ihre Neuerwerbungen ein und streichen Sie, was Sie verkauft haben.

Nehmen Sie dann Ihren Kalender zur Hand und tragen Sie dort ein, auf welche Termine Sie achten müssen. Das betrifft vor allem die nicht an der Börse notierten Werte. Festgelder werden irgendwann wieder fällig. Schreiben Sie sich auf, wann es mit Ihrem Geld so weit ist. Vermerken Sie im Kalender einen Termin, der ein paar Tage oder Wochen vor der Fälligkeit liegt, an dem Sie sich um das Geld kümmern werden.

Dazu gehört, vielleicht eine Marktrecherche durchzuführen, um zu entscheiden, ob Sie Ihr Geld woanders anlegen. Sie müssen, je nach Vertrag, rechtzeitig kündigen. Vielleicht haben Sie auch schon einen Verwendungszweck, dann kommt es darauf an, das Geld rechtzeitig zu transferieren, bevor der Vertrag sich automatisch verlängert. Diese Art der Terminierung sollten Sie immer vornehmen, wenn Sie irgendwo befristet Geld anlegen. Also: An dem Tag, an dem Sie ein Festgeldkonto eröffnen, zücken Sie Ihren Terminkalender

und vermerken einen Tag vor der Fälligkeit, um rechtzeitig die weitere Verwendung der Anlage zu regeln.
Für unbefristete Geldanlagen müssen Sie selbst Termine setzen. Hier ist etwas mehr Eigenorganisation gefragt, um den Überblick zu behalten. Ich finde es sehr hilfreich, dabei zwischen zwei Arten von Kontrollen zu unterscheiden:

- Regelmäßige Anpassungen
- Updates, also Aktualisierungen

Die Anpassungen haben mit den Veränderungen der Märkte zu tun, in die Sie investiert haben oder investieren könnten. Die Updates beziehen sich auf Ihre persönlichen Lebensumstände. Beginnen wir mit den Anpassungen.

1. Anpassungen

An dem Beispiel des Ehepaares aus meinem Mandantenkreis haben Sie schon gesehen, dass Sie auch langfristige und scheinbar wertbeständige Anlagen regelmäßig immer wieder überprüfen müssen.
Mit viel stärkeren und kurzfristigeren Rendite- und Wertschwankungen müssen Sie rechnen, wenn Sie Aktien gekauft haben. Manchmal gehen die Schwankungen so weit, dass es ratsam ist auszusteigen. Speziell Fonds und Zertifikate entwickeln sich oft anders als in der Werbung versprochen. Auch wenn Ihnen hier die Fondsmanager die tägliche Optimierung abzunehmen versuchen, liegt es an Ihnen, stets die letzte Kontrolle über den Erfolg dieser Bemühungen auszuüben.

Musterdepot

Ein absolut empfehlenswertes, überaus hilfreiches Werkzeug für diese Kontrolle ist das Musterdepot. Das ist sozusagen ein virtuelles Depot. Sie führen hier alle Anlagen zusammen, die börsennotiert sind. Sie können so ein Musterdepot im Internet anlegen und online führen. Das ist gar nicht schwierig und kostet nichts. Direktbanken bieten hervorragende Musterdepots an. Sie können also das Musterdepot bei der Bank anlegen, bei der Sie auch Ihr echtes Depot haben oder auch bei irgendeinem anderen Anbieter.

Sinn der Sache ist, dass Sie mit dem virtuellen Depot und seinen virtuellen Werten den Verlauf Ihrer Anlagen überwachen. Sie tragen einfach die Werte in Ihr Musterdepot ein, die sich auch in Ihrem echten Depot befinden. Und dann verfolgen Sie, wie sich die Kurse entwickeln.

Schauen Sie mindestens einmal im Monat in Ihr Musterdepot. Natürlich können Sie auch gerne öfter hineinschauen, erst recht, wenn Sie viele Aktien oder Fonds besitzen. Wenn Sie dann sehen, dass sich ein Fonds schlecht entwickelt, dann können Sie nachforschen, was der Grund ist. Sind Sie selbst unsicher, können Sie den Rat eines Experten suchen. Vielleicht bietet Ihnen Ihr Anbieter noch Warnfunktionen für das Musterdepot. Die können sehr nützlich sein. Die Comdirect-Bank ermöglicht Ihnen zum Beispiel, fiktiv in Ihrem Musterdepot eine Art Stop-Loss zu setzen. Das bedeutet, Sie können sich vor Verlust – englisch: „loss" – schützen, indem Sie ein Limit eingeben. Wenn das Papier unter dieses Kurslimit sinkt, dann erhalten Sie eine E-Mail und Sie können überlegen, was zu tun ist.

Mit dem Musterdepot können Sie unkompliziert Ihre eigenen Anlagen im Griff behalten. Manche meiner Mandanten bitten mich auch, das Musterdepot für sie zu führen. Sie können sich dann

online über die Wertentwicklung Ihres Depots informieren. Und immer wieder erlebe ich, wie gerade das Musterdepot den Menschen die Befangenheit nimmt im Umgang mit Aktien. „Vielen Dank, liebe Frau Kühn, dass Sie mich so bestärkt haben, mein Depot selbst zu führen", mailte mir neulich ein Mandant. „Es sieht so aus, als könne ich Sie jetzt von Ihrem Auftrag, das Depot zu führen, entbinden. Ich fühle mich inzwischen sehr sicher und denke, ich kann das Musterdepot und die Limits nun selbst aktuell halten."
Mit einem Musterdepot können Sie auch üben, wenn Sie noch unsicher sind. Spielen Sie einfach im Musterdepot eine Zeitlang mit verschiedenen Investitionen. Kaufen Sie virtuell ein, was Ihnen aussichtsreich erscheint, und schauen Sie, wie sich Ihr Depot entwickelt. Mit der Zeit bekommen Sie ein Gefühl dafür, welche Anlagen zu Ihnen passen und welche nicht. Irgendwann entwickeln Sie für Kurse das gleiche Gespür wie für die Preise im Supermarkt. Spätestens dann können Sie das, was Sie im Musterdepot geprobt haben, in Ihre reale Anlagestrategie übertragen. Vielleicht haben Sie auch Lust mit mehreren Musterdepots zu arbeiten? Sie könnten eines anlegen, um Ihr echtes Depot abzubilden, und ein oder zwei weitere Musterdepots, in denen Sie ohne Bezug zu Ihrem echten Depot unterschiedliche Anlagestrategien testen.

Cash Management

Mindestens einmal im Monat braucht Ihr Cash, also Ihr flüssiges Geld, Ihre Aufmerksamkeit. Im Mittelpunkt steht dabei Ihr Girokonto. Zu Ihrer Routine sollte gehören, dass Sie die Ein- und Abgänge des vergangenen Monats prüfen. Sind alle Zahlungen angekommen, die Sie erwartet haben? Sind alle Abbuchungen korrekt?

Checken Sie bei dieser Monatskontrolle auch Ihren Kontostand. Er sollte so hoch sein, dass Sie die laufenden Ausgaben abdecken können. Wenn Sie feststellen, dass sich wieder einiges angesammelt hat, freuen Sie sich und überweisen Sie das überschüssige Geld auf Ihr Tagesgeldkonto, damit es sich verzinsen kann. Umgekehrt holen Sie Geld vom Tagesgeldkonto auf das Girokonto, wenn Sie sehen, dass der Kontostand zu niedrig ist, um die Ausgaben im kommenden Monat abzudecken. Denn Ihr Konto darf auf keinen Fall ins Minus rutschen, Dispozinsen gehören zu den ärgerlichsten und überflüssigsten Ausgaben überhaupt. Wenn Sie sich mit Ihrem Kontostand befassen, sollten Sie auch gleich kalkulieren, wie viel Sie im kommenden Monat ausgeben werden. Zwar haben Sie schon ermittelt, welche Summe Sie grundsätzlich im Monat ausgeben. Aber es können ja immer Geburtstage oder Feste hinzukommen, Einladungen oder Reparaturen oder die Anzahlung für den nächsten Sommerurlaub. Planen Sie also den nächsten Monat und richten Sie Ihr Girokonto entsprechend aus.

Der monatliche Cash-Management-Termin ist außerdem dazu da, Ihre Geldanlagen mit variablen Zinssätzen zu überprüfen. Schauen Sie nach, ob die Zinskonditionen noch dieselben sind. Und nehmen Sie sich die Zeit zu überprüfen, ob Ihre Konditionen auf dem Markt noch top sind oder ob sich ein Transfer Ihres Tagesgeldes auf ein anderes Konto lohnen könnte. Vielleicht haben Sie in den vergangenen Tagen auch in der Zeitung von interessanten Angeboten gelesen – dann ist jetzt der Zeitpunkt, sich zu informieren und gegebenenfalls einzusteigen.

Ein Termin, der ganz privat ist und nur einmal im Monat stattfindet, rutscht vielen Menschen leicht aus dem Gedächtnis. Notieren

Sie ihn deshalb in Ihren Terminkalender. Ob Sie immer den letzten Freitag im Monat oder den ersten Sonntag auswählen möchten oder ob Sie sich lieber Monat für Monat neu mit Ihrem Konto verabreden, liegt ganz bei Ihnen und Ihren Gewohnheiten. In jedem Fall empfehle ich Ihnen, zum Abschluss jedes Konto-Checks Ihren Terminkalender zu nehmen und den nächsten Termin schon einmal einzutragen.

2. Updates

Kürzlich kam ein Mandantenehepaar in mein Büro und brachte sein Baby mit. Der Kleine war wenige Wochen alt, ein süßer Wonneproppen, und die beiden waren so stolz, dass ihre Begeisterung mich natürlich richtig ansteckte. Es war das dritte Kind meiner Mandanten, die beide schon über 40 Jahre alt waren. Sie hatten es mit Vorsatz und Freude in die Welt gesetzt, aber natürlich war ihnen klar, dass sie sich nun auch finanziell auf das dritte Kind einstellen mussten. Sie hatten eigentlich ein solides Fundament. Vor fünf Jahren waren sie in ihr Eigenheim gezogen, der Kredit lief natürlich noch. Der Mann war Ingenieur und arbeitete als leitender Angestellter in einem großen Unternehmen. Er ernährte die Familie. Seine Frau hatte ihren Beruf wegen der Kinder stark eingeschränkt, arbeitete aber noch freiberuflich im Home Office als Grafikerin. Ich betreute die beiden schon einige Jahre. Wir hatten gemeinsam ihre Altersvorsorge geplant, für die Ausbildung der beiden ersten Kinder gesorgt, und wir hatten eine Vermögensstrategie ausgearbeitet. Die beiden ließen sich nicht mehr oft bei mir blicken, weil sie inzwischen den größten Teil ihrer Geschäfte selbst regelten.

Jetzt allerdings mussten sie zentrale Pfeiler ihres Konzeptes neu hinterfragen. Ihre monatlichen Kosten würden sich erhöhen, die Einnahmen würden sinken, weil die Frau vorerst nicht mehr arbeiten konnte. Später würde sich das ändern, aber dann mussten sie mit Kinderbetreuungskosten rechnen. Sie mussten außerdem Rücklagen für eine weitere Ausbildung bilden und sie mussten sich darauf einstellen, dass dieses dritte Kind studieren würde, wenn sie in den Ruhestand gehen wollten und ihre Eltern möglicherweise pflegebedürftig wurden.

Sehen Sie, wie umfassend Sie Ihr Finanzkonzept überarbeiten müssen, wenn sich Ihr Leben ändert? Familiengründung, Krankheit, berufliche Veränderungen, Umzüge, Trennung oder Eheschließung – das alles verschiebt Ihr Zielpuzzle und wirkt sich dementsprechend auf Ihre Vermögensstrategie aus. Auch von außen kann Ihr Zielpuzzle ins Wanken kommen – der Pflegefall der eigenen Eltern oder Schwiegereltern ist sicherlich ein häufig vorkommender Fall. Mit Marktschwankungen hat das nichts zu tun (wenn man von beruflichen Erschütterungen absieht, die natürlich durch Krisen auf Märkten ausgelöst werden können). Sie erfassen diese Veränderungen deshalb auch nicht bei den monatlichen Anpassungen, die Sie für Ihr Depot oder Ihre Konten vornehmen.

Und es sind auch nicht alle Veränderungen so ersichtlich wie die Geburt eines dritten Kindes. Manchmal verändert sich Ihr Leben schleichend oder in kleineren Schritten. Vielleicht klappt es nicht mit dem Kind, das sie noch bekommen wollten. Oder Sie sind in der Jahresmitte befördert worden und haben von dem Gehaltsüberschuss zunächst ein paar Extras angeschafft. Inzwischen aber sammelt sich das Geld auf den Konten und Sie können es effektiver verplanen. Zu den schleichenden Veränderungen gehört auch, dass Ihr Zielpuzzle sich verschiebt. Stellen Sie sich einen passionierten Motorradfahrer vor, der allein lebt. Dann verliebt er sich und beschließt, eine Familie zu gründen. Das Motorrad verliert seinen Stellenwert. Das Zielpuzzle sieht innerhalb weniger Jahre ganz anders aus. Damit ändert sich auch seine Finanzplanung.

Ich möchte deshalb, dass Sie sich einmal im Jahr mit Ihrem Zielpuzzle befassen und überprüfen, ob die Ziele noch alle ihre Gültigkeit haben, ob der Realisierungszeitpunkt noch stimmt und ob sich bei den Prioritäten etwas verschoben hat. Gegebenenfalls verändern Sie dann Ihre Anlagestrategie. Vielleicht geben Sie den Plan auf, ein eigenes Haus zu kaufen. Dann erledigt sich ein langfristiges Sparziel. Vielleicht brauchen Sie eine größere Liquiditätsreserve. Dann müssen Sie kurzfristig umschichten. Oder Sie haben – zum Beispiel wegen eines neuen Familienmitgliedes – höhere Ausgaben und können Ihre Sparraten nicht mehr bedienen.

Dieses Update ist ein sehr wichtiger Termin, den Sie in Ihren Kalender eintragen und sich wirklich freihalten sollten. Planen Sie bitte mehrere Stunden dafür ein! Es geht nicht einfach darum, etwas Besinnlichkeit zu erzeugen und Ihre Ziele zu hinterfragen. Sondern Sie müssen eine wirklich gründliche Überprüfung Ihrer Ziele und Bestände vornehmen. Dieses Update ist nämlich der Termin, an dem Sie Ihre gesamte Bilanz auf den Tisch legen und alle Zahlen aktualisieren. Beim Update tun Sie also Folgendes:

- Sie prüfen, ob sich Ihre Ziele geändert haben.

- Sie überprüfen, ob die Struktur Ihrer Anlagestrategie noch mit Ihren Zielen übereinstimmt.

- Sie ermitteln den aktuellen Stand Ihres Vermögens:
    - Was sind Ihre Versicherungen wert?
    - Wie sind Ihre Kontostände?
    - Welche Werte enthält Ihr Depot?
    - Was ist der Marktwert Ihrer Immobilien?
    - Wie ist der Stand Ihrer Kredite?

Das entspricht den Posten, die Sie in Ihre Bilanz in Kapitel 5 eingetragen haben. Sie nehmen sich also jetzt genau diese Bilanz wieder vor und aktualisieren sie.

Das jährliche Update ist übrigens ein hervorragender Zeitpunkt, um auch sämtliche Geldanlagen noch einmal einem Check zu unterziehen, was Rendite und Zinssätze betrifft.

Hält Ihr Girokonto hinsichtlich der Konditionen noch einem Marktvergleich stand? Haben Sie gute Zinsen bei Ihren Geldanlagen? Wie stehen Sie mit Ihren Krediten da? Wie entwickelt sich Ihr Depot und sind Sie von den Kosten her immer noch gut bei Ihrer Bank aufgehoben?

Wenn Sie einmal im Jahr dieses Update vornehmen und zusätzlich die monatlichen Anpassungen, dann ist das zwar keine hundertprozentige Garantie dafür, dass immer alles rund und glatt läuft. Aber Sie können sicher sein, dass Sie sich vor unliebsamen Überraschungen schützen. Und das ohne großen Stress. Sie müssen weder ständig an Ihre Geldanlagen denken, noch täglich irgendetwas kontrollieren. Sie müssen lediglich Ihre wenigen aber regelmäßigen Termine einhalten, die Sie mit Ihrem Geld vereinbaren. Und ich prophezeie Ihnen: Wenn Sie erst einmal eine gewisse Sicherheit auf dem Weg zu Ihrer finanziellen Unabhängigkeit entwickelt haben, dann werden Sie sich auf das monatliche und das jährliche Stelldichein mit Ihrem Geld sogar freuen!

Veränderungen: Wann Sie handeln müssen

Ihre Kontrolle funktioniert optimal, wenn Sie alle Veränderungen frühzeitig erkennen und rechtzeitig darauf reagieren können. Mit den regelmäßigen Anpassungen und den jährlichen Updates dürfte Ihnen kaum noch etwas durchrutschen.
Ihre Kontrolle lässt sich noch optimieren, wenn Sie die folgenden vier Merkmale verinnerlichen, die einen dringenden Handlungsbedarf kennzeichnen. Ich habe sie aus meiner langjährigen Erfahrung in der Finanzbranche und aus der Arbeit mit meinen Mandanten zusammengetragen und halte sie für ganz zentral. Es handelt sich dabei um Veränderungen in Ihrem Leben oder auf den Märkten, bei denen gedanklich Ihre Alarmsirenen anspringen sollten.
Wenn also eines der folgenden vier Ereignisse eintrifft, dann ist Zeit zu handeln. Damit dürfen Sie nicht bis zum nächsten Update- oder Anpassungstermin warten, sondern Sie sollten gleich tätig werden.

1. Wenn Sie sehr starke Schwankungen oder einen eindeutigen Abwärtstrend auf den Aktienmärkten bemerken, dann sollten Sie Ihre Anlagestrategie anpassen.

Vor allem, wenn der Markt nach mehreren guten Jahren einbricht, kann das ein Anzeichen für eine größere Talfahrt sein. Der Aktienmarkt ist (leider) keine Einbahnstraße. Mit jedem

ORIGINAL KÜHN-STRATEGIE

Seien Sie immer bereit, Ihre Strategie zu verändern.

Reagieren Sie auf gravierende Marktveränderungen und passen Sie Ihre Anlagestrategie an – auch, wenn Sie viel Mühe hatten, die gute Strategie zu erarbeiten. Sie verabschieden sich ja nicht für immer von einem Markt.

guten Monat sinkt die Wahrscheinlichkeit, dass die Entwicklung positiv weitergeht. Wenn Sie den Eindruck gewinnen, das Ende der Kursanstiege naht, dann sollten Sie das Tortendiagramm mit Ihrer Vermögensaufteilung heranziehen und den Aktienanteil gegebenenfalls verkleinern. Sie können sofort verkaufen oder Sie können sich gegen fallende Kurse mittels des schon erwähnten Stop-Loss-Limits absichern. Wenn Sie dann mit einem Investment ausgestoppt werden, parken Sie es im Festgeldbereich oder schichten Sie es dorthin um, wo es Ihnen aussichtsreich erscheint.

Eine Strategie ist nur dann gut, wenn sie auf die Verhältnisse abgestimmt ist. Natürlich dürfen Sie sich ärgern, wenn Sie monatelang an Ihrer Depotzusammensetzung gefeilt haben, und dann kommt Stefanie Kühn und sagt, dass Sie lieber alles oder das meiste verkaufen sollten. Aber mir ist es lieber, wenn Sie sich über die Mühe ärgern und über mich, als wenn Sie sich über verlorenes Geld aufregen. Die Mühe ist eigentlich auch nie wirklich umsonst – schließlich geht Ihnen Ihr Wissen nicht verloren und spätestens beim nächsten Boom werden Sie wieder davon profitieren.

2. Wenn sich Ihr Leben ändert, müssen Sie ein Update vornehmen.

Wenn Sie beschließen, ein Haus zu bauen, oder sich Nachwuchs ankündigt oder wenn Sie sich selbstständig machen, dann müssen Sie Ihre Strategie anpassen. Gerade, wenn Sie finanzielle Verpflichtungen eingehen, müssen Sie für mehr Sicherheit sorgen. Vielleicht ändern Sie die Limits für Aktienkursschwankungen in Ihrem Depot. Vielleicht überprüfen Sie noch einmal Ihre Absicherung.
Das liegt für Sie vielleicht auf der Hand, aber in der Praxis beobachte ich, dass viele Menschen die finanziellen Angelegenheiten auf die lange Bank schieben, weil es bei solchen Veränderungen natürlich immer auch viele andere Dinge zu bedenken und zu regeln gibt.

3. Wenn Sie über 5.000 Euro auf dem Girokonto haben, müssen Sie sich eine neue Geldanlage suchen.

Keine Panik, natürlich können Sie das überzählige Geld erst mal auf ein Tagesgeldkonto schieben. Das ist allemal besser, als eine übereilte Entscheidung. Aber Sie können auch renditeträchtigere Anlagen finden. Wenn Ihr Girokonto von allein die 5.000-Euro-Grenze überschreitet, dann deutet das darauf hin, dass Sie wirklich Geld übrig haben. Schauen Sie sich also nach lukrativen Anlagemöglichkeiten um. Damit müssen Sie wirklich nicht bis zum nächsten Update-Termin warten!

4. Wenn im Musterdepot die gelbe Ampel leuchtet, müssen Sie sich um Ihre Wertpapiere kümmern.

Die gelbe Ampel, das ist die E-Mail, die Sie davor warnt, dass der Kurs eines Wertpapiers unter das von Ihnen gesetzte Limit sinkt. Das müssen Sie unbedingt ernst nehmen. Wenn Sie keinen guten Grund finden, das Wertpapier trotzdem zu behalten, egal was passiert, sollten Sie nun ein echtes Limit setzen. Vielleicht weitere fünf Prozent unter dem aktuellen Kurs. Denn eine gelbe Ampel nützt nur etwas, wenn Sie spätestens dann eine rote Ampel – also Ihren Ausstiegszeitpunkt – definieren. Auf diese Warn-E-Mail sollten Sie wirklich immer sofort reagieren, auch wenn Sie sich normalerweise nur monatlich mit Ihrem Depot befassen. Ein Aktienkurs wartet nicht auf Ihre Termine!

Exkurs: Sichern Sie Ihre Lebenshaltungskosten

Alles wird teurer und Sie verdienen mit

Ärgern Sie sich auch manchmal darüber, dass alles teurer wird? Energie, Nahrungsmittel, Schuhe – es ist nicht zu fassen, wie rasant da manchmal die Preise in die Höhe schießen, ohne dass man einen Gegenwert für die Mehrausgaben erkennen könnte. Jedenfalls ist weder die Zahl der Lebensmittelskandale zurückgegangen, noch ist die Haltbarkeit von Schuhen gestiegen. Trotzdem: Rohstoffe sind knapp, also steigen die Preise. Doch überlegen Sie einmal, ob Sie nicht davon auch profitieren können. Nehmen wir als Beispiel die Energiewirtschaft. Die Preise für Öl und Gas sind zwischenzeitlich deutlich gestiegen.

Langfristig ist mit steigenden Preisen zu rechnen, denn weder Öl noch Gas werden sich vermehren. Biosprit stößt auch an Grenzen, weil er die Nahrungsmittel verknappt. Also kann ich davon ausgehen, dass in absehbarer Zukunft die Preise für Energie ein hohes Niveau haben werden. Weil ich mich nicht nur als Verbraucherin darüber ärgern wollte, gesellte ich mich 2005 auf der anderen Seite zu denen, die von den Preissteigerungen profitieren würden. Das waren die Besitzer von Ölzertifikaten und Anteilseigner der Energieunternehmen. Ich entschied mich damals für ein Ölzertifikat. Zunächst war die Kursentwicklung schädlich für mich – das Zertifikat verlor 20 Prozent an Wert. Doch das änderte sich bald. Im Frühsommer 2008, als der Preis für Öl meines Erachtens schon ein schönes Stückchen Spekulation enthielt, realisierte ich einen netten Gewinn. Im September des gleichen Jahres befüllten wir unseren Heizöltank – zwar deutlich über dem Preis vom Vorjahr, doch unter dem Verkaufskurs vom Frühsommer. Das, was ich gemacht habe, nennen die Fachleute „Hedgen" – Sichern. Ich habe mir den Ölpreis vom Stand 2005 eingefroren. Das zusätzliche Timing mit dem Gewinn durch den fallenden Ölpreis bis zum Herbst war Glück. Ich hatte mit sinkenden Preisen gerechnet und ich war im Sommer noch nicht gezwungen aufzutanken.
Sie können auch die Aktie eines Energieunternehmens kaufen, dass an den Preissteigerungen, die durchsetzbar sind, gut verdienen wird, und sich über eine schöne jährliche

Dividende freuen. Sie könnten diese beispielsweise für Ihre Nebenkostennachzahlung einplanen.
Das gleiche funktioniert mit Weizen und jedem anderen Rohstoff. Gerade Unternehmer sollten darüber nachdenken. Angenommen ein Bäcker weiß, wie viel Weizenmehl er pro Jahr benötigt und rechnet mit steigenden Preisen oder möchte einfach die Unsicherheit für das nächste Geschäftsjahr vermeiden. Er kauft also Zertifikate auf Weizen in der Menge, die er benötigt. Damit friert er sich den Preis ein. Sinkt der Preis bis zum Sommer, wird er sich geschäftlich über den geringen Einkaufspreis freuen und privat über den Verlust des Zertifikats ärgern. Oder umgekehrt.
Ein anderes spannendes Thema ist Wasser. Ja, Sie lesen richtig: Wasser. In wenigen Jahren wird der Zugang zu sauberem Wasser für viele Menschen auf der Erde ein überlebenswichtiges Thema sein. Und warum nicht mitverdienen, wenn Unternehmen, die Technologie für die Wasseraufbereitung und Trinkwassergewinnung bereitstellen, erfolgreich sind?
Das Besondere an dieser Strategie ist, dass Sie Preissteigerungen aus Ihrem Verbraucheralltag zum Kriterium für eine Teilstrategie in Ihrem Anlagekonzept machen. Sie sagen sich einfach: Die Energiepreiserhöhung, die bezahle ich aus der Dividende und der Kursteigerung, die ich mit der Aktie oder dem Fonds gemacht habe, die oder der genau auf diese Preiserhöhungen setzt. Dann stöhnen Sie vielleicht noch, wenn Sie Ihren Öltank füllen und wieder mehr Geld als letztes Jahr bezahlen müssen. Aber spätestens, wenn Sie Ihr Depot

checken, weicht das Stöhnen einem breiten Lächeln. Zu Recht, denn Sie haben zwei Fliegen mit einer Klappe geschlagen: Sie haben erstens Ihre eigenen Mehrkosten wieder reingeholt und Sie haben zweitens aus Ihrem eigenen Alltag abgeleitet, wo Sie gute Renditechancen haben.
Der Boden für diese Strategie ist Ihr Alltag. Sie müssen kein Wirtschaftsexperte werden oder interne Branchenkenntnisse haben, um Wachstumschancen zu identifizieren. Sie haben nämlich schon als Verbraucher ein enormes Wissen – Sie müssen nur die Augen offen halten, die Entwicklungen mit wachem Verstand wahrnehmen und die richtigen Schlussfolgerungen daraus ziehen.

ORIGINAL KÜHN-STRATEGIE

Profitieren Sie von Ihrem eigenen Wissen!

Ihr eigener Alltag gibt Ihnen täglich Hinweise für lukrative Anlagen. Nehmen Sie Ihr eigenes Wissen ernst!

Sie sind jetzt der finanziellen Unabhängigkeit so nah wie noch nie in Ihrem Leben. Natürlich weiß ich, dass mancher von Ihnen noch viele Jahre vor sich hat, bis seine Sparziele erreicht sind. Ich weiß aber auch, dass Sie diese Ziele erreichen werden. Sie haben nämlich nicht nur verstanden, dass Sie ehrlich zu sich und anderen sein müssen, wenn Sie Ihr Geld erfolgreich anlegen wollen. Sondern Sie wissen auch, dass Sie Ihrem Geld regelmäßig Ihre Aufmerksamkeit schenken müssen. Das Beste aber ist, dass Ihnen dieser Gedanke keine Schweißperlen mehr auf die Stirn treibt, sondern dass Sie sich ein System geschaffen haben, mit dem Sie sehr routiniert und ohne großen Stress ständig die Kontrolle über Ihre Geldgeschäfte behalten.

Dahinter steckt letztlich auch die Grundhaltung, dass Sie sich als Teil unserer Welt begreifen und sich nicht wieder zurückziehen in Ihre Ecke und die Augen verschließen. Ihr Geld verbindet Sie immer mit dem Geschehen um Sie herum. Sie und Ihr Konto sind ein Teil des gesamten Wirtschaftslebens. Sie leiden mit, wenn Krisen auftreten. Aber Sie können auch mitprofitieren. Sie müssen nicht passiv herumsitzen und abwarten, was passiert. Nehmen Sie Ihre Geschäfte selbst in die Hand, werden Sie aktiv und stellen Sie sich in die Welt. Mitten hinein! Damit, liebe Leser, ist die Kühn-Strategie komplett.

ZUM SCHLUSS

KÜHN UND GELASSEN IN DIE ZUKUNFT

Wie vermutlich jeder Mensch liefere auch ich meiner Familie gelegentlich Gründe, über mich zu schmunzeln. Mein größter Lacherfolg liegt schon eine Weile zurück, ich studierte damals noch. Ohne mir viel dabei zu denken, berichtete ich frank und frei im Familienkreis, wie ich mir erst kürzlich bei einem Metzger wieder eine Scheibe meiner Lieblingswurst gekauft hatte. Eine einzelne Scheibe, Sie lesen richtig. „Bloß eine Scheibe?", riefen die lieben Verwandten. Und als ich nickte, brach ein Sturm des Gelächters los, der mir heute noch in den Ohren klingt. Ich habe damals mitgelacht, ich gebe ja zu, dass es irgendwie komisch ist, zum Metzger zu gehen, anzustehen, der Verkäuferin das ganze Wiegen und Verpacken und Geldwechseln zuzumuten, wegen einer einzigen Scheibe Wurst.

Es war nur so, dass ich in meinem Studium wenig Geld hatte. Bitte kein Mitleid: Ich habe nicht gehungert! Lebensmittel vom Discounter konnte ich ohne Not finanzieren. Ich hatte sogar ein Auto. Aber ich musste alles sehr knapp kalkulieren. Extras waren nicht drin. Und deshalb habe ich mir Luxus wie die Metzgerwurst eben nur in sehr kleinen Portionen gegönnt. Noch heute bin ich der Verkäuferin aus der Metzgerei dankbar für ihre Selbstbeherrschung – sie hat mich nie ausgelacht.

Meine Haltung war schon damals die Konsequenz aus den finanziellen Schwierigkeiten, in die meine Eltern geraten waren. Die überteuerten Kredite, die überflüssigen Versicherungen, das Geflecht aus Bausparverträgen. Ich hatte ihnen – Sie erinnern sich – geholfen, wieder Ordnung in das Chaos zu bringen. Zaubern konnte ich allerdings nicht. Es blieb dabei, dass das Geld nicht reichte, um zwei Kindern einen üppigen Lebensstandard während der Ausbildung zu finanzieren. Und ich lernte: Wer sich nicht um sein Geld kümmert, der muss damit rechnen, dass es nicht reicht. Seitdem ich verarbeitet habe, wo überall die Fallen lauern, ist mir klar, dass ich für mich selbst sorgen muss. Einerseits, weil mir niemand etwas schenken konnte. Andererseits, weil ich gesehen hatte, wie fatal es ist, sich nicht um das Geld zu kümmern. Und zwar auch dann, wenn scheinbar mehr als genug Geld da ist. Diese Haltung habe ich bis heute, mit dem Unterschied, dass ich sie mit meinem Mann teile. Das Studium meines Mannes haben wir gemeinsam zu Ende finanziert und für uns beide war und ist klar, dass wir für uns selbst sorgen und selbst unser Vermögen aufbauen müssen.

Diese Haltung hat uns von Anfang an geholfen, finanziell unabhängig zu sein. Während ich dieses Buch geschrieben habe, ist mir aufgefallen, wie gewohnt und vertraut mir diese Haltung jetzt schon ist. Aber natürlich habe ich auch immer wieder darum kämpfen müssen.

Wir haben uns auch nie an irgendwelchen Statussymbolen oder vermeintlichen Standards orientiert. Bis heute machen wir das, was sich für uns rechnet. Zum Beispiel haben wir nach der Ausbildung kein Haus gekauft, sondern eins gemietet, obwohl alle unsere Freunde und Bekannten sich damals Häuser kauften. Wir hatten kein Eigenkapital und wir wollten zunächst unser Unternehmen aufbauen. Also haben wir all unser Geld beruflich investiert. Erst sechs Jahre später haben wir uns zu den Eigenheimbesitzern dazugesellt, nachdem es uns genug geärgert hatte, so viel Geld an unseren Vermieter zu zahlen und wir uns selbst genug Eigenkapital erarbeitet hatten.

ORIGINAL KÜHN-STRATEGIE

Bleiben Sie unabhängig!

Rechnen lohnt sich – aber nicht um jeden Preis. Zahlen Sie niemals mit persönlicher Abhängigkeit.

Sie wissen, dass ich gerne rechne. Aber das Rechnen wird nie zum Selbstzweck. Es geht nie um die Zahlen an sich, sondern immer um die Ziele, denen sie dienen. Nur so erreiche ich das, was mir so wichtig ist: die finanzielle Unabhängigkeit.

Sie, liebe Leser, haben dieses Buch durchgearbeitet. Und Sie wissen jetzt, dass es keine Hexerei ist, finanziell unabhängig zu sein. Sie haben Ihre Finanzen selbst in die Hand genommen. Sie haben Ihre Wünsche analysiert und entschieden, welche Ziele Sie verfolgen möchten. Sie haben Ordner angelegt und Ihre Unterlagen sortiert. Sie haben bilanziert, Übersichten erstellt und natürlich haben Sie auch gerechnet. Sie haben viel gearbeitet und jetzt sind Sie am Ziel: Sie haben den Weg zur finanziellen Unabhängigkeit eingeschlagen.

Dieser Weg ist keine Einbahnstraße. Sie wissen, dass ich keine Patentrezepte verteile. Dazu weiß ich selbst allzu gut, dass die finanzielle Unabhängigkeit immer wieder neu erkämpft werden muss. Ich habe das aus meinen eigenen Fehlern gelernt. Mein Mann und ich haben beispielsweise am Neuen Markt erst viel Geld gewonnen, und dann genauso viel Geld wieder verloren, wie die meisten anderen Anleger dort auch. Wir sind zum Glück mit plusminus null aus dieser Sache herausgekommen. Wir haben falsch entschieden, als wir in der Existenzgründungsphase unsere Steuern aufgeschoben haben. Als Selbständige konnten wir da mit der sogenannten Ansparabschreibung die Steuerlast in spätere Jahre verschieben. Ich erspare Ihnen die Details – das Resultat war, dass wir in späteren Jahren Gewinne verbuchen und versteuern mussten, die wir in dem Jahr dann gar nicht gemacht hatten. Diese späteren Steuernachzahlungen hingen uns wie ein Klotz am Bein.

Solche Fehler können Ihnen auch immer wieder passieren. Sie dürfen sich gerne darüber ärgern. Entscheidend aber ist, nicht den Kopf in den Sand zu stecken und wieder in den alten Schlendrian zu verfallen. Ein Fehler ist kein Grund zu resignieren. Sie werden einfach daraus lernen! Sie werden analysieren, was schiefgelaufen ist, und es in Zukunft besser machen.

Finanzielle Unabhängigkeit heißt, sich selbst zu vertrauen und die Verantwortung für das eigene Geld zu übernehmen. Und genau das haben Sie geschafft. Das ist jetzt Ihre Haltung! Sie werden sich nie wieder wegen Ihrer Finanzen nachts schlaflos im Bett wälzen. Denn Sie wissen, dass Sie sich auf sich selbst verlassen können. Sie vertrauen sich selbst. Sie werden sich um Ihr Geld kümmern, Sie werden ehrlich zu sich sein und Sie werden Ihre Probleme lösen.

Bleiben Sie *kühn*!
Ihre Stefanie Kühn

GLOSSAR

Als ich kurz nach Erscheinen meines zweiten Buchs mit einer Buchhändlerin in Berlin über Bücher zur Geldanlage plauderte und sie fragte, was für ein Buch sie sich für ihre Wirtschaftsabteilung wünschte, sagte sie: „Ich hätte gerne mal einen Finanzratgeber, in dem auch die Begriffe schön erklärt sind. So ganz einfach!" Irgendwie habe ich diesen Satz nicht vergessen und nachdem mich während der Schreibphase für dieses Buch eine Mandantin fragte, ob denn in meinen Büchern auch die Fachwörter irgendwo zusammengefasst würden, stand für mich fest: Mein neues Buch braucht dringend ein Glossar! Also – hier ist es.

Aktien Die Aktie ist ein Wertpapier, das seinem Inhaber (Aktionär) einen Anteil am Grundkapital einer Aktiengesellschaft vermittelt und damit verbundene Eigentumsrechte am Unternehmen verbrieft. Als Miteigentümer ist der Aktionär am Erfolg oder Misserfolg der Aktiengesellschaft unmittelbar beteiligt. Siehe auch -> Dividende.

Aktienfonds Investmentfonds, deren Vermögen hauptsächlich aus Aktienwerten bestehen. Aktienfonds können nach Anlageschwerpunkten unterschieden werden. Üblich ist eine regionale Schwerpunktbildung. Sie finden zum Beispiel Aktienfonds, die weltweit gestreut, in Europa oder nur in einem einzelnen Land anlegen. Themenschwerpunkte sind zum Beispiel: Technologieaktien, Aktien des Finanzsektors, Biotechnologieaktien, Pharmaaktien und so weiter.

Anleihen Verzinsliche Schuldverschreibungen mit fester Laufzeit, die von Einrichtungen der öffentlichen Hand (Bund, Länder, Gemeinden), Unternehmen oder Banken begeben und an der Börse gehandelt werden. Der Emittent ist verpflichtet, dem Gläubiger (Anleger) zum Laufzeitende den Nominalwert, also den bei Emission der Anleihe verbrieften Betrag, zurückzuzahlen. Beispiel: Sie kaufen eine Anleihe mit dem Nennwert 10.000 Euro. Der aktuelle Kurs liegt aber nur bei 98 Prozent. Also müssen Sie 9.800 Euro bezahlen und erhalten am Ende 10.000 Euro zurückgezahlt. Bei einem Verkauf der Anleihe durch den Gläubiger während der Laufzeit kann der Kurswert vom Nominalwert abweichen. Beispiele: Bundesanleihen, Pfandbriefe, Industrie- und Kommunalobligationen.

Ausgabeaufschlag Wenn Sie Investmentfondsanteile bei einer Fondsgesellschaft kaufen, wird diese Gebühr von ihnen erhoben, um insbesondere die Vertriebskosten des Fonds zu decken. Der Ausgabeaufschlag beträgt je nach Fonds bis zu 5,25 Prozent der Kaufsumme.

Baisse So bezeichnen Börsianer einen Zeitraum längerer Kursverluste an der Börse. Die gleiche Bedeutung hat auch der Ausdruck „Bärenmarkt". Gegensatz: -> Hausse („Bullenmarkt"). Der Bulle und der Bär sind also die beiden Tiere, die das Auf und Ab an der Börse symbolisch verdeutlichen. In Frankfurt finden Sie vor dem Gebäude der Börse je einen großen gusseisernen Bullen und Bären.

Bausparvertrag Sparvertrag, den der Anleger (Bausparer) insbesondere zur Finanzierung von wohnwirtschaftlichen Maßnahmen mit einer Bausparkasse abschließt. Ein Bausparvertrag besteht aus zwei Phasen. Zunächst wird das Mindestguthaben angespart. Danach kann der Bausparer ein Bauspardarlehen in Anspruch nehmen. Spar- und Kreditzinsen stehen für die gesamte Laufzeit fest. Die Sparzinsen sind meistens sehr gering, der vereinbarte Darlehenszins ist niedrig. Die Wahl der passenden Bausparsumme ist wichtig, da die Abschlussgebühr zu Beginn prozentual von der Bausparsumme erhoben wird. Staatliche Förderungen können die Rendite in der Sparphase verbessern.

Bonität Rating-Agenturen bewerten die Zahlungsfähigkeit von Schuldnern, insbesondere von Anleihen-Emittenten. Das Rating der Rating-Agentur Moody's geht von Aaa bis C, wobei Aaa für höchste Bonität steht, also sehr geringe Ausfallwahrscheinlichkeit. S&P bewertet von AAA bis D. Der deutsche Staat gilt beispielsweise als AAA- bzw. Aaa-Schuldner, weshalb Bundesanleihen als sehr sicher eingestuft werden. Je schlechter das Rating ist, umso höhere Zinsen muss der Emittent grundsätzlich zahlen, damit Anleger trotz des größeren Risikos in seine Anleihen investieren.

DAX siehe -> Index.

Direktbank Bankhäuser, die Bankgeschäfte ohne eigenes Filialnetz per Internet oder Telefon anbieten. Direktbanken unterliegen den gleichen bankenaufsichtsrechtlichen Vorschriften wie Filialbanken.

Dividende Der Anteil am Gewinn einer Aktiengesellschaft, der pro Aktie an den Anleger ausgeschüttet wird. Die Höhe der Dividende wird auf der Hauptversammlung der AG festgelegt. Neben der realisierten Wertsteigerung einer Aktie bestimmt somit die Dividende über den Ertrag eines Aktieninvestments.

ETF Ein Exchange Traded Fund (ETF) ist ein an der Börse gehandelter Investmentfonds. Im Gegensatz zu einem aktiv von einem Fondsmanager gemanagten Investmentfonds hat ein ETF keinen Fondsmanager, sondern bildet einen zugrundeliegenden Index nach. Dadurch sind die Verwaltungskosten des ETF wesentlich günstiger als bei einem aktiv gemanagten Fonds. Die Wertentwicklung eines ETF entspricht – anders als bei aktiv gemanagten Fonds – daher immer annähernd der des zugrundeliegenden Index.

Euro Stoxx siehe -> Index.

Festgeld Bei dieser Anlageform wird Geld zu einem vertraglich festgesetzten Zinssatz für eine vereinbarte Laufzeit bei einer Bank angelegt. Je länger man das Geld anlegt, umso höher ist in der Regel auch der Zinssatz. Zum Zeitpunkt der Anlage ist somit sicher, welche Auszahlung am Laufzeitende erfolgt.

Festverzinsliche Wertpapiere siehe -> Anleihen.

Fremdkapital Verbindlichkeiten gegenüber einem Dritten, in der Regel einer Bank.

Geldmarktfonds Investmentfonds, die ihr Kapital in nur noch sehr kurz laufende Anleihen anlegen.

Geschlossene Fonds Geschlossene Fonds werden nicht an der Börse gehandelt. Es handelt sich um unternehmerische Beteiligungen, bei denen der Erwerber Mitunternehmer (in der Regel Kommanditist) mit allen Chancen und Risiken wird. Wenn sich an dem Fonds genügend Anleger (Mitunternehmer) beteiligt haben, um in ein geplantes Investitionsgut zu investieren, wird der Fonds geschlossen, es werden also keine weiteren Mitunternehmer mehr aufgenommen. Investitionsgüter für geschlossene Fonds können neben Immobilien unter anderem auch Schiffe (Schiffsfonds), Windkraftanlagen, Zweitmarkt-Kapitallebensversicherungen (US-amerikanische, britische oder deutsche Lebensversicherungen), Venture-Capital/Private-Equity und Filme (Medienfonds) sein. Während der Beteiligungsdauer von in der Regel sieben und mehr Jahren ist ein Verkauf der Beteiligung häufig kaum möglich.

Gewinnwarnung Mitteilung eines börsennotierten Unternehmens, dass die geplanten Gewinnziele nicht erreicht werden können.

Girokonto Bankkonto zur Abwicklung des bargeldlosen Zahlungsverkehrs. Guthaben werden üblicherweise nicht oder nur gering verzinst. Der Kontoinhaber kann über das Girokonto mittels Barabhebungen, Bareinzahlungen, Überweisungen, Lastschriften und Daueraufträgen verfügen. Überziehungszinsen, die die Bank in Rechnung stellt, wenn das Guthaben für eine Verfügung nicht ausreicht, die Bank also einen Kredit gewährt, sind hingegen meist sehr hoch.

Hausse siehe -> Baisse.

Immobilienfonds Zu unterscheiden sind offene und geschlossene Immobilienfonds, die beide in der Regel in Gewerbeimmobilien investieren.

Offene Immobilienfonds sind -> Investmentfonds, die in eine Vielzahl von Immobilien (inbesondere Bürogebäude und Einzelhandelsimmobilien) anlegen. Anteile an offenen Immobilienfonds können grundsätzlich börsentäglich ge- und verkauft werden. Sofern der Fonds aber nicht mehr über genügend liquide Mittel verfügt, um Fondsanteile von Anlegern zurückzukaufen, kann die Rückzahlung ausgeschlossen werden. Der Fonds muss dann gegebenenfalls Immobilien aus seinem Bestand verkaufen. Geschlossene Immobilienfonds sind unternehmerische Beteiligungen (-> geschlossene Fonds), die in eine oder mehrere Immobilien investieren.

Index In einem Index werden bestimmte ausgewählte Basiswerte zusammengefasst und deren Wertentwicklung über einen bestimmten Zeitraum dargestellt. Indizes gibt es beispielsweise auf Aktien, festverzinsliche Wertpapiere, Rohstoffe und Immobilien.
Bekannte Aktienindizes sind beispielsweise der DAX (Zusammenfassung der 30 bedeutendsten börsennotierten deutschen Unternehmen), der Euro Stoxx 50 (die 50 bedeutendsten Aktienunternehmen der Eurozone), der Dow Jones (Kursindex der New York Stock Exchange) und der Hang Seng (ausgewählte Unternehmen der Börse in Hongkong).
Indizes auf Rohstoffwerte sind beispielsweise der GSCI (Goldman Sachs Commodities Index) und der RICI (Rogers International Commodity Index). Der REX bildet den Markt der deutschen Staatspapiere ab.

Investmentfonds Eine Fondsgesellschaft (Kapitalanlagegesellschaft) sammelt das Geld der Anleger und bündelt es in einem Sondervermögen, dem Investmentfonds. Ein Fondsmanager entscheidet, in welche Werte entsprechend der Strategie des Fonds angelegt wird. In Betracht kommen Investitionen insbesondere in Aktien (Aktienfonds), festverzinsliche Wertpapiere (Rentenfonds), Geldmarktinstrumente (Geldmarktfonds), Immobilien (offene Immobilienfonds) und andere Investmentfonds (Dachfonds). Der Fonds muss in verschiedene Werte investieren (Grundsatz der Risikomischung). Der Anleger ist Miteigentümer am Vermögen des Fonds. Das Fondsvermögen ist als Sondervermögen ein von der Fondsgesellschaft getrenntes Vermögen, das beispielsweise von einer Insolvenz der Fondsgesellschaft nicht betroffen wäre. Das Sondervermögen wird von einer Depotbank verwahrt. Je nachdem wie sich die im Fonds enthaltenen Werte entwickeln,

steigt oder fällt auch der Wert der Anteile des Anlegers.
Nach der Art der Ertragsverwaltung unterscheidet man thesaurierende und ausschüttende Fonds. Thesaurierende Fonds zahlen im Gegensatz zu ausschüttenden Fonds die laufenden Erträge der im Fonds enthaltenen Werte nicht an die Anleger aus, sondern legen sie wieder im Fondsvermögen an, sodass sich das Fondsvermögen erhöht.

Konsumschulden Schulden, die nicht zur Finanzierung eines Investitionsgutes, also eines Gegenstandes, mit dem sich ein Einkommen erzielen oder Ausgaben sparen (Eigenheim statt Miete) lässt, aufgenommen werden. Beispiele für Konsumschulden sind beispielsweise die Finanzierung von Unterhaltungselektronik oder Kredite für Handys, Kleidung und Freizeitaktivitäten.

Liquidität Fähigkeit, Zahlungsverpflichtungen kurzfristig erfüllen zu können.

Musterdepot Fiktives Depot, das zur Beobachtung von Wertpapieren beispielsweise bei einer Direktbank eingerichtet werden kann.

Offener Investmentfonds siehe -> Investmentfonds.

Renten Verschiedene Bedeutungen sind im Bereich der Geldanlage möglich: Bezeichnung für den Ertrag aus einem verzinslichen Wertpapier. Verzinsliche Wertpapiere werden daher auch als Rentenpapiere oder Renten bezeichnet. Fonds, die in festverzinsliche Wertpapiere anlegen, heißen daher Rentenfonds.
Im Versicherungswesen werden die wiederkehrenden, meist lebenslänglichen Leistungen aus einer Renten- oder Invaliditätsversicherung als Renten bezeichnet.
Daneben bezeichnet man allgemein auch die Leistungen aus der gesetzlichen Rentenversicherung als Renten.

Riester-Rente Bezeichnung für eine seit 2002 vom Staat durch Zulagen und Sonderausgabenabzugsmöglichkeiten geförderte, privat finanzierte Rente in Deutschland. Der Name geht auf den ehemaligen Bundesarbeitsminister Walter Riester zurück.

Risikolebensversicherung Lebensversicherung, bei der nur dann eine Leistung seitens des Versicherers fällig wird, wenn die versicherte Person stirbt. Tritt der Versicherungsfall während der Versicherungsdauer nicht ein, werden keine Leistungen fällig. Da bei der Risikolebens- im Gegensatz zur Kapitallebensversicherung nicht auch noch ein Sparvorgang verbunden ist, ist sie wesentlich günstiger als eine Kapitallebensversicherung.

Rohstoffzertifikate Zertifikat mit einem Rohstoff oder Rohstoffindex als Basiswert (-> Zertifikat; -> Index).

Rückkaufswert Bei einer Kapitallebensversicherung der Betrag, den ein Lebensversicherer bei vorzeitiger Kündigung, Rücktritt oder Anfechtung eines Kapitallebensversicherungsvertrages an den Versicherungsnehmer zahlt. Da aus den vom Versicherten gezahlten Versicherungsprämien auch die Verwaltungs- und Vertriebskosten der Versicherung finanziert werden, ist der Rückkaufswert insbesondere in den ersten Beitragsjahren grundsätzlich geringer als die Summe der eingezahlten Prämien.

Rürup-Rente Bezeichnung für eine Form der seit 2005 staatlich subventionierten Altersvorsorge in Form eines privaten Rentenversicherungsvertrages. Sie entspricht in Leistungskriterien sowie steuerlicher Behandlung der gesetzlichen Rente, ist allerdings nicht umlagefinanziert, sondern kapitalgedeckt. Im Unterschied zur klassischen privaten Rentenversicherung gibt es ähnlich wie bei der Riester-Rente kein Kapitalwahlrecht. Die spätere Auszahlung erfolgt somit frühestens nach Vollendung des 60. Lebensjahres ausschließlich als lebenslange Leibrente. Der Name geht auf den Volkswirtschaftsprofessor und Wirtschaftsweisen Hans-Adalbert „Bert" Rürup zurück.

Sparbrief Wie beim Festgeld ist das Kapital dauerhaft angelegt. Die Laufzeit von Sparbriefen liegt zwischen einem und zehn Jahren.

Tagesgeldkonto Täglich verfügbares und verzinstes Geldkonto für Privatanleger. Überweisungen auf Fremdkonten und Lastschriften sind vom Tagesgeldkonto in der Regel nicht möglich.

Termingeld Geldanlagen, die bei einer Bank für eine bestimmte festgelegte Zeit angelegt werden (-> Festgeld).

Thesaurierende Fonds Thesaurierende Fonds zahlen im Gegensatz zu ausschüttenden Fonds die laufenden Erträge der im Fonds enthaltenen Werte nicht an die Anleger aus, sondern legen sie wieder im Fondsvermögen an, sodass sich das Fondsvermögen erhöht (-> Investmentfonds).

Volatilität Statistisches Maß für Marktschwankungen. Die Volatilität zeigt an, welche Wertschwankungen ein Wertpapier, insbesondere eine Aktie, über einen bestimmten Zeitraum aufweist. Je stärker und häufiger die Wertschwankungen, desto höher ist auch die Volatilität und damit das Risiko.

Wertpapier Urkunde, die ein Vermögensrecht verbrieft. Wertpapiere sind zum Beispiel Aktien, Anleihen, Schecks und Wechsel. Börsenfähige Wertpapiere werden als Effekten bezeichnet.

Wertpapierdepot Konto des Anlegers, auf dem seine Aktien, Anleihen und andere Wertpapiere gelagert werden. Die Dividenden oder Zinsen sowie die Depotgebühren werden auf einem separaten Verrechnungskonto verbucht.

Zertifikat Wertpapier in der Rechtsform einer Anleihe beziehungsweise Schuldverschreibung. Man kann Zertifikate in zwei große Gruppen einteilen: Partizipationszertifikate und Zertifikate mit definiertem Rückzahlungsprofil. Bei Partizipationszertifikaten leitet sich der Wert des Zertifikats von der Wertentwicklung des zugrunde liegenden Basiswertes ab. Basiswerte können beispielsweise ein Index, einzelne Wertpapiere oder Rohstoffe sein. So bildet ein Indexzertifikat auf den DAX die Wertentwicklung des DAX nahezu 1:1 nach. Bei Zertifikaten mit definiertem Rückzahlungsprofil ist die Rückzahlung und/oder eine Zinszahlung meist von verschiedenen und komplizierten Bedingungen abhängig.

Zweitmarkt für geschlossene Fonds Markt, in dem Gesellschaftsanteile (in der Regel Kommanditanteile) an bestehenden geschlossenen Fonds während der Laufzeit an Dritte verkauft werden können.

Zweitmarkt für Lebensversicherungen Markt, in dem ein Versicherungsnehmer während der Vertragslaufzeit seine Kapitallebensversicherung an einen Dritten verkaufen kann. Dies kann eine Alternative zur Kündigung oder Stilllegung der Versicherung sein, die meist mit hohen Abschlägen verbunden sind.

ZUM WEITERLESEN

Internetadressen

www.deutsche-finanzagentur.de
Hier können Sie Bundesanleihen ohne Gebühren erwerben. Vormals firmierte die Bundesrepublik Deutschland Finanzagentur GmbH unter Bundesschuldenverwaltung.

www.femity.net
Der Slogan „femity. Glücklich arbeiten. Erfolgreich leben" –
die Gründerin Pia Bohlen-Mayen lebt das Prinzip.

www.handelsblatt.com
Hier finden Sie u. a. Vergleichsrechner für Konditionen von Tages- und Festgeld sowie Sparbriefen und auch sonst viele Informationen rund um Börse und Unternehmen.

www.kaito-afrika.de
Hier finden Sie Informationen zu Investmentmöglichkeiten in Westafrika.

www.lebenswert.de
Nicola Berlinger begleitet ihre Mandanten bei Sinn- und Lebensfragen sowie im praktischen Umgang mit Kapital, Macht und Verantwortung.

www.proaurum.de
Hier können Sie physisches Gold kaufen.

www.sos-kinderdorf.de
Mein Mann und ich bewundern die Arbeit der SOS-Kinderdörfer und sind selbst Paten.

www.zweitmarkt.de
Äußerst freundliche Mitarbeiter sind bei Fragen rund um den Verkauf Ihrer Beteiligung behilflich.

Eigene Homepages mit vielen Informationen, Veranstaltungsankündigungen etc:

www.private-finanzplanung-kuehn.de
Aktuelle Infos, Seminarkalender

www.gelassen-in-die-zukunft.de
Die Homepage zum Buch

www.finanzratgeber-fuer-eltern.de
Die Homepage zum „Finanzratgeber für Eltern"

www.ein-mann-ist-kein-vermoegen.de
Die Homepage zum Buch „Ein Mann ist kein Vermögen"

www.geldwaechstnichtaufbaeumen.de
Informationen zum Geldspiel für Vor- und Grundschulkinder

www.kuehn-sein.com
Der Shop rund um alles, was wir gut finden

www.kanzlei-m-kuehn.de
Die Homepage meines Mannes

Wunderbare Literatur von meinen Interviewpartnern

Werner Tiki Küstenmacher

- *JesusLuxus: Die Kunst wahrhaft verschwenderischen Lebens,*
  Kösel Verlag, ISBN: 978-3466368013
- *Simplify your life,*
  Campus Verlag, ISBN: 978-3593374413
- *Simplify your life – mit Kindern einfacher und glücklicher leben,*
  Campus Verlag, ISBN: 978-3593375557

Bruno Baumann

- *Das Juwel in der Lotosblüte: Mein Reisen in den verborgenen Osten Tibets,*
  National Geographic Taschenbuch, ISBN: 978-3894058258
- *Karawane ohne Wiederkehr: Das Drama in der Wüste Takla Makan,*
  Malik Verlag, ISBN: 978-3890291772
- *Die Götter werden siegen. Das verborgene Tibet,*
  Herbig Verlag, ISBN: 978-3776616927

Dr. Martin Hüfner

- *Comeback für Deutschland: Warum unsere Wirtschaft durchstartet, obwohl der Staat nichts tut,*
  Hanser Fachbuch Verlag, ISBN: 978-3446412255
- *Europa – Die Macht von morgen,*
  Hanser Wirtschaft Verlag, ISBN: 978-3446404786

Bücher, die Sie auch noch weiterbringen können

Der feminine Stil. Business-Mode für Frauen
von Silke Frink, Haufe Verlag, ISBN: 978-3448086096

Der reichste Mann von Babylon – Erfolgsgeheimnisse der Antike
von George S. Clason, Goldman Verlag, ISBN: 978-3442163830

Einfach die Welt verändern – 50 kleine Ideen mit großer Wirkung
von Eugénie Harvey und David Robinson,
Littlependo Verlag, ISBN: 978-3866120754

It's your life
von Cheryl Richardson, mvg Verlag, ISBN: 978-3636071897

Spuren statt Staub
von Anja Förster und Peter Kreuz, Econ Verlag, ISBN: 978-3430200523

Wenn die Welt ein kleines Dorf mit nur 1001 Einwohnern wäre
von Donella Meadows, Bombus Media Verlag, ISBN: 978-3936261028

Wer bin ich? 777 indiskrete Fragen
von Rolf Dobelli, Diogenes Verlag, ISBN: 978-3257065633

Meine bisher erschienenen Bücher

Online-Banking leicht gemacht,
BoD-Verlag, ISBN: 978-3837041316

Ein Mann ist kein Vermögen,
Gondrom-Verlag, ISBN:978-3811231252

Ein Mann ist kein Vermögen (Hörbuch),
RADIOROPA Hörbuch Verlag, Sprecherin: Ursula Berlinghof,
ISBN: 978-3836803083

Finanzratgeber für Eltern – Kinder richtig absichern,
Vermögen aufbauen, Startchancen erhöhen,
Redline Wirtschaft, ISBN: 978-3636014122

DANKE ...

... für jeden guten Morgen, danke für jeden neuen Tag.
... an Markus. Eins plus eins gibt eben doch fünf.
... an Oliver Gorus. Vor sechs Jahren hätte ich nicht geglaubt, welche Auswirkungen Bücher auf das Leben haben.
... an Jörg Achim Zoll. Die wahre Bedeutung von Texten, Sprache und Wörtern hätte ich sonst nie begriffen. Und er nicht die Bedeutung von 16,60 Euro im Monat ...
... an Gudrun Sonnenberg. Für viele freie Sommerabende.
... an Basti. Es ist eine Frage des Karmas und der Sonnenbrille.
... an Werner Tiki Küstenmacher. Schön, dass wir uns kennengelernt haben.
... an Dr. Martin Hüfner. Was wäre Volkswirtschaft ohne ihn?
... an Bruno Baumann. Manchmal weiß man sofort, dass es passt.
... das Team vom Börsenbuchverlag. Ein Verlag, der in meiner Sprache spricht.
... an Mama und Papa.

AUTORIN
STEFANIE KÜHN

Stefanie Kühn arbeitete mehrere Jahre als Beraterin in einer deutschen Großbank und trägt seit Dezember 2000 das internationale Gütesiegel der Finanzplanung „Certified Financial Planner". Sie ist Inhaberin der Privaten Finanzplanung Kühn.

Tharp, Barton, Sjuggerud – Sichere Wege ...

Kennen Sie die vielleicht wichtigste Zahl in Ihrem Leben? Es ist Ihre „Financial Freedom Number" – der Betrag, der Ihnen ein finanziell unabhängiges Leben ermöglicht. Wer nun sofort an Millionenbeträge denkt, der sollte dieses Buch lesen. Es gibt Ihnen eine Anleitung, wie Sie sich von den Zwängen des Arbeitslebens befreien können – und zwar für immer.

480 Seiten / gebunden mit SU / Bestellnr. 37437 / Preis: 29,90 €

Kathleen Schienle – So erreichen Sie Ihre Ziele

Menschen mit Zielen sind erfolgreich, weil sie wissen, wohin sie gehen. Ziele sind eine mächtige Möglichkeit, die Leistung zu steigern. Bereits das Fixieren eines Ziels ist der erste Schritt, dieses zu erreichen, und zwar der wichtigste! „So erreichen Sie Ihre Ziele" ist der erste Band einer Reihe von Ratgebern rund um verschiedene Bereiche des persönlichen Erfolgs.

168 Seiten / broschiert / Bestellnr. 37219 / Preis: 12,90 €

Stuart R. Levine – Die 6 Grundlagen des Erfolgs

Wie werden Menschen erfolgreich? Und wie gelingt es diesen Menschen, dann auch noch Karriere und Privatleben unter einen Hut zu bringen? Die Antworten finden Sie in diesem Buch. „Die 6 Grundlagen des Erfolgs" beschreibt, welche essentiellen Verhaltensweisen und Methoden die verlässlichen Bausteine für persönlichen Erfolg auf der ganzen Linie sind.

240 Seiten / gebunden mit SU / Bestellnr. 37222 / Preis: 19,90 Euro €

Alexander Natter – Mein Haus, mein Auto, ...

Investmentprofi Alexander Natter analysiert die einzelnen Lebensphasen und empfiehlt die jeweils geeignete Investmentstrategie für die individuelle Rentenvorsorge des Lesers. Hierbei finden sowohl Aktien als auch Anleihen, Fonds, Immobilien und sogar manche exotische Strategien ihren Platz. Mit diesem Buch legen auch Sie den Grundstein für Ihre finanzielle Freiheit.

352 Seiten / gebunden mit SU / Bestellnr. 36958 / Preis: 22,90 €

James DePorre – Sei ein Hai!

James DePorre hat ein einfaches Rezept für Erfolg an der Börse: Sei ein Hai! Schütze dein Kapital, während du gleichzeitig aggressiv Jagd auf Gewinne machst. DePorre zeigt anhand der Haifisch-Analogie, wann man aggressiv attackieren, wann flexibel reagieren und wann der Gefahr entfliehen muss. Ein spannender Leitfaden für aktive Anleger.

288 Seiten / gebunden mit SU / Bestellnr. 37406 / Preis: 24,90 €